**Windows 10
für Einsteiger**

Installieren,
einrichten,
anpassen,
arbeiten

Alle neuen
Funktionen
einfach erklärt

Tipps, Tricks,
Troubleshooting

Verein für Konsumenteninformation (Hrsg.)
Steffen Haubner

Windows 10
für Einsteiger

Impressum

Herausgeber
Verein für Konsumenteninformation (VKI)
Mariahilfer Straße 81, A-1060 Wien
ZVR-Zahl 389759993
Tel. 01 588 77-0, Fax 01 588 77-73, E-Mail: konsument@vki.at
www.konsument.at

Geschäftsführer
Dr. Josef Kubitschek
Mag. Dr. Rainer Spenger

Autor
Steffen Haubner

Lektorat
Mag. Gernot Schönfeldinger

Grafik/Produktion
Günter Hoy
Ing. Ursula Payer

Foto Umschlag
Angelika Smile/Shutterstock.com
RoSonic/Shutterstock.com

Druck
Holzhausen Druck GmbH,
2120 Wolkersdorf

Stand
September 2015

Bestellungen
KONSUMENT Kundenservice
Mariahilfer Straße 81, A-1060 Wien
Tel. 01 588 774, Fax 01 588 77-72
E-Mail: kundenservice@konsument.at

Bibliografische Information der Deutschen Nationalbibliothek
Die Deutsche Nationalbibliothek verzeichnet diese Publikation in der Deutschen Nationalbibliografie; detaillierte bibliografische Daten sind im Internet über http://dnb.d-nb.de abrufbar.

Verein für
Konsumenteninformation
ISBN 978-3-99013-049-0

€ 19,90

Ein Neuanfang. Eine Revolution. Für langjährige Nutzer vielleicht ein Kulturschock. Auf jeden Fall „ein Meilenstein", wie ein PC-Fachmagazin urteilt. Und eine Reaktion auf die vielen Nutzerklagen über Windows 8, die Microsoft mit einer durchdachten neuen Benutzeroberfläche beantwortet. Aber möglicherweise auch ein Aufbruch in eine neue Ära des Sammelns von Nutzerdaten, wie er von der Konkurrenz in den vergangenen Jahren perfektioniert worden ist. Umsatz mit personalisierter Werbung statt kostenpflichtiger Produkte – auf diesen Zug scheint auch Microsoft aufspringen zu wollen. Oder will der Konzern nach dem Gratis-Update Geld für neue Funktionen verlangen und sich nach dem Vorbild Apples weiter auf Produktion und Verkauf von Hardware verlegen?

Das neue Windows wirft viele Fragen auf, und man muss schon einen etwas genaueren Blick darauf werfen, um beurteilen zu können, wie die Windows-Welt davon verändert wird und welchen Nutzen Anwender daraus ziehen können.

Fest steht: Nach dem Vorbild anderer Dienste soll Windows 10 nicht mehr nach und nach veralten. Wer auf dem neuesten Stand der Technik bleiben will, muss sich kein neues Betriebssystem mehr kaufen. Stattdessen wird Microsoft seine Nutzer mit stetigen Updates versorgen, die Treiber, Grafikschnittstellen und Funktionen automatisch hinzufügen, sobald sie verfügbar sind. Für Umsteiger (ab Windows 7) ist Windows 10 gratis. Geld verdient der Konzern derzeit vor allem über Lizenzen, die Gerätehersteller für Vorinstallation auf im Fachhandel erhältlichen PCs, Tablets, Hybrid-PCs und Smartphones bezahlen müssen.

Windows 10 soll ein Betriebssystem für alle Gerätearten sein, Windows als Marke soll die Begrenztheit der Computerfestplatten verlassen und zu einer umfassenden Dienstleistung werden. Das heißt auch: Private Nutzer werden für Käufe im Windows-Store oder Abonnements von Office 365 zur Kasse gebeten. Und mit seinen Surface-PCs, Xbox-Spielkonsolen und Windows-Smartphones sowie allerlei Zubehör bietet Microsoft derzeit eine größere Produktpalette an als jemals zuvor.

Ihnen bei alldem eine Orientierung zu geben, mögliche Fallstricke und Risiken aufzuzeigen und Sie durch die wichtigsten Funktionen von Windows 10 zu begleiten, das ist das Ziel dieses Buches. Denn nur ein Nutzer, der die Werkzeuge, mit denen er jeden Tag arbeitet, gut kennt, kann sie auch souverän handhaben. Und nur ein gut informierter Anwender ist auch ein mündiger Anwender.

Ihr KONSUMENT-Team

Inhalt

Das neue Windows 9
Ein Plus an Flexibilität 10
Start-Button, Start-Menü und Taskleiste 10
Einstellungen und Systemsteuerung 14
Neue und alte Funktionen 16
Touchscreen- und Desktop-Steuerung 18
Windows 10 – so klappt der Umstieg 19
Die wichtigsten Fragen zum Upgrade 23

Geräte und Zubehör 29
Die Surface-Reihe 30
Windows-10-Smartphones 33
Xbox 360 und Xbox One 35

Die Installation 37
Voraussetzungen 38
Die Installation Schritt für Schritt 39
Eine Neuinstallation durchführen 41
Mit oder ohne Microsoft-Konto? 42
Konteneinstellungen ändern und Konten hinzufügen 43
Einstellungen zum Datenschutz 45
Grundeinstellungen anpassen 49
Geräte und Treiber installieren 53
Zu älteren Windows-Versionen zurückkehren 55

Windows 10 einrichten 57
Das Start-Menü von Windows 10 optimal konfigurieren 58

Erste Schritte 65
Die Gestensteuerung 66
Der neue Desktop 67
Arbeiten mit Kacheln 69
Die Taskleiste 70
Das Suchfeld 71
Die Taskansicht 72
Das Explorer-Icon 74
Die Statusanzeige 74
Das Info-Center 75
Das Kontextmenü der Taskleiste 78
Die wichtigsten Shortcuts für Windows 10 81

Programme und Funktionen 85
Die Mail-App 86
Die Kalender-App 93

101   Den Windows-Store nutzen
106   Continuum
108   Medien unter Windows 10

121   PC vernetzen und mit dem Internet verbinden
122   Verbinden mit dem Internet
124   Router-Konfiguration
125   Verbindung zu Geräten im Netzwerk herstellen

131   Arbeiten mit Dateien und Ordnern
132   Der Datei-Explorer (Windows-Explorer)
140   Arbeiten mit Bibliotheken

143   Windows 10 online
144   Live.com
145   OneDrive
152   Dropbox
153   OneDrive & Co. verschlüsseln
154   Edge & Bing

163   Sicherheit und Tuning
164   Der Windows Defender
167   Nach Malware suchen
168   Dateien, Mails und Webseiten online überprüfen
169   Tipps zum Datenschutz unter Windows 10
172   Die Windows-Firewall
176   Der Task-Manager
179   System-Backups und Sicherungen
185   Erstellen und Verwenden eines Systemreparaturdatenträgers

189   Der Windows-Werkzeugkasten: Tipps & Tricks
190   Nützliches für den Alltag
195   Alte Programme zum Laufen bringen
199   Beschleunigen und reparieren
204   Ein Windows-Update durchführen

207   Service
209   Glossar
213   Stichwortverzeichnis

Das neue Windows

Windows 10 ist laut Microsoft flexibler, übersichtlicher, stabiler und sicherer denn je. Allerdings war auch der Hunger nach Nutzerdaten noch bei keiner Windows-Version so groß. Als Nutzer tut man gut daran, sich eingehend mit dem neuen Betriebssystem zu befassen.

Ein Plus an Flexibilität

Windows 8 bestand aus zwei getrennten Benutzeroberflächen, der Kacheloberfläche („Modern-UI") und dem klassischen Desktop, auf dem die Programme von Drittanbietern Platz fanden. Einen Start-Button, wie man ihn aus älteren Windows-Versionen kannte, gab es nicht. Windows 10 verschmilzt all das zu einem mehr oder weniger sinnvollen Ganzen: Auch die Modern-UI-Apps verhalten sich nun wie herkömmliche Programme. Sie sind frei skalierbar und können auf dem Desktop in Form der namensgebenden Windows-Fenster benutzt werden. Das ist ein nicht zu unterschätzender Fortschritt gegenüber den unflexiblen, funktional eingeschränkten Apps von Windows 8 und 8.1.

App oder Programm?

Microsoft geht mit der Zeit und sagt praktisch zu jedem Programm „App". Auch umfangreiche Suiten wie die Bürosoftware Office sind nun ebenso als „App" erhältlich wie das integrierte Mail-Programm, die Windows-Versionen von sozialen Netzwerken oder Mini-Anwendungen wie das Kartenspiel „Solitaire". Programme, die nicht aus dem Windows-Store stammen, nennt Microsoft meist „Desktop-App". Lassen Sie sich von der etwas willkürlichen Wortwahl nicht irritieren.

Start-Button, Start-Menü und Taskleiste

Der schmerzlich vermisste Start-Button wurde wieder eingeführt. Ein Klick darauf öffnet allerdings keine schnöde Funktionsleiste mehr, sondern ein opulentes Start-Menü, das in zwei Teile geteilt ist.

- Auf der **linken Seite** ganz oben finden sich die Verknüpfungen zum Nutzerkonto, direkt darunter die häufig benutzten Funktionen sowie Links zum neuen Datei-Explorer (▶ Seite 74ff, „Erste Schritte", „Der Datei-Explorer") und zu den Einstellungen (die als wichtigste Steuereinheit für interne Funktionen nach und

nach die „Systemsteuerung" ablösen sollen), ein Button
zum Ein- und Ausschalten und – ganz unten – die Schaltfläche
„Alle Apps", die zu einem Gesamtverzeichnis aller installierten
Programme führt.

- Auf der **rechten Seite** befinden sich die App-Kacheln. Sie können
sie sich in etwa vorstellen wie die altbekannten Desktop-Icons,
nur dass die Kacheln weitgehend frei anpassbar sind (▶ Seite 58ff,
„Windows 10 einrichten"). Teilweise handelt es sich auch um so
genannte Live-Tiles, also Kacheln, die ihr Erscheinungsbild
ständig ändern – um beispielsweise im Falle einer Wetter-App
die aktuellen Wetterdaten anzuzeigen.

**Start-Button
mit Start-Menü**

Dahinter, also wenn Sie auf einen beliebigen Bereich außerhalb des Start-Menüs klicken, erscheint der bewährte Desktop mit seinen Programm-Icons. Hier hat sich nicht allzu viel verändert, sodass wir im Kapitel „Erste Schritte" nur kurz darauf eingehen.

Ganz unten am Bildschirm-rand befindet sich die Taskleiste. Sie besteht aus dem Button zum Aufrufen des Start-Menüs (im

Die App-Verknüpfungen in der Taskleiste nennt man „Icons"

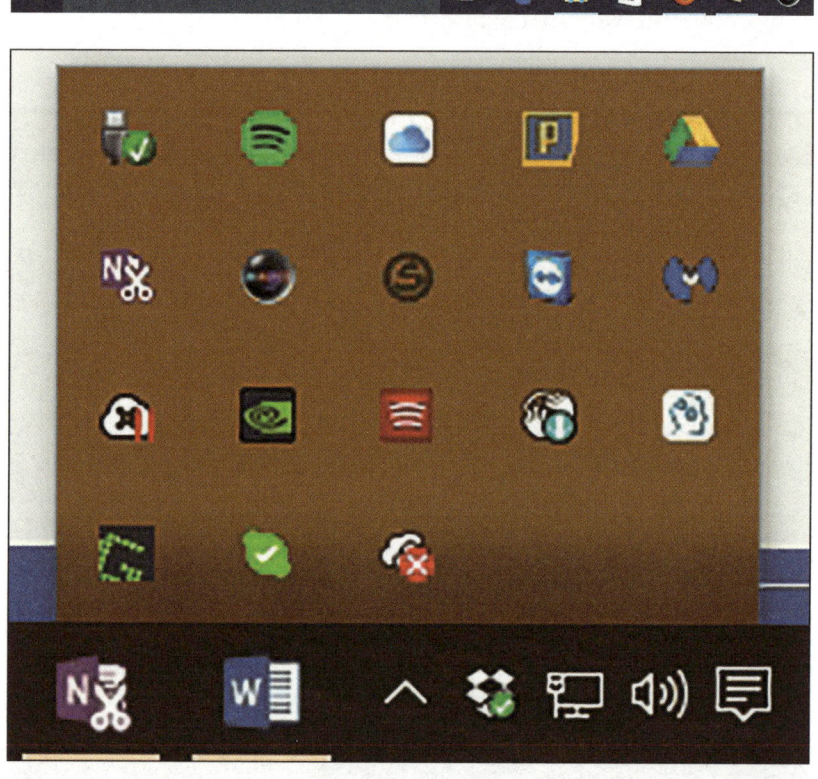

Verschiedene Ansichten der neuen Taskleiste

Folgenden „Start-Button" genannt), dem Suchfeld, dem Button für die Taskansicht, den Schaltflächen der an die Taskleiste angehefteten Apps (die genaue Zusammenstellung ist, von ein paar vorinstallierten Apps wie dem Edge-Browser abgesehen, individuell verschieden) sowie einer kleineren Status- und Funktionsleiste ganz rechts. In Letzterer finden

sich links neben Datum und Uhrzeit als wichtigste Elemente das Info-Center, der Lautstärkeregler, die Netzwerkeinstellungen und eine Schaltfläche zum Ein- und Ausblenden von Symbolen. Derzeit geöffnete Apps und Programme werden in der Taskleiste unterstrichen. Näheres zu den Funktionen von Task-leiste und Statusleiste finden Sie im Kapitel „Erste Schritte" (► Seite 70ff).

An dieser Stelle kehren wir noch einmal kurz zum Start-Button zurück. Denn der hat es im wahrsten Sinne des Wortes in sich. Klicken Sie mit der rechten Maustaste darauf, um das Kontextmenü zu öffnen.

Wie Sie sehen, finden Sie hier eine Reihe von

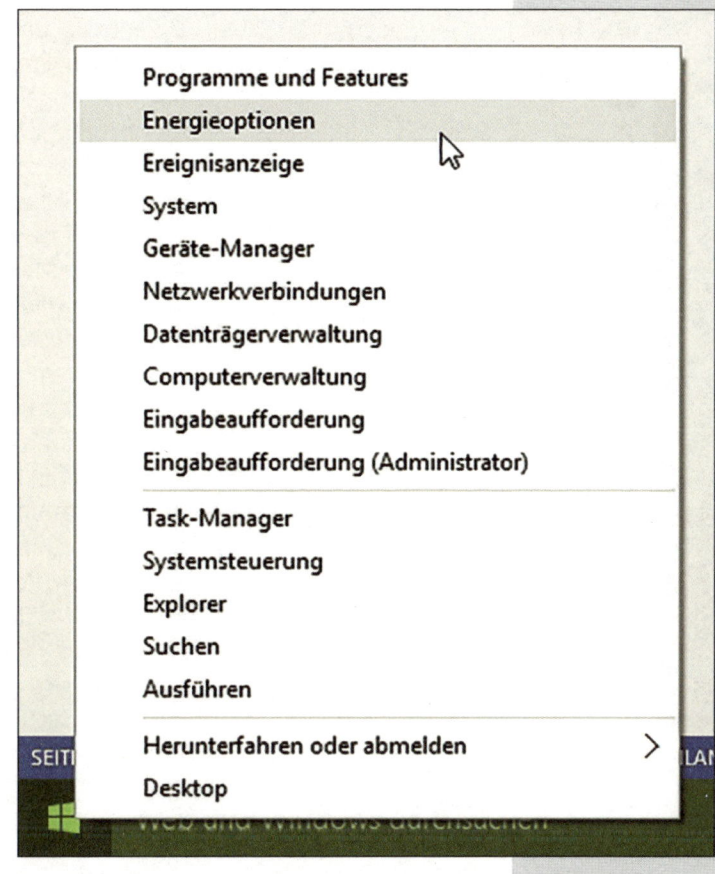

Kontextmenü Start-Button

Abkürzungen zu wichtigen Bereichen und Funktionen Ihres PCs. In den meisten Fällen erreichen Sie diese auch auf anderem Weg, doch über den Start-Button geht es meist schneller. Wir werden jeweils im passenden Zusammenhang darauf eingehen, welche Einstellungen Sie von hier aus konkret vornehmen können.

Tipp: Neu installierte Programme finden

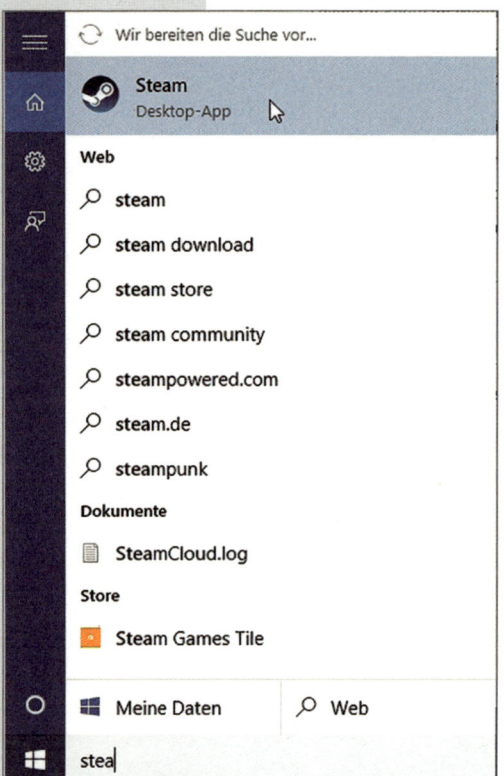

Zu den Dingen, die unter Windows 10 offenbar noch nicht ganz konsequent umgesetzt werden konnten, gehört das Installieren von Programmen bzw. Apps. Finden sich aus dem Windows-Store heruntergeladene Apps zuverlässig unter „Alle Apps" wieder, verschwinden Programme von Drittherstellern nach der Installation mitunter vom „Radar". Im Installationsassistenten des jeweiligen Programms können Sie in der Regel festlegen, ob Sie eine Verknüpfung zum Desktop oder zur Taskleiste einrichten wollen. Eine der beiden Möglichkeiten sollten Sie nutzen, wenn Sie die zu installierende Software schnell wiederfinden wollen. Möchten Sie das nicht, dann merken Sie sich, auf welcher Partition Sie das Programm installiert haben. Sie finden es dann dort über den Explorer wieder – entweder in einem Ordner, der den Namen des Programms oder des Herstellers trägt, oder unter „Program Files". Haben Sie nicht darauf geachtet oder vergessen, wo Sie ein Programm installiert haben, geben Sie den Namen des Programms in das Suchfeld der Taskleiste ein und klicken Sie oben auf das passende Suchergebnis.

Einstellungen und Systemsteuerung

Einer der Hauptkritikpunkte an Windows 8 war die inkonsequente Bedienungsstruktur – nicht nur zwischen Startbildschirm und Desktop, sondern auch zwischen den „PC-Einstellungen" und der klassischen „Systemsteuerung". Mit Windows 10 unternimmt Microsoft einen wichtigen Schritt: Die Eingliederung sämtlicher Einstellungen in eine einheitliche

Menüoberfläche. Leider ist dieser Schritt noch nicht ganz vollzogen, ein weiterer Beleg dafür, dass das neue Windows ein „work in progress" und damit stetigen Änderungen unterworfen ist. Fest steht: Die Systemsteuerung ist ein Auslaufmodell. Alle Funktionen werden früher oder später in die Einstellungen – zu erreichen über das Start-Menü oder Windows-Taste + I – integriert. Bis es so weit ist, wird es aber immer wieder Situationen geben, in denen man aus den Einstellungen manuell in die Systemsteuerung wechseln muss. Manchmal gibt es dafür einen direkten Link, manchmal muss man den indirekten Weg gehen, wie beispielsweise beim Festlegen der Anmeldeoptionen.

Abkürzung zu den Einstellungen: Windows-Taste + I

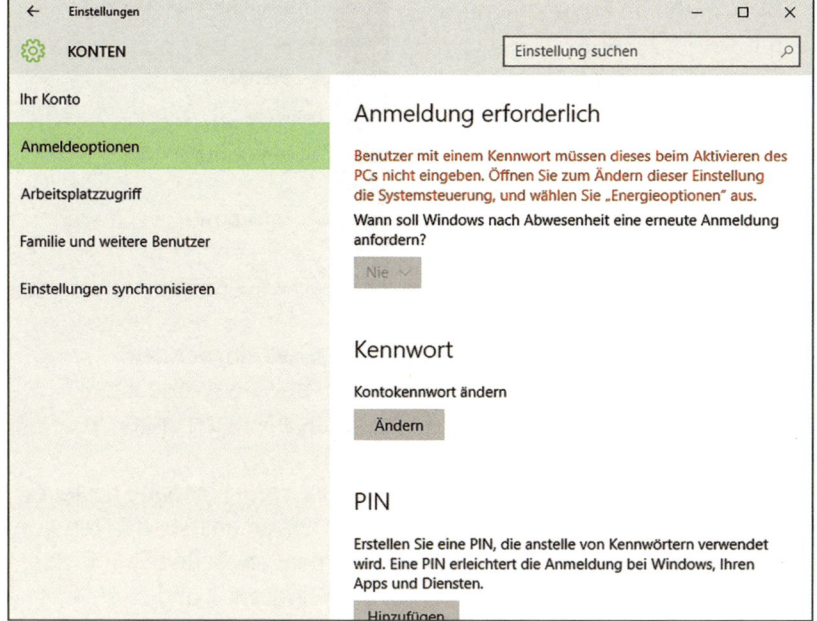

Zum Festlegen der Anmeldeoptionen muss man in die Systemsteuerung wechseln

Um die Systemsteuerung zu öffnen, gibt es unterschiedliche Möglichkeiten:

- Geben Sie „Sys" in das Windows-Suchfeld ein (Sie können das auch mithilfe von Cortana per Sprachbefehl tun) und wählen Sie unter den Ergebnissen „Systemsteuerung".

- Klicken Sie nach der Eingabe in das Windows-Suchfeld mit der rechten Maustaste auf das Ergebnis „Systemsteuerung" und heften Sie diese als Kachel an das Start-Menü oder als Symbol an die Taskleiste an, um sie jederzeit schnell zu erreichen.
- Klicken Sie mit der rechten Maustaste auf den Start-Button und im Kontextmenü mit der linken auf „Systemsteuerung".

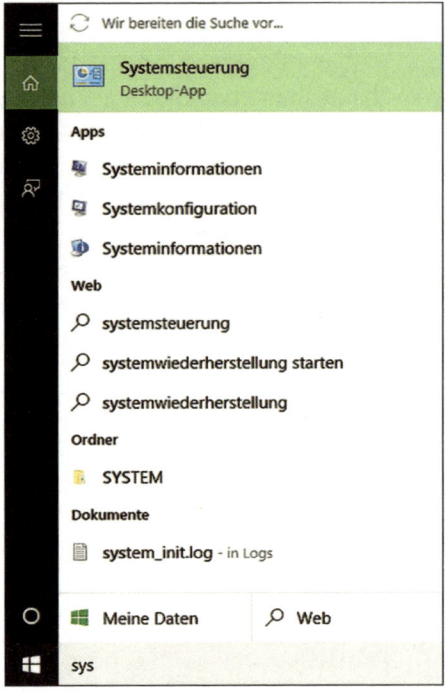

Neue und alte Funktionen

+ Mit Edge führt Microsoft einen neuen Browser ein, der den Internet Explorer ersetzt. Damit kann man beispielsweise mit einem Eingabestift auf Touchscreens manuell Notizen einfügen. (siehe „Windows 10 online", ► Seite 143)
+ Cortana ist eine digitale Assistentin, die per Spracheingabe gesteuert wird, kontinuierlich dazulernt und Nutzer z.B. an anstehende Termine erinnert. (siehe „Programme und Funktionen", ► Seite 85)
+ Snap Assist ist eine Erweiterung des aus Windows 7 und 8 bekannten „Aero Snap", mit dem sich die Arbeit mit Fenstern deutlich verbessern lässt. (siehe „Erste Schritte", ► Seite 65)
+ Taskansicht und „multiple Desktops" dienen ebenfalls der Organisation von Arbeitssituationen durch eine flexible Anordnung von Fenstern. Sie können eine Übersicht aller geöffneten Fenster anzeigen und beliebig viele Arbeitsoberflächen gleichzeitig betreiben. (siehe „Erste Schritte", ► Seite 65)

Task-Icon

+ Das Info-Center sammelt Nachrichten aller Art
und bietet Schnellzugriffe an, die sich dem
Verhalten des Nutzers automatisch anpassen.
(siehe „Programme und Funktionen", ► Seite 85)
+ Continuum nennt Microsoft die Eigenschaft von
Apps, sich jedem Modus und jedem Gerät automatisch anzupassen. Inhalte werden der Größe
des Bildschirms entsprechend angezeigt, bei 2in1-
Geräten schaltet Windows automatisch auf Touch-
steuerung oder Maus- und Tastatur-Betrieb um.
(siehe „Programme und Funktionen", ► Seite 85)
+ Windows 10 enthält eine Reihe vorinstallierter
Apps wie Karten, Mail, Kalender (siehe „Programme und Funktionen", ► Seite 85) sowie
Musik, Fotos und Video (siehe „Medien unter Windows 10", ► Seite 108). Sie sind mit dem Online-
Speicher OneDrive verbunden, um Daten zu sichern
und auf allen Windows 10-Geräten zu synchronisieren. (siehe „Windows 10 online", ► Seite 143)
− Das Windows Media Center ist nicht mehr
Bestandteil von Windows, zum Abspielen von
DVDs wird ein separates Programm benötigt.
Wie Sie Ihre Medien dennoch abspielen können
und welche Programme als Ersatz dienen,
erfahren Sie ab ► Seite 108.
− Alle Windows 7-Gadgets werden bei der Installation von Windows 10 entfernt. Stattdessen können Sie sich unter der Adresse
http://8gadgetpack.net das kostenlose
„8GadgetsPack" herunterladen. Es enthält
mehr als 50 Gadgets, die sich wahlweise in einer
Sidebar oder auf dem Desktop platzieren lassen.
− Bei vorinstallierten Spielen hat Windows deutlich abgespeckt. Derzeit ist nur die „Microsoft Solitaire Collection" an Bord, Klassiker
wie „Minesweeper" verschwinden beim Upgrade

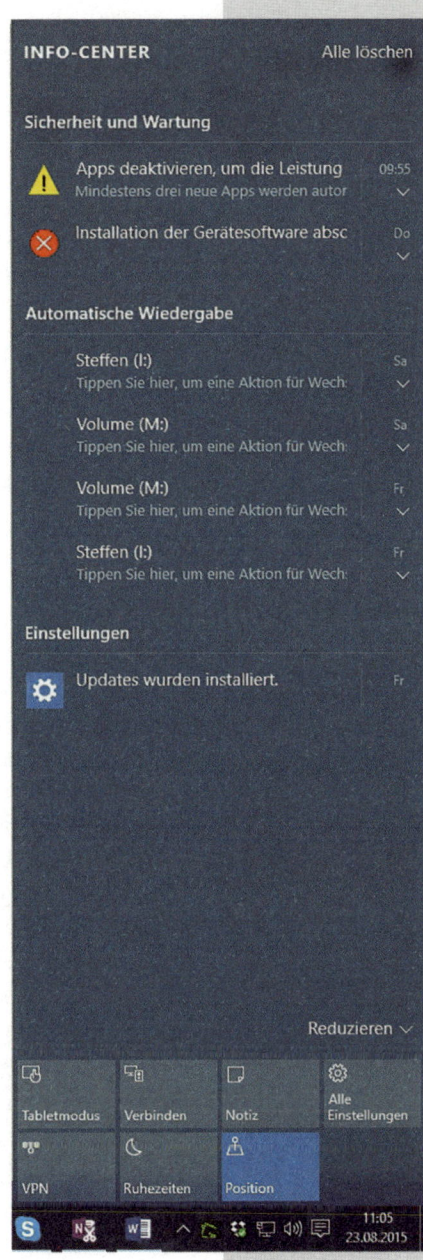

Info-Center

von der Festplatte. Über den Windows-Store wird dafür eine ganze Reihe alter und neuer Spiele kostenlos zum Download angeboten – darunter auch „Minesweeper", „Mahjong" und „Bingo".

- Im Programmpaket „Windows Live Essentials" wird die OneDrive-Anwendung durch eine OneDrive-Inbox ersetzt.
- Floppy-Disc-Laufwerke mit USB-Anschluss werden von Windows nicht mehr unterstützt. Auch von den meisten Herstellern dieser überholten Geräte werden keine passenden Treiber bereitgestellt. Gegebenenfalls sollten Sie die Inhalte Ihrer Floppy-Discs also vor dem Umstieg auf Windows 10 auf moderne Datenträger kopieren.

Touchscreen- und Desktop-Steuerung

Ein Betriebssystem für alle Plattformen – das bedeutet, dass Windows 10 auf Geräten mit und ohne Touchscreen laufen muss. Im Info-Center (erreichbar über das Info-Center-Icon rechts in der Taskleiste) befindet sich dafür unten ein Schalter zum Ein- und Ausschalten des Tablet-Modus. Damit lässt sich die Benutzeroberfläche von Windows 10 in einen für die Berührungssteuerung optimierten Modus umschalten. Das Start-Menü nimmt dann den ganzen Bildschirm ein – ganz ähnlich der Startseite von Windows 8.1. Dafür verschwindet die linke Spalte des Start-Menüs. Sie bleibt über das Menü-Symbol (drei horizontale Linien) oben links aber jederzeit aufrufbar.

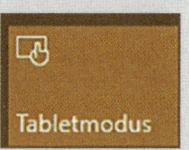

Die Taskleiste wird im Tablet-Modus weitgehend geleert (schließlich sind die Apps ja dann direkt über die Kacheln erreichbar), und die Taskleiste wäre für die meisten Bildschirme mobiler Geräte ohnehin zu kleinteilig. Dafür erscheint in der Taskleiste ein „Zurück"-Button, wie man ihn auch von Windows Phones kennt, der in jeder Situation stets zur direkt davor geöffneten Ansicht zurückführt.

Alle aktuell geöffneten Apps schalten vom Fenster- in den Vollbildmodus um. In der Taskleiste werden sie nicht mehr eigens gekennzeichnet. Um schnell zwischen geöffneten Apps zu wechseln, bietet sich die Taskansicht an, die jederzeit in der Taskleiste erreichbar bleibt.

Eigens für Windows 10 entwickelte Hybridgeräte, also Mischformen zwischen Notebook und Tablet-PC, soll Windows automatisch zwischen Tastatur- und Tablet-Modus umschalten, sobald man die Tastatur auf die Rückseite klappt (bei so genannten Convertible-Geräten) oder vom Bildschirm löst (bei so genannten Detachables wie Microsofts Surface-Modellen; siehe „Geräte und Zubehör", ▸ Seite 29).

Windows 10 – so klappt der Umstieg

Preise und Versionen

Wer auf seinem PC Windows 7 mit „Service Pack 1" oder Windows 8.1 installiert hat, kann kostenlos zu Windows 10 wechseln und das neue Betriebssystem nutzen, bis das Gerät nicht mehr funktioniert. Einige Editionen wie RT und Enterprise sind allerdings ausgeschlossen. Das Angebot gilt noch für ein Jahr nach dem Erscheinungsdatum (29. Juli 2015). Was danach geschieht, ist laut Microsoft-Sprecherin Irene Nadler noch offen. Welche Windows-Edition man beim Gratis-Upgrade bekommt, hängt davon ab, welche Version man aktuell installiert hat: Windows 7 Starter, Home Basic, Home Premium und Windows 8.1 werden auf Windows 10 Home umgestellt. Besitzer von Windows 7 Professional, Ultimate und 8.1 Pro erhalten Windows 10 Pro, das außerdem vorinstalliert auf Premium-PCs und Notebooks erhältlich sein wird. Privatnutzer, die noch mit Windows 98, XP oder Vista arbeiten, müssen Windows 10 kaufen.

Das Gratis-Angebot endet offiziell am 29. Juli 2016

Umstieg und Installation

Besitzern von Windows 7 und 8.1 wird der Umstieg denkbar einfach gemacht. Schon vor der Markteinführung von Windows 10 fand sich in der Taskleiste der meisten PCs unten rechts ein kleines Windows-Symbol, über das Version 10 vorbestellt werden konnte. Diese „Get-Windows-10"-App wurde und wird aber nur angezeigt, wenn das Gerät grundsätzlich die Mindestanforderungen für Windows 10 erfüllt. Außerdem muss in der Systemsteuerung die Funktion „Automatische Windows-Updates" aktiviert sein. Um Windows 10 vorzubestellen, klickt man zunächst auf das Windows-Symbol und dann auf „Jetzt kostenloses Upgrade reservieren". Sobald dieses verfügbar ist, wird es automatisch im Hintergrund geladen und man wird benachrichtigt, dass es zur Installation bereitsteht. Für alle, die sich nochmals vergewissern möchten, beinhaltet die Get-Windows-App aber auch die Option „PC überprüfen" bzw. den Hinweis „Ihr PC ist geeignet". Ein Klick auf einen dieser Links führt zu einer Liste mit möglichen Kompatibilitätsproblemen und Lösungsvorschlägen.

Die alte Windows-Version muss auf dem neuesten Stand sein

Vor der Installation – und damit das Symbol der Get-Windows-App überhaupt erscheint – muss sich die aktuellste Version von Windows 7 oder 8.1 auf der Festplatte befinden. Bei Windows 7 muss also zwingend das kostenlose „Service Pack 1" installiert, Windows 8 auf 8.1 umgestellt sein. Ob alle aktuellen Windows-Updates installiert sind, kann man in der „Systemsteuerung" unter „Windows Update" überprüfen. Mit einem Klick auf „Nach Updates suchen" kann man Windows manuell auf den neuesten Stand bringen. Diesen Vorgang sollte man wiederholen, bis keine Updates mehr gefunden werden. Unter Windows 8.1 führt der Weg über „Einstellungen" in der rechten Charms-Leiste, „PC-Einstellungen ändern" und „Update/Wiederherstellung". Als Mindestvoraussetzungen für Windows 10 nennt Microsoft einen Prozessor mit 1 GHz, 1 GB Arbeitsspeicher für die 32-Bit- und 2 GB für die 64-Bit-Version. Auf der Festplatte sollten 16 GB für die 32-Bit- und 20 GB für 64-Bit-Version reserviert werden. Die Grafik-Karte sollte DirectX 9-fähig sein, die Bildschirmauflösung mindestens 1024 × 600 Pixel betragen. Allgemein lässt sich sagen, dass man bei Geräten, die im Jahr 2015 älter als sechs Jahre waren, nicht mehr selbstverständlich davon ausgehen kann, dass sie für Windows 10 geeignet sind.

Anhand der Mindest-Systemvoraussetzungen und mithilfe einer App lässt sich die Eignung vorhandener PCs für Windows 10 ermitteln

Daten sichern und einrichten

Beim Umstieg von Windows 7 oder 8.1 auf das neue Windows sollen persönliche Einstellungen und Daten laut Hersteller weitgehend unberührt bleiben – und wie sich in der Praxis zeigt, klappt dies auch. In einzelnen Fällen kann es aber dazu kommen, dass bestimmte Einstellungen nicht mehr funktionieren und deaktiviert werden müssen. Persönliche Daten wie Fotos, Mails und Dokumente sollte man unbedingt vor der Installation auf einem externen Datenträger oder in einem Online-Speicher wie OneDrive oder Dropbox sichern. Mit einer solchen Sicherung lassen sich unwiederbringliche Daten notfalls zurückholen bzw. auf ein neu gekauftes Gerät mit vorinstalliertem Windows 10 kopieren. Gleiches gilt für den Fall einer kompletten Neuinstallation. Um Letztere durchzuführen, muss aber zunächst das Upgrade von einer älteren Windows-Version gemacht und das Betriebssystem danach erneut aufgespielt werden.

Datensicherung ist Pflicht

Bleibt die Frage nach der Lauffähigkeit der installierten Software. „Der Kunde kann seine alten Programme und gewohnten Anwendungen problemlos weiterverwenden", verspricht Marketing-Manager Boris Schneider-Johne. Das gilt zumindest für Software, die bereits auf Windows 7 oder 8.1 problemlos gelaufen ist. Das Windows Media Center wird beim Update komplett entfernt und ist für Windows 10 auch nicht mehr verfügbar (siehe auch „Programme und Funktionen", ▶ Seite 85). Die Kompatibilität von Hardwarebestandteilen und Peripheriegeräten wie Druckern ist von den vom jeweiligen Hersteller bereitgestellten Gerätetreibern abhängig. Ist man unsicher, ob ein Gerät unter Windows 10 laufen oder ob ein passender Treiber bereitgestellt wird, sollte man sicherheitshalber beim Support des Herstellers nachfragen und dafür die genaue Gerätebezeichnung bereithalten.

Windows-10-Geräte im Handel

Etwa zeitgleich mit dem Upgrade wurde Windows 10 auch an die Hardware-Hersteller ausgeliefert, die ersten Geräte mit vorinstalliertem Windows 10 sollten rechtzeitig vor Weihnachten im Handel verfügbar sein. Wer ein neues Gerät mit Windows 8.1 gekauft hat (oder aus Restbeständen erwirbt), könne sich aber darauf verlassen, dass er es auf einfachem Wege auf Windows 10 upgraden kann, versichert Microsoft. Doch warum sollte man sich überhaupt ein neues Gerät anschaffen, wenn das Upgrade doch kostenlos ist? Dazu ein Microsoft-Sprecher:

„Windows 10 entfaltet das volle Potenzial in Kombination mit moderner Hardware. Das betrifft etwa die Biometrie wie Fingerabdruckscanner oder die Continuum-Funktion, dank der sich Monitore an Smartphones anschließen oder Tablets mit einem Handgriff in ein vollwertiges Notebook verwandeln lassen. All das ist natürlich nur möglich, wenn die Hardware die Voraussetzungen dafür bietet." Näheres zu diesem Thema erfahren Sie in diesem Buch im Kapitel „Geräte und Zubehör", ▶ Seite 29ff.

Erste Hilfe bei Update-Problemen

Es kommt vor, dass unter Windows 7 und 8.1 Updates nicht heruntergeladen werden oder sich nicht installieren lassen. Falls das bei Ihnen der Fall ist, könnte Ihnen folgende Vorgehensweise helfen:

Dem Upgrade auf die Sprünge helfen

- Klicken Sie mit rechts auf den Start-Button und klicken Sie im Kontextmenü auf „Computerverwaltung".
- Klicken Sie im linken Verzeichnis auf „Dienste".
- Suchen Sie den Dienst „Windows Update" und beenden Sie ihn.
- Gehen Sie über den Datei-Explorer zum Ordner C:\Windows\ SoftwareDistribution\ Download und leeren Sie ihn.
- Gehen Sie danach zum Ordner C:\Windows\ SoftwareDistribution\ DataStore und leeren Sie ihn ebenfalls.
- Starten Sie danach erneut den Dienst „Windows Update".
- Versuchen Sie noch einmal, ein Update durchzuführen.

Die wichtigsten Fragen zum Upgrade

Soll ich umsteigen oder noch warten?

Umstieg oder nicht, das ist keine leichte Entscheidung. Denn Windows 10 stellt einen echten Umbruch in der Geschichte des Betriebssystems dar. Erstmals bekommt der Nutzer keine finale Software, sondern „Windows als Service", das stetigen Veränderungen unterworfen sein wird. Ob alles so funktioniert, wie von Microsoft geplant, kann derzeit niemand mit Bestimmtheit sagen. Wer sicherheitshalber abwarten will, muss Geduld mitbringen, da sich das neue Windows und die regelmäßigen Updates in den kommenden Monaten erst in der Praxis bewähren müssen. Eile ist aber nicht geboten, denn das Angebot zum kostenlosen Upgrade gilt noch mindestens bis zum 28. Juli 2016. Wer via Get-Windows-10-App mit dem Windows-Symbol, die automatisch in der Windows-Taskleiste erscheint, die Vorbestellung nicht aktiviert, bleibt vorerst bei seiner gewohnten Windows-Version.

> Volllizenzen sind auch für neue Geräte gültig. Übertragbare Lizenzen von Windows 7 und 8.1 behalten ihre Gültigkeit, können aber weiter nur auf einem PC genutzt werden

Wie lange gilt die kostenlose Windows-10-Lizenz?

Laut Microsoft gilt die Lizenz über die gesamte „unterstützte Lebensdauer" des Geräts. Bauteile wie Grafikkarte oder Arbeitsspeicher können ausgetauscht werden. Entscheidend ist, dass das Upgrade ursprünglich auf einem laufenden System mit Windows 7 (mit Service Pack 1) oder 8.1 durchgeführt wurde. Nach einem erfolgreichen Umstieg gibt es die Möglichkeit eine Installations-Datei (ISO-Datei) herunterzuladen, die sich auf einer veränderten Hardware installieren lässt, z.B. nach einem Festplattentausch. Während des Upgrades wird eine Hardware-Kennung (ID) erzeugt und auf einem Microsoft-Server hinterlegt. Sie dient fortan als Ausweis und ersetzt den Lizenzschlüssel – auch dann, wenn man mit einer übertragbaren Lizenz auf einen neuen PC umzieht. Ist das Nutzungsrecht an die Hardware gebunden, wie das etwa bei auf Komplett-PCs vorinstallierten so genannten OEM-Versionen der Fall sein kann, erlischt die Lizenz mit dem Wechsel des Mainboards, auf dem der Lizenzschlüssel hinterlegt ist. Hat der Nutzer eine Volllizenz von Windows 7 oder 8 erworben, wird diese beim Upgrade zu einer Windows-10-Volllizenz und kann problemlos auf eine andere Hardware übertragen werden.

Warum habe ich das Upgrade noch nicht erhalten?

Microsoft geht beim Verteilen von Windows 10 Schritt für Schritt vor und will die Zahl der belieferten Systeme nach und nach steigern. Über das Symbol in der Task-Leiste kann man Windows 10 aber auch wieder abbestellen, falls man es sich anders überlegt hat.

Was machen Besitzer älterer Windows-Versionen?

Wer noch mit Windows 98, XP oder Vista arbeitet, muss eine neue Lizenz kaufen, wenn er auf das neue Windows umsteigen will. Unverbindliche Preisempfehlung für Windows 10 Home ist 135 Euro, die Pro-Version soll 279 Euro kosten. Angeboten werden sie derzeit online ab rund 100 bzw. 145 Euro. Im Handel gibt es Windows 10 erstmals auch auf USB-Sticks. So genannte OEM-Versionen, eigentlich für PC-Hersteller gedacht, sind am günstigsten. Der direkte Telefonsupport durch Microsoft fehlt dann allerdings. Am teuersten ist Windows-10-Pro auf USB-Stick und als Download (220 Euro). Alle Varianten berechtigen zum Installieren der 32- und 64-Bit-Version. Vorher sollte man unbedingt prüfen, ob die Hardware für Windows 10 geeignet ist. Auf PCs, auf denen Windows 10 nach Einschätzung von Microsoft nicht ausgeführt werden kann, wird die Upgrade-App in der Taskleiste ebenfalls aktiviert. Darüber lässt sich dann ein Kompatibilitätstest durchführen.

OEM-Versionen sind am günstigsten

Kann ich selbst einen Installationsdatenträger erstellen?

Ja. Das ist z.B. dann eine praktikable Lösung, wenn der Upgrade-Button in Ihrer Taskleiste nicht angezeigt wird, Sie sich aber sicher sind, dass Ihr PC die Voraussetzungen für Windows 10 erfüllt. Auch wenn Ihr PC Mitglied einer Domäne ist und Sie das Gratis-Upgrade deshalb nicht angezeigt bekommen, ist ein Installationsdatenträger der richtige Weg. Laden Sie sich dazu unter www.microsoft.com/de-de/software-download/windows10 das „Media Creation Tool" herunter – am besten auf einen USB-Stick oder eine beschreibbare DVD. Eine externe Festplatte ist ebenso möglich, beachten Sie aber, dass auch hier alle Daten überschrieben werden. Sie können die Installation danach direkt vom Datenträger aus starten. Bei der Installation benötigen Sie dann einen gültigen Windows-Lizenzschlüssel. Zur Aktivierung müssen Sie auch in dieser Variante mit dem Internet verbunden sein. Lesen Sie dazu auch ▶ Seite 41f. Besitzen Sie eine übertragbare Lizenz für Windows 7 oder 8.1, können Sie diese auch auf einen anderen PC mitnehmen. Allerdings müssen Sie auch hier zunächst Windows 7 oder 8.1 installieren und anschließend auf Windows 10 upgraden. Erst danach ist eine „saubere" Neuinstallation möglich, weil der Aktivierungsserver von Microsoft die ID der neuen Hardware dann bereits kennt.

Kann man eine Vorab-Version zu einer Vollversion upgraden?

Nein. Für Teilnehmer am „Insider-Programm" gibt es keine Gratis-Lizenz. Hat man eine Vorab-Version installiert, muss man zunächst zurück zum alten Stand und kann erst danach Windows 10 installieren.

Kann man wieder zurück zum vorigen Windows wechseln, wenn man nicht zufrieden ist?

Ja. Wer nach dem Ausprobieren des neuen Betriebssystems nicht zufrieden ist, kann innerhalb von 30 Tagen nach der Installation zur alten Version zurückkehren. Diese lässt sich danach wie gewohnt weiter nutzen. Allerdings ist der so genannte Mainstream-Support für Windows 7 Anfang 2015 ausgelaufen. Es werden also keine neuen Funktionen oder Programmverbesserungen mehr bereitgestellt. Das betrifft aber keine sicherheitsrelevanten Funktionen. Im derzeit laufenden „Extended Support" gibt es noch Sicherheits-Upgrades. Das ändert sich Anfang 2020. Dann werden, wie es schon jetzt für Windows XP der Fall ist, keine Sicherheits-Updates mehr durchgeführt. Die Weiternutzung wird dann zum Risiko.

Rückkehr zur alten Version innerhalb von 30 Tagen

Kann man unter Windows 10 Sicherheits- oder Funktionsupdates verschieben oder verweigern?

Nein. Zumindest bei Sicherheitsupdates ist das auch nachvollziehbar, denn diese sollten grundsätzlich nicht ausgelassen werden. Alle anderen Updates werden erst nach bestandener Testphase durch so genannte Insider, die Neuerungen schon im frühen Stadium erhalten, an alle Nutzer ausgeliefert. Hierbei werden zunächst Besitzer der Home-Edition beliefert. Erst ab Windows 10 Pro können die Funktions-Updates aus Sicherheitsgründen verzögert werden. In den Einstellungen kann man dazu unter „Erweiterte Optionen" einen Haken vor der Option „Upgrades zurückstellen" aktivieren. Windows-10-Produktmanager Boris Schneider-Johne erklärt dazu auf Anfrage: „Die komplette Produktentwicklung von Windows wurde konsequent auf dieses neue System umgestellt, das wir mit den Insidern auf Millionen von PCs getestet haben. Es wird auch nicht täglich neue Versionen geben, sondern eher in Monats- bis Quartals-Abständen. Das wird inzwischen auch bei allen Formen von Applikationen so gemacht, lediglich Windows war dort eher statisch."

Bergen Auto-Updates nicht die Gefahr, dass man unterwegs mit dem Notebook durch ein minutenlanges Update überrascht wird?

Auch diese Frage beantwortet der Produktmanager: „Das wird nicht passieren. Updates werden nachts installiert, der Kunde muss eine Installation tagsüber explizit bestätigen, wenn ein Patch für Windows 10 vorliegt. Außerdem werden Updates nicht automatisch geladen, wenn man an einer mobilen Internetverbindung hängt, sondern nur im schnellen WLAN zu Hause oder im Büro. Dieses Feature steigert die Sicherheit unserer Kunden wesentlich, da selbst böswillige Malware die Installation von Sicherheitsupdates nicht verhindern oder einschränken kann."

Angeblich werden Android-Apps bald auch unter Windows laufen. Stimmt das?

Produktmanager Schneider-Johne: „Fast jedes Android-Programm kann von seinem Entwickler innerhalb von Minuten in eine Windows-Anwendung umgewandelt werden. Auch der Umstieg von iOS-Anwendungen auf Windows wird wesentlich vereinfacht. Wir stellen den Entwicklern zudem Tools bereit, damit zentrale Windows-Features wie etwa Cortana problemlos eingebunden werden können. Versorgungslücken, die es derzeit bei den Apps noch gibt, sollen bald geschlossen werden."

Was wird aus meiner alten Windows-Lizenz?

Sie bleibt bestehen und wird entgegen anderslautender Ankündigungen weder an die Hardware noch an das Microsoft-Konto gebunden. Sie ist allerdings Voraussetzung dafür, Windows 10 nutzen zu können und kann nicht etwa auf einem anderen PC verwendet werden. Die beim Upgrade erzeugte Hardware-ID ersetzt dann den Lizenzschlüssel. Eine Rückkehr zu Windows 7 oder 8.1 bleibt aber jederzeit möglich. Dazu muss man allerdings nach Ablauf der 30-Tage-Frist das System ganz neu aufsetzen oder OEM-Geräte in den Auslieferungszustand zurückversetzen. **Tipp:** Bei einer Neuinstallation können Sie kostenlos von einer 32- zu einer 64-Bit-Version wechseln. Wollen Sie eine Home- zu einer Pro-Version umwandeln, können Sie das – allerdings kostenpflichtig – über „Einstellungen", „System", „Info" und „Product Key ändern oder Windows-Edition aktualisieren" tun.

Exkurs: Die Windows-Historie

Windows ist ursprünglich eine grafische Benutzeroberfläche für das Betriebssystem „Microsoft Disk Operating System" (MS-DOS). Den ersten Versionen, Windows 286 und 386, war Ende der 80er-Jahre kein großer Erfolg beschieden. Das änderte sich mit dem auf 16-Bit-Code basierenden Windows 3.0. Die Versionen 3.1 und 3.11 liefen auf den meisten PCs bis Mitte der 90er-Jahre. Mit Windows 95 begann die Ablösung von DOS. Das 16-/32-Bit-System war eine Revolution. Dateien konnten nun Namen mit mehr als acht Zeichen haben. Windows 95 verkaufte sich in den ersten vier Tagen eine Million Mal. Die Weiterentwicklungen Windows 98, 98 SE und Millennium Edition setzen den Schwerpunkt auf Multimediaanwendungen. Das 2001 erschienene XP vereinte die

Business-Reihe (Windows NT, 2000) mit der Version für Privatanwender. Es ist heute noch auf Millionen PCs zu finden, wird von Microsoft aber nicht mehr mit Updates unterstützt. Vista (2008) war der erste größere Flop der Windows-Geschichte. Vor allem die hohen Anforderungen an die Hardware schreckten Nutzer ab. Windows 7 startete im Oktober 2009, die Unterstützung lief Anfang 2015 aus. Insbesondere wurden Benutzerfreundlichkeit und Systemsicherheit verbessert und die Eingabe über Touchscreens unterstützt. Windows 8 (2012) führte das App-System ein, der Kachelbildschirm, gedacht für die Benutzung auf Tablets, fiel bei den meisten Nutzern durch. Das Upgrade auf Version 8.1 beseitigte viele Kritikpunkte, konnte die Nutzer aber nur teilweise versöhnen. Insgesamt sind laut Microsoft weltweit 1,5 Milliarden Geräte mit Windows in Betrieb.

Mit der Nummer 10 überspringt Microsoft eine Zahl. Denn eigentlich müsste auf Windows 8 logischerweise die 9 folgen. Laut offizieller Lesart soll damit zum Ausdruck gebracht werden, dass die Nutzer eine völlig neue Windows-Generation erwartet. Es gibt aber auch andere Theorien. So trägt Apples PC-Betriebssystem Mac OS bereits die Nummer 10, was die Marketingstrategen in Redmond zu der überraschenden Namensgebung veranlasst haben könnte. Programmierexperten mutmaßen dagegen, dass Fehler vermieden werden sollen, die entstehen könnten, wenn in einer Befehlszeile die Ziffer 9 erscheint, da diese auch in „Windows 95" und „98" vorkommt.

Die Unterstützung für Windows 7 ist bereits ausgelaufen

Geräte und Zubehör

Ob Acer oder Asus, Sony oder Toshiba – fast alle namhaften Hersteller haben Windows-10-Geräte im Programm. Es ist unter anderem diese Vielfalt, die Windows vor Apples Mac OS auszeichnet. Seit einiger Zeit hat Microsoft aber auch eigene Geräte im Programm.

Die Surface-Reihe

Um der Welt zu zeigen, was ein modernes Betriebssystem wirklich kann, braucht man darauf abgestimmte Geräte. Zumindest das hat Microsoft inzwischen von Apple gelernt. Genau in diese Kerbe soll die Surface-Reihe schlagen, die der Hersteller nach und nach weiter ausbaut.

Surface Pro 3

Laptop oder Tablet, das ist beim Surface Pro 3 die Frage. Eine Tastatur wird jedoch, wie schon bei den Vorgängern, nicht mitgeliefert. Mittels des andockbaren, optional erhältlichen „Type Covers", das als Tastatur und Abdeckung zugleich dient, lassen sich alle Surface-Geräte aber mit einem Handgriff in einen vollwertigen mobilen Arbeitsrechner verwandeln. Dennoch hat sich Microsoft ausdrücklich gegen das MacBook Air des Erzrivalen Apple positioniert. Tatsächlich schneidet das größer und zugleich schmaler gewordene Surface im direkten Vergleich gut ab: Es ist leichter, flexibler, besitzt eine höhere Auflösung und ist mit einer zusätzlichen rückwärtigen Kamera für Schnappschüsse und Videoaufnahmen ausgestattet.

Flexibler ist das Surface vor allem wegen des blitzschnell reagierenden Touchscreens. Auf dem mit 2.160 x 1.440 Pixeln sagenhaft scharfen Bildschirm lässt es sich ausgezeichnet arbeiten. Dank des mitgelieferten digitalen Stifts kann man handschriftliche Notizen und Skizzen erstellen und mit einem Tastendruck beispielsweise in OneNote speichern. Auch Office-Dokumente lassen sich manuell mit Anmerkungen versehen. Die Büro-Suite gehört allerdings nicht zum Lieferumfang.

Bei Bedarf lässt sich die Tastatur mit einem Handgriff andocken. Sie ist extrem flach und dient zugleich als Abdeckung. Die Magnetverbindung ist verblüffend stabil. Man kann das Gerät sogar an der Tastatur hochheben, ohne dass sie sich löst. Liegt sie flach auf der Tischplatte, lässt sich darauf hervorragend schreiben. Beim Pro 3 kann man sie nun auch an einen Magnetstreifen im unteren Bildschirmbereich anheften, sodass sie leicht geneigt ist, um das Schreiben zu vereinfachen. Leider federt die Tastatur dann beim Tippen etwas nach und macht sich durch deutliches

Klappern bemerkbar. Die Stütze auf der Rückseite des Bildschirms ist im Gegensatz zu den beiden Vorgängern stufenlos verstellbar. Eine sinnvolle Neuerung, denn nun findet man immer den richtigen Winkel und kann das Surface beispielsweise bequem auf dem Schoß abstellen.

Im Test erweist sich die mittlere Version mit Core i5-Prozessor (verfügbar sind außerdem eine i3- und eine i7-Variante) als sehr leistungsstark. Auch hardwarehungrige Apps laufen flüssig, selbst wenn mehrere Anwendungen wie Textverarbeitung, Browser und Mail-Client gleichzeitig am Start sind. Muss das Surface längere Zeit größeren Belastungen standhalten, werden jedoch einzelne Bereiche sehr warm. Die Lüfter gehen dann vernehmlich in höhere Drehzahlen, während die Systemleistung spürbar heruntergeschraubt wird.

Der Akku des Surface hält acht bis neun Stunden durch.

Das Surface Pro 3 im Test

Neue Edel-Tablets

Die neueste Ausgabe des Profi-Tablets Surface Pro ist das Surface Pro 4. Das Display ist mit 12,3 Zoll etwas größer, die Maße des Geräts ändern sich im Vergleich zum Vorgänger nicht. Die Auflösung liegt bei 2.736 x 1.824 Pixeln. Mit den neuen Edel-Tablets hat man klar Apple im Visier: Microsoft zufolge übertrumpft das Surface Pro 4 das Apple MacBook Air in Sachen Leistung um bis zu 50 Prozent. Der Arbeitsspeicher wird mit maximal 16 Gigabyte noch einmal verdoppelt, es können SSDs mit bis zu einem Terabyte Kapazität geordert werden. Als je nach gewählter Ausstattung schnellster Chip wird ein Intel Core i7-6500U mit 2,5 GHz Basistakt und 3,1 GHz Turbo-Geschwindigkeit verbaut.

Als Zubehör wird ein neuer Stift mit Cortana-Funktionalität mitgeliefert. Zusätzlich gibt es ein neues Type-Cover im Chiclet-Design, einem Glas-Trackpad mit 40 Prozent größerer Fläche und Fingerabdruckleser für die sichere Anmeldung. Das neue Type-Cover kann auch am Surface Pro 3 verwendet werden. Das gilt auch für die Surface Pro 4-Docking-Station mit vier USB-3.0-Ports, zwei 4K-fähige DisplayPorts und einen Ethernet-Port. Die Preise liegen bei rund 1.000 Euro aufwärts.

Das Surface 3

Wurde das Surface Pro 3 als Tablet und Notebook in einem angepriesen, ist das Surface 3 nun wieder ganz offiziell ein Tablet. Das „Spar-Windows" RT, das noch beim direkten Vorgänger, dem Surface 2, zum Einsatz kam, ist Geschichte. Der Neuzugang hat ein vollwertiges Windows an Bord, das sich kostenlos auf Windows 10 upgraden lässt. Konkret bedeutet das: Man kann alle Programme und Windows-Treiber installieren, wie man es vom Desktop-PC gewohnt ist.

Die vier Kerne und eine integrierte Grafikeinheit stellen zwar keine Temporekorde auf, bieten aber eine solide Basis für flottes Surfen und Arbeiten mit Office & Co. Insbesondere die Variante mit 4 GB Arbeitsspeicher macht ordentlich Dampf. Im Test liefen anspruchsvollere Windows-Spiele ohne Probleme, auch wenn das Gerät natürlich keine ausgewiesene Gaming-Plattform ist.

Microsoft Surface 3

Wichtig für Bildschirmarbeiter ist das Type Cover, eine Kombination aus Schutzhülle und Tastatur. Wie beim Surface Pro lässt es sich durch magnetisches Anheften an das Tablet schrägstellen, was das Tippen deutlich erleichtert.

Insgesamt liegt das Gerät mit oder ohne Type Cover wunderbar und leicht in der Hand. Die ausklappbare Rückenstütze ist nun in drei statt in zwei Stufen verstellbar. Das ist zwar nicht ganz so komfortabel wie das stufenlose Verstellen beim Surface Pro, reicht im täglichen Gebrauch aber meist aus. Das kinderleichte Andocken der danach bombenfest sitzenden Tastatur fasziniert auch beim Neuzugang. Die Verarbeitung ist wie von Microsoft nicht anders gewohnt über jeden Zweifel erhaben. Einzig der doch recht hohe Preis trübt das Vergnügen etwas. Doch immerhin bekommt man dafür nicht nur das allerneueste Windows und eine Einjahres-Lizenz für Office 365, sondern auch ein zuverlässiges und leistungsstarkes Arbeitsgerät, das auch äußerlich einiges hermacht.

Das Surface Book

Nach dem Erfolg seiner Tablet-Reihe versucht sich Microsoft auch im Notebook-Segment. Das Surface Book hat ein 13,5-Zoll-Display mit einer extremen Pixeldichte von 267 PPI im 3:2-Format. Die Auflösung liegt bei 3.000 x 2.000 Pixeln. Auch das Surface Book kann bei Bedarf als Tablet herhalten. Das Tastatur-Dock mit Hintergrundbeleuchtung kann abgenommen werden und ist mit einem extrem flexiblen Scharnier versehen, sodass es bei Bedarf umgelegt werden kann.

Das Surface Book setzt vor allem auf Leistung. Mit einem Nvidia-Grafikchip und Intels Core-i7-Prozessor ist es laut Hersteller doppelt so schnell als Apples Macbook Pro. Clever: Der Grafikchip steckt im Tastatur-Dock. Während des Betriebs ohne Keyboard wird die CPU-eigene Grafikeinheit verwendet. Wird mehr Leistung benötigt, dockt man beide Teile zusammen.

Das alles hat seinen Preis: In der bescheidensten Ausstattung kostet das Gerät in den USA noch 1.500 Dollar.

Windows-10-Smartphones

Die Kooperation mit Nokia ist passé, doch Lumia-Modelle wird es weiterhin geben. Der Marktanteil von Windows-Phones liegt weiterhin im unteren einstelligen Bereich, was sich aber mit Windows 10 ändern könnte. Wer einmal einen näheren Blick auf die Geräte geworfen hat, wird feststellen, dass sie eine echte Alternative zu den Marktführern darstellen. Insbesondere Nutzer, die sich nicht an den Apple-Konzern binden wollen, denen aber Android zu chaotisch und unsicher ist, sollten die Anschaffung eines Windows-Modells erwägen.

Mit Windows 10 geht Microsoft den mit Windows 8 eingeschlagenen Weg zu einem Betriebssystem für alle Plattformen konsequent weiter. Windows 10 Mobile, so der offizielle Name, sieht infolgedessen aus wie eine Miniaturversion des Desktop-Windows. Für Sie als Anwender hat das zwei entscheidende Vorteile: Sie müssen sich nicht für jedes Gerät an eine neue Funktionalität und Terminologie gewöhnen und die Zusammen-

arbeit zwischen den Geräten klappt – Konkurrent Apple hat es vorge-
macht – wesentlich reibungsloser.

Entsprechend finden Sie nun in den Einstellungen die gleichen Kategorien wie auf Ihrem PC: „System", „Geräte", „Netzwerk & Internet",
„Personalisierung", „Konten", „Zeit & Sprache", „Update & Wiederherstellung" und so weiter. Und das Info-Center (siehe „Erste Schritte",
„Das Info-Center", ▶ Seite 75ff), auf dem PC ohne Touchscreen eigentlich
weitgehend verzichtbar, läuft auf mobilen Plattformen zu voller Form auf.
Insbesondere die Schnellzugriffe über das Kachelmenü sind hilfreich.
Außerdem werden Sie ständig über eingehende Nachrichten informiert
und können beispielsweise eine SMS direkt lesen und darauf antworten,
ohne umständlich die SMS-App öffnen zu müssen.

Im mobilen Windows finden Sie auch den Datei-Explorer (siehe „Erste
Schritte", „Der Datei-Explorer", ▶ Seite 132) wieder, der unter Windows
10 die Organisation von Verzeichnissen und Dateien erleichtert. Zum
Starten der App in der mobilen Version tippen Sie einfach auf „Start",
wischen über die App-Liste und wählen „Datei-Explorer" aus. Praktisch:
Eingelegte Speicherkarten werden wie in der Desktop-Version mit einem
Laufwerksbuchstaben angezeigt. Apps von Drittherstellern für die Datei-
verwaltung, wie Sie sie beispielsweise bei Android-Geräten benötigen,
sind damit überflüssig.

Als ein Beispiel von vielen für den direkten Austausch zwischen
Windows-10-Geräten mag die Einbindung des Cloudspeichers OneDrive
dienen. So können Sie mit der Foto-App auf einem Windows-10-Mobile-
Smartphone aufgenommene Bilder und Videos auch auf Ihrem Desktop-
oder Tablet-PC anschauen, ohne die Daten mühselig übertragen zu
müssen. Das geschieht völlig automatisch, wenn Sie in den Systemein-
stellungen unter „Fotos & Kamera" die Upload-Funktion aktivieren.

Die gleiche
Benutzeroberfläche
wie beim „großen"
Windows

Wer bekommt das Update?

Wie das „große" Windows wird auch Windows 10 Mobile an viele Anwender kostenlos ausgegeben. Besitzer eines Smartphones mit Windows
Phone 8 bekommen das Upgrade gratis. Wenn es sich nicht um ein Mi-
crosoft-Gerät handelt, ist allerdings der jeweilige Hersteller dafür verant-

wortlich, dass Ihnen das Upgrade auch zur Verfügung gestellt wird. Ansonsten hat Microsoft angekündigt, alle Updates für Windows 10 Mobile selbst und unabhängig vom Hersteller auszuliefern. Verzögerungen bei Geräten anderer Hersteller sollen damit der Vergangenheit angehören. Vom Upgrade auf Windows 10 Mobile ausgeschlossen sind alle Lumia-Smartphones mit Windows Phone 7.

Xbox 360 und Xbox One

Zu Microsofts Produktpalette gehören auch die Spielkonsolen Xbox 360 und Xbox One. Auch sie nähern sich dem Desktop-Windows deutlich an. Zum einen besitzen die Konsolen nun ebenfalls eine in Kacheln organisierte Benutzeroberfläche. Zum anderen wird der Austausch zwischen unterschiedlichen Windows-10-Geräten auch im Bereich Gaming erleichtert. So soll es bald möglich sein, Xbox-Spiele einfach auf einem Windows-Tablet weiterspielen zu können. Auch systemübergreifende Matches zwischen PC- und Konsolenspielern werden möglich sein. Interessant ist wieder die Einbindung von OneDrive. Wenn Sie dort Bilder und

Über die vorinstallierte Xbox-App bleiben Sie mit Ihrem Spieler-Profil und Ihren Freunden in Kontakt

Videos abgelegt haben, können Sie sie über Ihre Xbox-Konsole direkt auf dem TV-Gerät im Wohnzimmer anschauen.

In der Desktop-Version von Windows 10 ist die Xbox-Funktionalität in Form einer Xbox-App vorinstalliert. Sie können dort Ihr Gamer-Profil einsehen und verwalten, letzte Erfolge beim Spielen anzeigen oder im Store Spiele einkaufen. Zudem können Sie sehen, wer von Ihren Xbox-Freunden gerade online ist und ob er vielleicht bereit ist, mit Ihnen zusammen eine Runde zu spielen.

Unter Windows 10 Mobile ist die Xbox in Form einer Kachel vorinstalliert. So können Sie jederzeit sehen, ob Freunde online sind, sich mit ihnen zum Spielen verabreden oder über den Microsoft-Store Spiele kaufen – allerdings nur fürs Smartphone.

Tipp: Um die Xbox-App sofort nutzen zu können, müssen Sie mit einem Microsoft-Konto angemeldet sein. Ansonsten müssen Sie nach dem ersten Start Ihre Xbox-Live-Nutzerdaten eingeben. Um eine Konsole anzumelden, die sich in Ihrem Netzwerk befindet, müssen Sie unter Umständen deren IP-Adresse eingeben (siehe „PC vernetzen", ▶ Seite 121).

Die Installation

Hat man sich erst einmal zum Umstieg auf Windows 10 durchgerungen, sollte man beherzt zur Installation schreiten – allerdings nicht, ohne vorher alle Daten gesichert zu haben.

Voraussetzungen

Der einfachste Weg zur Installation des neuen Windows ist sicher die von Microsoft präferierte Installation via Upgrade. Dabei genügt es, auf den Upgrade-Button in der Taskleiste zu klicken und den Anweisungen auf dem Bildschirm zu folgen.

Möchten Sie dagegen einen „Clean Install" durchführen, also Windows auf einer „frischen" Festplatten-Partition komplett neu aufsetzen (z.B., wenn Sie es parallel zu einem anderen Betriebssystem oder in einer virtuellen Maschine betreiben möchten), können Sie eine der vom Hersteller bereitgestellten ISO-Dateien nutzen. Das hat darüber hinaus den Vorteil, dass Sie Ihren Rechner von Altlasten befreien und das System hinterher stabiler läuft. Die ISO-Datei vereint Home und Pro in sich, welche Version installiert wird, hängt von dem Ihnen zur Verfügung stehenden Produkt-Key ab. Sie müssen sich lediglich entscheiden, ob Sie die 32- oder die 64-Bit-Version von Windows 10 installieren möchten.

Tipp: Systematisches Vorgehen ist bei einer Installation das A und O. Dazu gehört auch, nicht ungeduldig zu werden, wenn es einmal etwas länger dauert. Niemals sollte man ohne Not eine Installation abbrechen, und man sollte für den Ernstfall einen Reparaturdatenträger bereithalten (▶ Seite 185ff).

Hardware-Anforderungen

Die Hardware-Anforderungen von Windows 10 erhöhen sich im Vergleich zu Windows 7 und Windows 8 nicht. Deshalb kann im Grunde jeder Rechner, der nicht älter als drei oder vier Jahre ist, problemlos als Plattform verwendet werden. Geräte, die älter als sechs Jahre sind, stehen laut Microsoft „grundsätzlich auf dem Prüfstand".

- Prozessor: 1 GHz oder schneller mit Support von PAE, NX und SSE2
- Arbeitsspeicher: 1 GB für 32-bit, 2 Gigabyte für 64-bit
- Festplatte: 16 Gigabyte (32-bit) bzw. 20 Gigabyte (64-bit)
- Grafikkarte: DirectX 9-fähig mit WDDM 1.0 oder höher

Die Installation Schritt für Schritt

Sprache und Standards festlegen. Legen Sie die Installationssprache, Uhrzeit- und Währungsformat sowie die Sprache für Tastatur und Eingaben fest.

Installation starten. Klicken oder tippen Sie auf „Jetzt installieren". Zuvor müssen Sie noch die Lizenzbedingungen bestätigen und danach können Sie die Installation mit „Weiter" fortsetzen. Die „Computerreparaturoptionen" am unteren Bildrand brauchen Sie dann, wenn bei der Installation etwas schiefgegangen ist. Wird die Installation beispielsweise wider Erwarten abgebrochen, starten Sie den Vorgang erneut von Ihrem Installationsdatenträger und wählen Sie diese Option.

Installationsart definieren. Hier entscheiden Sie, ob Sie die Upgrade-Variante wählen möchten, bei der Programme, Dateien und persönliche Einstellungen erhalten bleiben, oder ob Sie eine komplette Neuinstallation bevorzugen. Letztere starten Sie mit „Benutzerdefiniert". Sie sollten dabei unbedingt beachten, dass damit alle Ihre Daten verloren gehen, die sich auf der Installations-Partition befinden.

Partitionen festlegen. Eine Festplatte ist gewöhnlich in getrennte Bereiche unterteilt, die so genannten Partitionen, auch „Laufwerke" genannt. Falls das bei Ihnen nicht der Fall ist, können Sie das in diesem Fenster tun. Sinnvoll ist z.B. eine Unterteilung in drei Partitionen, für das Betriebssystem (das ist die „Systempartition"), Programme und persönliche Dateien. **Tipp:** Diese Einteilung in Partitionen macht es Ihnen später leichter, Festplatteninhalte zu lokalisieren. So können Sie das Laufwerk mit Ihren persönlichen Dateien einfach komplett mit einem externen Datenträger synchronisieren, um ein Backup durchzuführen. Falls Sie mehre Betriebssysteme parallel betreiben möchten, benötigt jedes davon eine eigene Partition. Ist auf Ihrem PC noch eine alte Windows-Version installiert, können Sie die Partitionen falls nötig bequemer über die Computerverwaltung in der Systemsteuerung anpassen. Für die 32-Bit-Version von Windows 10 brauchen Sie mindestens 16 GB Speicherplatz, für die

Vor der Installation legen Sie die Einteilung Ihrer Festplatte fest, die später nur mehr schwer zu ändern ist

64-Bit-Version 20 GB. Räumen Sie Windows 10 aber besser etwas mehr Platz ein, wenn Sie diesen erübrigen können. **Tipp:** In der Regel wird der Installationsassistent eine geeignete Partition vorschlagen. Wenn Sie unsicher sind, wählen Sie auf jeden Fall diese aus. Bei Bedarf können Sie die Partitionen nachträglich noch über die Computerverwaltung nachjustieren. **Wichtig:** Alle Daten auf der Installationspartition (bzw. dem „Installationslaufwerk" oder der „Systempartition") werden unwiederbringlich gelöscht!

Nehmen Sie sich Zeit und sorgen Sie von Anfang an für den bestmöglichen Schutz Ihrer Daten

Windows auf die Festplatte überspielen. Klicken Sie auf „Weiter", um die Installation von Windows 10 zu starten. Die Dauer dieses Vorgangs ist von der Größe der Festplatte abhängig – und natürlich davon, ob Sie in Upgrade oder eine Neuinstallation durchführen. Der PC wird währenddessen mehrfach neu gestartet. **Wichtig:** Haben Sie etwas Geduld und unterbrechen Sie die Installation auf keinen Fall. Drücken Sie keine Tasten, weder an der Maus noch auf der Tastatur.

Einstellungen anpassen. Wenn Sie es sehr eilig haben, können Sie nun die von Windows vorgeschlagenen „Express-Einstellungen" verwenden. Wir raten aber, in den nachfolgenden Abschnitten dieses Buches nachzulesen, wie Sie die Einstellungen schon jetzt während der Installation optimal anpassen können (► Seite 45ff). Erfahrungsgemäß findet man später nur selten Muße, sich mit diesem wichtigen Thema auseinanderzusetzen (Stichwort: Datenschutz).

Nutzer festlegen. Wenn Sie Ihren Rechner privat nutzen, antworten Sie auf die Frage „Wem gehört dieser PC?" einfach mit „Mir" und bestätigen Sie die Auswahl mit „Weiter". Ist er dagegen Teil eines Firmennetzwerkes, wählen Sie die Antwort „Meiner Firma".

Konto anmelden. Falls Sie bereits ein Microsoft-Konto besitzen, melden Sie sich nun damit an. Windows 10 übernimmt dann viele Einstellungen ganz automatisch – z.B. Ihre Anmeldung in der Mail-App (siehe „Programme und Funktionen", „Die Mail-App", ► Seite 86). Sie können auch „Diesen Schritt überspringen" wählen, wenn Sie Windows nur mit einem lokalen Konto nutzen möchten (siehe auch ► Seite 42f). Über den

Hyperlink „Erstellen Sie ein Konto!" können Sie wahlweise auch direkt ein neues kostenloses Microsoft-Konto einrichten.

Eine Neuinstallation durchführen

Für die Neuinstallation können Sie die unter www.microsoft.com/de-de/software-download/windows10 bereitstehenden Installations-Tools verwenden, um Windows herunterzuladen und Ihr eigenes Installationsmedium auf einem USB-Stick oder einer DVD erstellen. Das Tool ermöglicht Nutzern mit Windows 7, 8.1 und 10 den direkten Download. Es enthält:

USB-Stick oder DVD als Installationsdatenträger

• Für den Download optimierte Dateiformate
• Integrierte Medienerstellungsoptionen für USB-Sticks und DVDs
• Optionale Konvertierung ins ISO-Dateiformat

Sie brauchen:

• Eine stabile Internetverbindung.
• Ausreichend Speicherplatz auf dem Ziellaufwerk (sei es eine PC-Partition, ein USB-Stick, eine DVD oder ein externes Laufwerk) mit mindestens vier GB Speicherplatz. **Achtung:** Auf dem USB-Stick oder der DVD werden alle eventuell vorhandenen Dateien gelöscht!

Kostenlos nur mit Upgrade

Auch bei einer Neuinstallation muss zunächst ein Upgrade von Windows 7 oder Windows 8.1 durchgeführt werden, um eine kostenlose Windows-10-Lizenz zu erhalten. Dabei liest Windows die hinterlegten Lizenzschlüssel aus und verknüpft sie auf Wunsch auch gleich mit einem bereits bestehenden Microsoft-Konto. Erst danach kann man auf einem Rechner eine „saubere" Installation durchführen. Die Aktivierung erfolgt über das eigene Microsoft-Konto mit den hinterlegten Keys. Die alten Produktschlüssel für Windows 7 und 8.1 bleiben gültig, ein nachträgliches Downgrade, also eine Rückkehr zur älteren Windows-Version ist damit immer noch möglich.

- Um eine Installations-DVD zu erstellen, brauchen Sie natürlich auch einen DVD-Brenner.
- Wenn Sie Windows zum ersten Mal installieren, benötigen Sie Ihren 25-stelligen Windows-Product Key.

Installation von einem USB-Stick

Die Installation von einem Speicherstick geht am schnellsten – noch schneller geht es über einen USB-3-Anschluss

Um die Windows-10-ISO auf den USB-Stick zu bringen, muss das Windows-Download-Tool zunächst heruntergeladen und installiert werden. Nach dem Start per Doppelklick wird die ISO-Quelldatei auf der Festplatte über den „Durchsuchen"-Button ausfindig gemacht. Haben Sie die richtige Datei gefunden und ausgewählt, klicken Sie auf „Weiter".

Wählen Sie nun die Option „USB-Gerät". Danach stecken Sie den USB-Stick ein. Hat das Windows-Download-Tool den USB-Stick erkannt, klicken Sie auf „Kopiervorgang starten". Das Medium wird nun formatiert. Im letzten Schritt werden die Installationsdaten von Windows kopiert. Danach besitzen Sie einen startbaren („bootfähigen") USB-Stick, den Sie zur Installation verwenden können. Um das Setup zu starten, muss der USB-Stick nun am Zielrechner angeschlossen werden. Im BIOS oder UEFI-Menü des PCs (Beim Start meist über das Drücken der „Entf"- oder „F2"-Taste zu erreichen) muss gegebenenfalls noch die Option zum „Boot von USB" aktiviert werden. Beim erneuten Einschalten des Systems wird dann der Setup-Vorgang automatisch gestartet.

Mit oder ohne Microsoft-Konto?

Ein Microsoft-Konto ist keine Pflicht, aber von Vorteil

Seit Windows 8 ist die Anmeldung über ein Microsoft-Konto (ehemals „Windows Live-ID") praktisch obligatorisch. Das bietet Ihnen eine ganze Reihe von Vorteilen. Sie können direkt auf den Online-Speicher OneDrive zugreifen, die damit verbundenen Apps Kalender, Mail und Kontakte nutzen, neue Software aus dem Windows Store laden und Einstellungen über mehrere Computer hinweg synchronisieren. Die Bequemlichkeit hat allerdings ihren Preis. Der Windows-Hersteller bekommt so einen Überblick über Ihre Aktivitäten – ein großer Schritt hin zum gläsernen Nutzer. Das gilt selbst dann, wenn Sie unseren Tipps zum Datenschutz folgen, die Sie ab ► Seite 45 finden.

Wer das nicht in Kauf nehmen möchte, oder Microsofts Online-Dienste ohnehin nur sporadisch nutzt, kommt aber auch ohne Microsoft-Konto aus. Wenn Sie sich für diesen Weg entscheiden, können Sie weiter ein „lokales Benutzerkonto" verwenden und sich damit von den Microsoft-Servern abnabeln.

Wollen Sie das bereits bei der Installation erledigen, müssen Sie etwas tricksen. Sie können z.B. Ihre Verbindung zum Internet kappen (das Ethernet-Kabel ziehen oder WLAN deaktivieren), bevor Sie sich zum ersten Mal anmelden.

Alternativ klicken Sie im Anmeldebildschirm („Ganz Ihrs!"), in dem Sie aufgefordert werden, Ihre Kontodaten einzugeben oder ein neues Konto zu erstellen, stattdessen unten links auf „Diesen Schritt überspringen". Danach können Sie sich wie gewohnt mit Namen und (falls gewünscht) Passwort anmelden. Lassen Sie das Feld für das Passwort leer, wird es beim nächsten Login auch nicht mehr abgefragt.

Konteneinstellungen ändern und Konten hinzufügen

Sie können auch später noch jederzeit zwischen einem lokalen Konto und einem Microsoft-Konto (wenn Sie eines besitzen) wechseln. Gehen Sie dazu entweder über „Einstellungen" zu „Konten" und „Ihr Konto" und klicken Sie auf „Stattdessen mit einem lokalen Konto anmelden" oder melden Sie sich dort umgekehrt mit einem bestehenden Microsoft-Konto an oder erstellen Sie ein neues. Oder klicken Sie im Start-Menü oben auf Ihr Profilbild und auf „Kontoeinstellungen ändern". Über „Mein Microsoft-Konto verwalten" gelangen Sie direkt zu den Konto-Einstellungen im Internet.

Auf dem gleichen Weg – über „Ihr Konto" – können Sie Ihr Profilbild ändern. Entweder wählen Sie über „Durchsuchen" ein Bild, das

So arbeiten Sie mit mehreren Konten

Ihr Bild

Durchsuchen

auf Ihrer Festplatte gespeichert ist, oder Sie nehmen über „Ihr Bild erstellen" ein neues auf – aus nachvollziehbaren Gründen muss das Gerät dafür über eine Kamera verfügen oder Sie müssen eine solche per USB anschließen.

Unter „andere verwendete Konten" können Sie außerdem weitere Microsoft-Konten oder ein Geschäfts- und Schulkonto hinzufügen. Sie erhalten dann Zugriff auf gemeinsam genutzte Ressourcen wie Apps, Netzwerk und E-Mails. Dieses Feature wird über „Arbeitszugriff" verwaltet und ist nur unter Windows 10 Pro verfügbar.

Wenn Sie Freunden oder Familienmitgliedern Zugang zu Ihrem PC gewähren wollen, finden Sie die dazu notwendigen Optionen unter „Familie und weitere Benutzer". Klicken Sie auf „Familienmitglied hinzufügen", um beispielsweise einem Kind den Zugang zu gestatten. Für Kinder, die ein eigenes Konto besitzen, können Sie genau festlegen, welche Inhalte sie nutzen dürfen, Aktivitäten überwachen und Nutzungszeiten festlegen. Klicken Sie dazu auf den Link „Familieneinstellungen online verwalten".

Sie können Ihrem PC auch weitere Nutzer hinzufügen, die sich mit einem eigenen Konto (lokales Konto oder Microsoft-Konto) anmelden können. Solche Personen können zwar die Systemressourcen nutzen und ins Internet gehen, haben aber keinen Einblick in Ihre persönlichen Daten, Dokumente, Apps und Einstellungen.

Sicherer Zugang für Gastnutzer

Ihr Konto

Anmeldeoptionen

Arbeitsplatzzugriff

Familie und weitere Benutzer

Einstellungen synchronisieren

Ihre Familie

Sie können Familienmitgliedern das Anmelden bei diesem PC erlauben. Erwachsene können Familieneinstellungen online verwalten und die letzten Aktivitäten von Kindern überprüfen, um deren Sicherheit zu gewährleisten.

+ Familienmitglied hinzufügen

Einstellungen zum Datenschutz

Gleich beim Upgrade auf Windows 10 verlangt Ihnen der Hersteller einige sicherheitsrelevante Entscheidungen ab. Während des Upgrade-Vorgangs können Sie die „Express-Einstellungen" oder alternativ die Installations-option „Einstellungen anpassen" wählen. Auch wenn Sie natürlich so schnell wie möglich das neue Betriebssystem starten und sich nicht mit Details herumschlagen wollen, sollten Sie sich die Zeit nehmen, sich etwas genauer mit den angebotenen Optionen auseinanderzusetzen. Denn mit den Express-Einstellungen räumen Sie dem Microsoft-Konzern und seinen Partnern automatisch weitgehende Rechte über Ihre Nutzer-daten ein (Eine nachträgliche Änderung ist zwar immer noch möglich, aber umständlicher durchzuführen, und häufig gerät der Vorsatz, sich später darum zu kümmern, bald in Vergessenheit. Außerdem gilt: Falls Sie feststellen, dass dadurch irgendwelche Funktionen unterbunden werden, die Sie unbedingt nutzen möchten, können Sie auch diese Ent-scheidung später jederzeit rückgängig machen; ► Seite 47). Unter „Per-sonalisierung" können Sie entscheiden, ob Sie:

- Ihre Kontakt- und Kalenderdetails an Microsoft senden wollen. Aus damit gewonnenen Erkenntnissen möchte Microsoft unter anderem Rückschlüsse auf Sprache und Eingabearten ziehen. Dafür wäre die Offenlegung Ihrer persönlichen Kontakte und Termine allerdings ein sehr hoher Preis. Deshalb raten wir dazu, dies erst einmal zu verneinen.
- Eingabe- und Freihanddaten an Microsoft senden wollen. Hinter-grund ist hier die Ermittlung Ihrer Gewohnheiten bei der Eingabe von Texten. Das betrifft beispielsweise die „Auto-Ergänzen"-Funktion, die bei Eingaben in Textfelder versucht, Ihre Eingabe vorauszusehen, um Zeit zu sparen. Wenn Sie mit etwas weniger Bequemlichkeit auskommen, schalten Sie diese Funktion ab.
- Apps die Verwendung Ihrer Werbe-ID für die App-übergreifende Nutzung erlauben. Vermutlich wussten Sie bisher gar nicht, dass Sie eine „Werbe-ID" (also eine persönliche Werbe-Kennzeichnung) besitzen. Microsoft möchte also Erkenntnisse aus Ihrer App-Nutzung für Werbung verwenden. Da der Punkt zudem sehr vage gehalten

Widerstreit zwischen Privatsphäre und Bequemlichkeit

ist und deshalb die Nutzung aller möglichen Arten von Daten pauschal erlaubt, plädieren wir an diesem Punkt für ein klares Nein.

- Ihre Positionsdaten preisgeben. Das ist ein heikler Punkt, über den Sie auf ▶ Seite 48f im Exkurs zum Thema „GPS-Ortung einschalten oder nicht?" mehr erfahren. An dieser Stelle nur so viel: Sie sollten Ortungsdienste immer nur dann aktivieren, wenn Sie sie wirklich brauchen (also etwa beim Navigieren) und ansonsten abschalten. Auf diese Weise sparen Sie auch nicht unerheblich Strom und Ihr Akku hält unterwegs länger durch. Bei stationär betriebenen Geräten ohne GPS beschränken sich die via Internet übermittelten Ortsdaten auf die Region oder die Stadt, in der Sie wohnen. Trotzdem ist es nicht nötig, diese bekanntzugeben.

Haben Sie die Optionen unter „Personalisierung" abgearbeitet, geht es mit dem Bildschirm „Browser und Schutz" weiter. Aktivieren oder deaktivieren können Sie hier:

- die **Smart Screen-Onlinedienste**. Dieser Dienst ist bereits seit Windows 8 an Bord und stark umstritten. Er überprüft jede Software, die aus dem Internet installiert werden soll. Sobald die Installation einer heruntergeladenen Software gestartet wird, sammelt Smart Screen diverse Informationen und sendet diese an Microsoft. Dabei wird überprüft, ob die Software über ein gültiges Zertifikat verfügt. Ist dies nicht der Fall, warnt Windows den Nutzer und überlässt ihm die Entscheidung, ob er das Programm dennoch installieren will. Kritiker sagen nun, dass Microsoft aufgrund dieser Daten von jeder Applikation, die ein Nutzer aus dem Internet lädt, Kenntnis erhält und diese einer Person zuordnen könne. Dadurch seien die persönlichen Rechte und die Privatsphäre des Anwenders gefährdet. Außerdem könnten diese Informationen von Dritten abgefangen oder entwendet werden, die so gesammelten Daten seien unter anderem für Geheimdienste interessant. Laut Microsoft wird durch Smart Screen keine Datenbank von Programmen und Nutzer-IPs aufgebaut: „Wie bei allen Online-Diensten werden IP-Adressen benötigt, um eine Verbindung mit unseren Diensten aufnehmen zu können. Diese IPs werden aber regelmäßig gelöscht." Sie als Nutzer

Die Smart-Screen-Dienste sind umstritten

Datenschutz-Optionen ändern

Alle Optionen zum Themenbereich Datenschutz können Sie auch nach Installation bzw. Upgrade jederzeit nachträglich ändern. Gehen Sie dazu in die „Einstellungen" und in das Untermenü „Datenschutz". Sie finden dort viele weitere sicherheitsrelevante Einstellungsmöglichkeiten. Die wichtigsten davon kommen in diesem Buch zur Sprache, alle aufzuzählen, würde den hier gesteckten Rahmen sprengen. Zudem sind sie ständigen Änderungen unterworfen. Die meisten Optionen sind selbsterklärend. Nehmen Sie sich deshalb einmal eine halbe Stunde Zeit, um sich die einzelnen Einträge etwas genauer anzusehen.

haben damit die Qual der Wahl, ob Sie lieber den Anbietern der von Ihnen heruntergeladenen Apps oder Microsoft vertrauen wollen. Unser Rat: Deaktivieren Sie Smart Screen und laden Sie Apps nur aus vertrauensvollen Quellen herunter. Ein ausreichender Schutz durch Virenscanner und Firewall sollte ohnehin selbstverständlich sein. Lesen Sie mehr dazu unter „Sicherheit und Tuning", ► Seite 163.

- die **Seitenvorhersage**, englisch „Prefetching". Diese Funktion bezieht sich auf Internet-Browser, unter Windows 10 also den neuen Browser „Edge" (siehe „Edge & Bing", ► Seite 154). Dabei wird Ihr Surfverhalten ermittelt. Internetseiten, die Sie aufgrund des so erstellten Musters mit hoher Wahrscheinlichkeit als Nächstes aufsuchen, werden vom Browser im Hintergrund „vorgeladen". Das kann die Geschwindigkeit beim Surfen merklich erhöhen. Wenn Sie ohnehin über ein ausreichend schnelle Datenverbindung verfügen, deaktivieren Sie diese Funktion und nehmen Sie die möglicherweise etwas geringere Geschwindigkeit beim Aufrufen von Seiten in Kauf.

Im Dienste des Nutzers?

- die **Verbindungs- und Fehlerberichterstattung**. Microsoft erhebt damit die Ursache von möglichen Problemen mit Windows. Für Sie selbst hat das Abschalten dieser Funktion keinerlei negative Auswirkungen.
- die **automatische Verbindung mit öffentlichen Hotspots bzw. Netzwerken**, die von Kontakten benutzt werden. Sobald Sie in Reichweite eines öffentlichen WLAN-Netzes kommen, nimmt Ihr Gerät Verbindung damit auf. Relevant ist das natürlich nur für mobile Geräte. Da öffentliche Netzwerke per se ein Unsicherheits-

faktor sind, sollten Sie diese Funktion auf jeden Fall ausschalten. Wenn Sie beispielsweise am Flughafen ein WLAN-Netz benötigen, dann loggen Sie sich lieber manuell ein. Auf diese Weise behalten Sie immer die Kontrolle über Ihre Verbindungen und verhindern, dass Ihr Notebook oder Tablet ohne Ihr Wissen „fremdgeht".

Exkurs: GPS-Ortung einschalten oder nicht?

Die Rolle von Kompass und Landkarte, die man früher zur Positionsbestimmung brauchte, übernehmen heute Geräte mit GPS-Empfänger und Navigationssoftware. Bei Desktop-PCs sind solche Empfänger meist nicht zu finden, bei mobilen Geräten wie Tablet und Smartphones dagegen sehr häufig und zum Teil auch bei Notebooks. An dieser Stelle die ausdrückliche Warnung: Ortungsdienste, wie Sie von Microsoft, aber auch von Google und Apple angeboten werden, laden ständig Daten aus dem Internet herunter und geben Ihre Positionsdaten weiter, um sie mit dem auf dem Server gespeicherten Kartenmaterial abzugleichen. Falls Sie der Meinung sind, dass es niemanden etwas angeht, wo Sie sich gerade aufhalten, oder Sie sich nicht sicher sind, ob Ihr Vertrag die Kosten dieses andauernden Datenverkehrs abdeckt, dann deaktivieren Sie die Ortungsfunktionen über das Einstellungsmenü.

Windows verfolgt Sie auf Schritt und Tritt – wenn Sie dies zulassen

- Gehen Sie über „Einstellungen" ins Untermenü „Datenschutz".
- Wählen Sie dort den Eintrag „Position".
- Sie können über den Schalter „Position" alle Ortungsdienste deaktivieren oder
- nach unten scrollen und die Ortungsfunktion für einzelne Anwendungen ab- oder anschalten.
- Falls Sie hier unsicher sind, können Sie über den Hyperlink „Weitere Informationen zu Positionseinstellungen" Genaueres über diesen Themenkomplex in Erfahrung bringen.

Wichtig: Auch das Abschalten der Ortungsdienste gibt Ihnen keine hundertprozentige Sicherheit, nicht geortet zu werden. Zum Beispiel können Sie, falls Ihr Gerät über eine SIM-Karte verfügt, immer noch über die

Mobilfunkzelle, in der Sie sich gerade befinden, angepeilt werden. Wenn Sie wirklich sicher sein wollen, dass Ihr Aufenthaltsort nicht ermittelt wird, gibt es nur einen Weg: Schalten Sie Ihr Gerät ganz aus.

Grundeinstellungen anpassen

Seit Windows 8 sind die Einstellungsoptionen auf die klassische Systemsteuerung und eine zusätzliche „Einstellungen"-App verteilt. In die Systemsteuerung gelangen Sie, indem Sie einen Rechtsklick auf den Start-Button ausführen und im Kontextmenü „Systemsteuerung" auswählen. Die Systemsteuerung unter Windows 10 entspricht weitgehend der aus Windows 8.1 bekannten.

Tipp: Wenn Sie im Hauptfenster der Systemsteuerung („Einstellungen des Computers anpassen") rechts im Ausklappfeld „Kategorie" die Option „Große Symbole" oder „Kleine Symbole" wählen, wechselt Windows zur klassischen Ansicht, wie Sie sie unter Umständen von Windows XP gewohnt sind.

Die Kategorien in der Systemsteuerung werden in diesem Buch an jenen Stellen erklärt, wo es inhaltlich sinnvoll ist. Die neue „Einstellungen"-App von Windows 10 wollen wir uns an dieser Stelle dagegen einmal etwas näher anschauen.

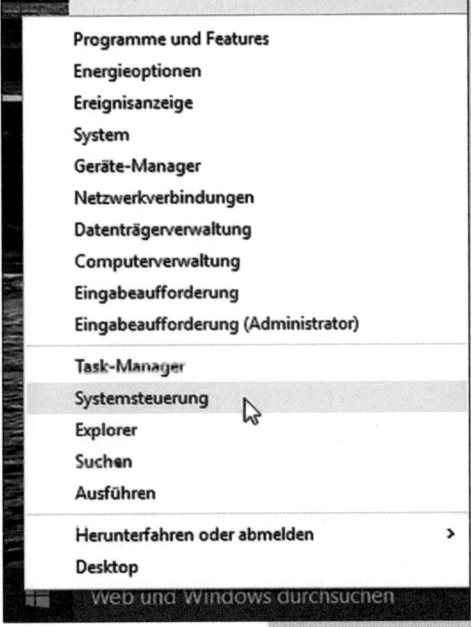

Die Einstellungen-App ist in weiten Teilen eine deutlich übersichtlichere Zusammenstellung der wichtigsten Optionen, die Sie auch in der Systemsteuerung finden. Bietet Ihnen die App nicht die gewünschten Funktionen, sollten Sie also den Weg über die Systemsteuerung wählen, in die Sie in vielen Fällen auch direkt aus der App wechseln können. Rufen Sie die Einstellungen-App auf, indem Sie die Windows-Taste und gleichzeitig den Buchstaben „I" auf der Tastatur drücken. Alternativ rufen Sie in der Desktop-Ansicht das

Start-Menü auf und klicken unten auf „Einstellungen". Wie Sie sehen, sind alle Optionen in Kategorien unterteilt. Wichtig sind zunächst einmal die Kategorien:

Zeit und Sprache. Falls Sie dies nicht schon bei der Installation getan oder eine falsche Einstellung vorgenommen haben, können Sie hier nun Datum und Uhrzeit, Region und Sprache sowie die Optionen für die Spracherkennung (siehe „Cortana", ► Seite 72) anpassen. Unter „Region und Sprache" legen Sie im Feld „Sprachen" zunächst die Windows-Anzeigensprache fest. Ist die gewünschte Sprache nicht dabei, klicken Sie auf „Sprache hinzufügen" und wählen Sie Ihre Wunschsprache. Im Feld „Land oder Region" geben Sie durch einen Klick auf die Schaltfläche an, wo Sie sich gerade aufhalten. Das spielt eine Rolle für lokale Inhalte von Apps, die sich nach Ihrem Aufenthaltsort richten. Verfügt Ihr Gerät über GPS, ermitteln die Apps selbst, wo Sie gerade sind – sofern Sie das in den App-Einstellungen zugelassen haben. Die Unterkategorie „Datum und Sprache" ist etwas irreführend, denn tatsächlich geht es hier nur um Datum und Zeitzone. Klicken Sie auf die Schaltfläche unter „Uhrzeit automatisch festlegen", um diese Option ein- oder auszuschalten. Klicken Sie auf die Schaltfläche unter „Zeitzone anpassen", wenn Sie diese manuell ändern wollen. Über den Hyperlink „Datums- und Uhrzeitformat ändern", können Sie festlegen, in welcher Form diese Angaben angezeigt werden sollen. Der Hyperlink „Zusätzliche Datums-, Uhrzeit- und Ländereinstellungen" führt Sie schließlich in die klassische Systemsteuerung. **Info:** Zurück in die Kategorien-Auswahl gelangen Sie immer über den Pfeil oben links.

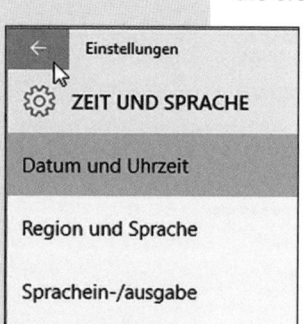

Personalisierung. Hier legen Sie insbesondere fest, wie Ihr persönliches Windows 10 aussehen soll. Während sich „Hintergrund", „Farben", „Sperrbildschirm" und „Designs" mit dem Erscheinungsbild befassen, legen Sie unter „Start" fest, welche Elemente Startseite, Start-Menü und Taskleiste enthalten und wie sie angezeigt werden sollen. Näheres dazu finden Sie im Kapitel „Windows 10 einrichten", ► Seite 57ff. **Tipp:** Sie erreichen die Kategorie „Personalisierung" auf schnellerem Wege, wenn

Sie in der Desktop-Ansicht mit der rechten Maustaste auf einen leeren Punkt klicken und im Kontextmenü „Anpassen" wählen.

Konten. Wie Sie sich an Ihrem PC anmelden und welche weiteren Benutzer darauf zugreifen dürfen, legen Sie in dieser Unterkategorie fest. Als Erstes sollten Sie Ihre Identität bestätigen. Windows überprüft hierbei, ob tatsächlich Sie die Person sind, die gerade an Ihrem Rechner sitzt, und nicht etwa ein Unbefugter, der sich den Zugang erschleichen will. Klicken Sie zunächst auf „Bestätigen". Nun können Sie wählen, ob Sie einen Zahlencode an eine bestimmte Mail-Adresse oder als Kurznachricht an Ihr Mobiltelefon geschickt bekommen möchten. Alternativ können Sie Ihre Identität auch online verifizieren, die erstgenannten Optionen

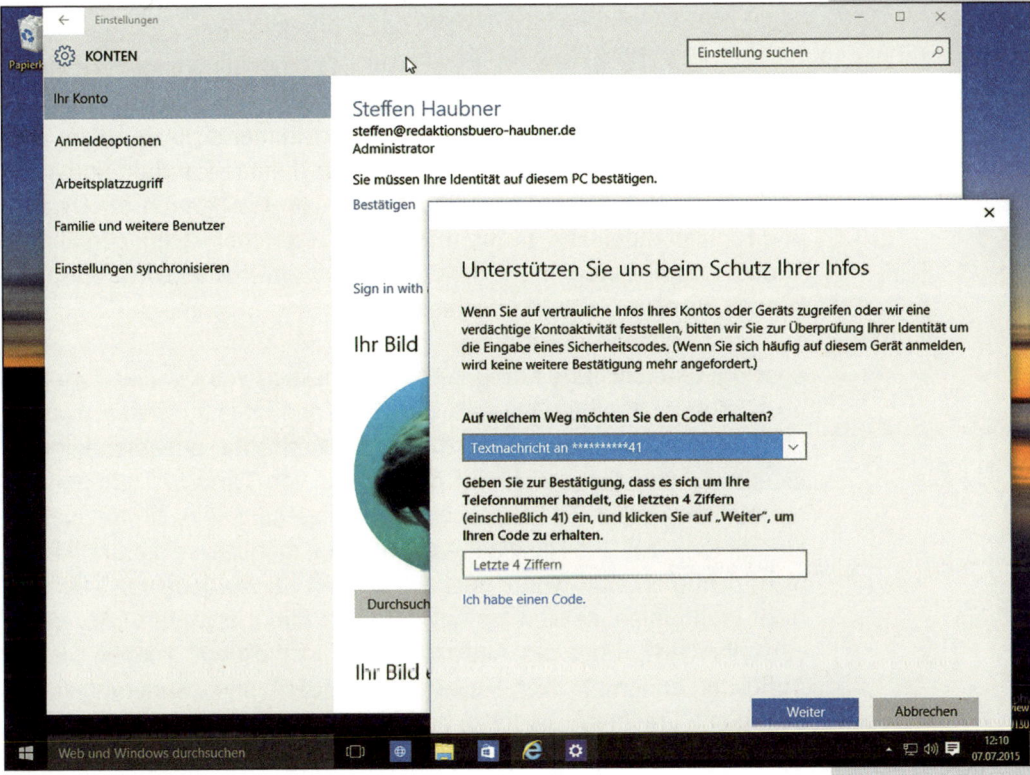

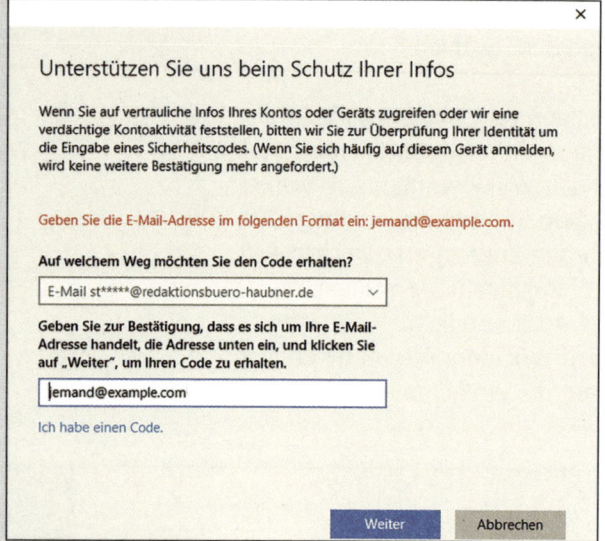

Unterstützen Sie uns beim Schutz Ihrer Infos

Wenn Sie auf vertrauliche Infos Ihres Kontos oder Geräts zugreifen oder wir eine verdächtige Kontoaktivität feststellen, bitten wir Sie zur Überprüfung Ihrer Identität um die Eingabe eines Sicherheitscodes. (Wenn Sie sich häufig auf diesem Gerät anmelden, wird keine weitere Bestätigung mehr angefordert.)

Geben Sie die E-Mail-Adresse im folgenden Format ein: jemand@example.com.

Auf welchem Weg möchten Sie den Code erhalten?

E-Mail st*****@redaktionsbuero-haubner.de

Geben Sie zur Bestätigung, dass es sich um Ihre E-Mail-Adresse handelt, die Adresse unten ein, und klicken Sie auf „Weiter", um Ihren Code zu erhalten.

jemand@example.com

Ich habe einen Code.

Weiter   Abbrechen

sind aber der bequemere Weg. Geben Sie den siebenstelligen Code, den Ihnen Microsoft für gewöhnlich innerhalb von Sekunden an die gewünschte Adresse schickt, in das dafür vorgesehene Feld ein und bestätigen Sie die Eingabe. Bestimmte Einstellungen unter „Ihr Konto" stehen Ihnen nur dann zur Verfügung, wenn Sie Ihre Identität wie beschrieben verifiziert haben. Unter „Anmeldeoptionen" können Sie unter anderem das Kennwort Ihres Microsoft-Kontos ändern oder eine PIN-Nummer erstellen, damit Sie sich schneller anmelden können. Dabei sollten Sie beachten, dass ein für Dritte nicht nachvollziehbares Passwort immer sicherer ist als eine vierstellige PIN. Weitere Informationen zum Thema Sicherheit finden Sie ab ► Seite 163. Näheres zur Einrichtung von Gastkonten für Freunde und Familienmitglieder erfahren Sie unter „Konteneinstellungen ändern und Konten hinzufügen", ► Seite 44. Mehr zum Thema Synchronisation können Sie ab ► Seite 143 nachlesen.

System. Eine wichtige Kategorie zur Anpassung von Windows, die uns noch häufiger beschäftigen wird. Fürs Erste genügt es zu wissen, dass Sie über die Unterkategorie „Bildschirm" die Auflösung anpassen können. Eigentlich wird diese während des Setups von Windows automatisch optimal eingestellt. Es kann aber auch notwendig sein, sie manuell zu korrigieren – z.B., weil eine höhere Auflösung möglich ist, die Grafikkarte nicht richtig erkannt wurde oder Sie sich mit der Vorgabe von Windows nicht wohlfühlen. Klicken Sie auf den Hyperlink „Erweiterte Anzeigeneinstellungen". Über das Ausklappmenü „Auflösung" können Sie die Auflösung ändern. Klicken Sie auf „Anwenden" und „Änderungen beibehalten", um Ihre Auswahl zu bestätigen. Eine höhere Auflösung sorgt dafür, dass die Bildschirmelemente kleiner angezeigt werden als bei einer niedrigeren Auflösung. Außerdem werden die Objekte schärfer dargestellt. Passen Sie die Einstellung so an, dass Sie alle Elemente auf dem Bildschirm gut erkennen und lesen können. Eine falsch gewählte Auflösung führt unter Umständen dazu, dass Elemente auf dem Bildschirm verzerrt dargestellt werden oder wegen des veränderten Bildausschnitts gar nicht mehr zu erkennen sind. Wenn Sie Probleme mit dem Erkennen von Menüs oder Texten haben, klicken Sie auf den Hyperlink „Erweiterte Größenänderung für Text und andere Elemente". In dem Bereich der Systemsteuerung, der daraufhin geöffnet wird, wählen Sie in den Ausklappmenüs unter „Nur die Textgröße ändern" die Einstellung für einzelne Textelemente, wobei der Wert im zweiten Ausklappmenü den Schriftgrad angibt. Klicken Sie auf „Anwenden", um Ihre Auswahl zu bestätigen. Experimentieren Sie etwas mit Schriftgrößen – Sie können sie bei Bedarf jederzeit wieder zurücksetzen. **Tipp:** Sie erreichen die Unterkategorie „Bildschirm" auf schnellerem Wege, wenn Sie in der Desktop-Ansicht mit der rechten Maustaste auf einen leeren Punkt klicken und im Kontextmenü „Anzeigeeinstellungen" wählen. Das ist z.B. auch dann hilfreich, wenn Sie wegen falscher Anzeigeneinstellungen den Start-Button nicht mehr erkennen können.

Geräte und Treiber installieren

Für neu angeschlossene Geräte sucht Windows 10 wie alle seine Vorgänger automatisch nach Treibern. Windows bringt ein umfassendes Treiberpaket mit, das ständig erweitert wird. Dennoch kann es passieren, dass für ein externes Gerät (beispielsweise einen Drucker oder Scanner) oder eine interne Komponente (beispielsweise eine Grafikkarte) kein geeigneter Treiber gefunden wird, insbesondere dann, wenn es sich um ein älteres Modell handelt. Fehlt ein passender Treiber, kann das Gerät nicht einwandfrei funktionieren. Eine Vielzahl von Problemen, von einer fehlerhaften Anzeige bis hin zu Abstürzen, geht auf Treiberprobleme zurück. Im schlimmsten Fall lässt sich Windows gar nicht mehr starten.

Wird Windows 10 nicht selbstständig fündig, müssen Sie den fehlenden Treiber eventuell eigenhändig installieren. Gehen Sie dazu auf die

Oft hilft
ein Treiber
für Windows 7
oder 8 weiter

Webseite des Herstellers und suchen Sie unter den Stichworten „Support", „Downloads", „Treiber" oder „Driver" nach einem für Ihr Gerät geeigneten Treiber. Gibt es keinen Treiber für Windows 10, versuchen Sie es mit der jeweils aktuellsten Version. Manchmal helfen Ihnen auch Treiber für Windows 7 oder 8 weiter. Laden Sie den passenden Treiber herunter.

Windows wird Sie gegebenenfalls vor der Installation warnen. Klicken Sie dann auf „Diese Treibersoftware trotzdem installieren". Eine weitere Möglichkeit ist, einen Treiber für eine unter anderem Namen oder von einer anderen Firma vertriebene Hardware zu verwenden, die mit Ihrem Gerät baugleich ist. Dazu ist allerdings etwas Recherche in einschlägigen Onlineforen und Treibersammlungen nötig.

Gehen Sie dann den Weg über den „Geräte-Manager", den Sie in der Systemsteuerung unter „Hardware und Sound" und „Geräte und Drucker" finden.

In dem Verzeichnisbaum werden alle installierten Hardwarekomponenten angezeigt (eventuell müssen sie auf den kleinen Pfeil links neben der Gerätekategorie klicken, um die ganze Anzeige auszuklappen. Wird ein Gerät dort mit einem orangen Warnsymbol angezeigt, liegt ein schwerwiegendes Treiberproblem vor. Es kommt aber auch vor, dass keine Warnung angezeigt wird und der installierte Treiber dennoch nicht einwandfrei funktioniert oder veraltet ist. Doppelklicken Sie auf das fragliche Gerät. Klicken Sie in dem sich öffnenden Fenster im Register „Treiber" auf „Treiber aktualisieren", um auf einem Ihrer Laufwerke oder einem eingelegten Datenträger nach einem geeigneten Treiber zu suchen.

Geräte-Manager:
Zu finden in der
Systemsteuerung
unter „Hardware und
Sound" und „Geräte
und Drucker"

Wenn Sie wissen, wo Sie den von der Herstellerseite heruntergeladenen Treiber gespeichert haben, klicken Sie „Auf dem Computer nach Treibersoftware suchen" und anschließend auf die Schaltfläche „Aus einer Liste von Gerätetreibern auf dem Computer auswählen" und „Weiter". Navigieren Sie mit „Durchsuchen" zum heruntergeladenen Treiber-Paket

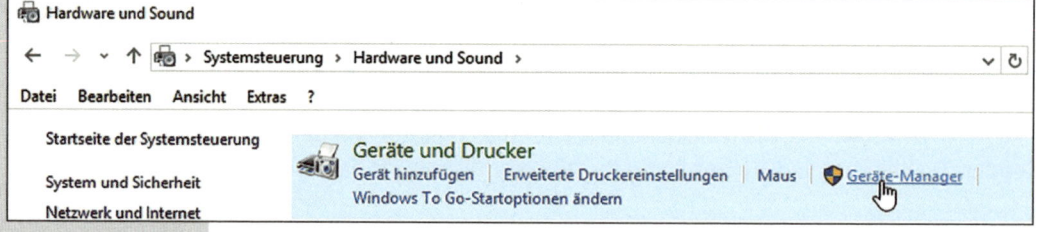

des gewünschten Geräts. Suchen Sie nach der .inf-Datei und versuchen Sie, diese zu installieren. Wählen Sie „Automatisch nach aktualisierter Treibersoftware suchen", um auf Ihrem Computer und im Internet nach einem passenden Treiber zu suchen.

Wollen Sie eine ältere Treibersoftware mit dem Setup-Assistenten des Herstellers installieren und Windows verweigert dies, klicken Sie mit rechts auf die Installationsdatei und wählen Sie unter „Eigenschaften" im Tab „Kompatibilität" jene Windows-Version, für die die zu installierende Software ursprünglich bereitgestellt wurde.

Klicken Sie im Register „Treiber" die Option „Voriger Treiber", um notfalls den ursprünglichen Zustand wiederherzustellen.

Tipp: Es kommt vor, dass Windows partout aktualisierte Treiber für Windows 10 installieren möchte (bzw. automatisch installiert), dies aber nicht zweckdienlich ist. Falls es aufgrund solch automatischer Treiberupdates zu Problemen kommt, gehen Sie in der Systemsteuerung zu „Geräte und Drucker" und dort zu „Geräteinstallationseinstellungen ändern". Aktivieren Sie dort die Option „Nein, zu installierende Software selbst auswählen" und „Nie Treibersoftware von Windows Update installieren" und speichern Sie die Änderungen.

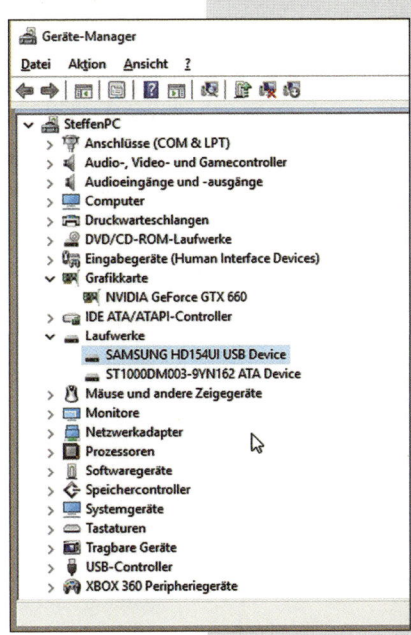

Zu älteren Windows-Versionen zurückkehren

Windows 10 läuft nicht rund, Sie haben sich mehr oder etwas anderes erhofft oder Ihre bewährten Programme, auf die Sie nicht verzichten wollen, funktionieren nicht mehr. (Wie Sie älteren Anwendungen möglicherweise doch noch auf die Sprünge helfen können, erfahren Sie im Kapitel „Alte Programme zum Laufen bringen", ► Seite 195.) Wenn Sie sich aus diesen oder anderen Gründen entschließen, zu Windows 7 oder 8.1 zurückzukehren, gehen Sie folgendermaßen vor, um ein so genanntes Downgrade durchzuführen:

- Sichern Sie Ihre persönlichen Daten auf einem externen Datenträger, falls Sie das nicht schon vor dem Upgrade getan haben, und denken Sie dabei auch an Dokumente und Dateien, die Sie erst nach dem Wechsel angelegt oder auf der Festplatte gespeichert haben.
- Gehen Sie über „Einstellungen" in den Bereich „Update und Sicherheit" (alles zu diesem Thema erfahren Sie unter „System-Backups und Sicherungen", ► Seite 179).
- Klicken Sie links auf „Wiederherstellung".
- Klicken Sie nun rechts auf „Zu Windows 7/8.1 zurückkehren".
- Microsoft fragt Sie nun noch nach den Gründen für Ihre Entscheidung, danach kann der Vorgang gestartet werden. Dabei sollten Sie beachten, dass Sie Ihr altes Kennwort benötigen und möglicherweise einige Programme neu installieren sowie Einstellungen ein weiteres Mal vornehmen müssen.

Das Recht zum „Downgrade" gilt nur 30 Tage

Achtung! Die Option „Zu Windows 7/8.1 zurückkehren" ist nur 30 Tage nach dem Wechsel auf Windows 10 verfügbar. Danach wird Sie aus dem Menü „Wiederherstellung" gelöscht. Nur Besitzer von Pro-Editionen können auch danach noch zu Windows 7 Professional oder Windows 8.1 Pro zurückkehren. Andere Editionen und Versionen sind ausgeschlossen, inklusive Windows 7 Ultimate. Zudem muss es sich um vorinstallierte Windows-Versionen oder OEM-Lizenzen handeln. Die Hürden, die Microsoft vor einem Downgrade errichtet hat, sind recht komplex. Selbst wenn alle Bedingungen erfüllt sind, kann die Online-Aktivierung fehlschlagen. In diesem Fall sollte man die Aktivierungs-Hotline von Microsoft kontaktieren. Deren Nummer lautet für Österreich 0800 000 000 bzw. für Deutschland 0800 284 8283.

Windows 10 einrichten

Es ist ein bisschen wie bei einem richtigen Umzug:
Man muss sich erst häuslich einrichten, um sich
heimisch zu fühlen. Windows 10 bietet dafür
vielfältige Möglichkeiten.

Das Start-Menü von Windows 10 optimal konfigurieren

Das neue Start-Menü von Windows 10 kann wahlweise mit oder ohne Kacheln benutzt werden. Die Suchfunktion ist identisch mit der aus Windows 8 bekannten. Es genügt, den Namen eines Programms oder einer gesuchten Datei einzutippen. Die Suchergebnisse werden danach wie beschrieben im rechten Feld angezeigt.

Sie können das Start-Menü nach Ihrem Geschmack und Ihren Bedürfnissen anpassen, die verwendeten Farben wechseln und vieles mehr. Wie das genau funktioniert, erklären wir in den folgenden Abschnitten.

Kacheln anpassen

Klicken Sie mit der rechten Maustaste auf einen beliebigen Eintrag auf der linken Seite des Start-Menüs. Wählen Sie dann „An das Start-Menü anheften". Die App oder der Ordner wird daraufhin im rechten Bereich des Start-Menüs als Kachel angezeigt.

Mit einem Rechtsklick auf die Kachel oder den Eintrag unter der linken Startlisten-Ansicht können Sie die App öffnen, sie wieder vom Start-Menü lösen oder an die Taskleiste anheften.

Auch die Größe des Start-Menüs ist variabel

Standard sind drei mittelgroße Kacheln nebeneinander. In einer Gruppe können so viele Kacheln angeheftet werden, wie Sie wollen. Ab einer bestimmten Menge von Kacheln müssen Sie allerdings scrollen, um alle Apps sehen zu können. Eine App in einer neuen Gruppe wird bei einem kleinen Start-Menü ebenfalls weiter unten angezeigt.

Machen Sie das Start-Menü größer oder breiter indem Sie mit dem Mauszeiger an den oberen oder seitlichen rechten Rand fahren, bis sich der Mauszeiger in einen Doppelpfeil verwandelt. Klicken Sie mit der rechten Maustaste darauf, halten Sie die Taste gedrückt und ziehen Sie den Rand nach oben oder zur Seite, bis das Start-Menü die gewünschte Größe hat. Lassen Sie die Maustaste los.

Start-Menü ohne Kacheln

Sie können sich mit den App-Kacheln auch unter Windows 10 nicht anfreunden? Dann entfernen Sie sie einfach! Gehen Sie dabei folgendermaßen vor:

- Lösen Sie alle Kacheln per Rechtsklick vom Start-Menü.
- Gehen Sie mit der Maus an den rechten Rand des Start-Menüs, bis ein Doppelpfeil erscheint.
- Verkleinern Sie das Start-Menü mit gedrückter Maustaste, bis nur noch die Startliste zu sehen ist.

Alternative Tastenkombinationen

- Mit Strg + Pfeil nach rechts/links lässt sich die Breite des Start-Menüs einstellen.
- Mit Strg + Pfeil nach oben/unten lässt sich die Höhe des Start-Menüs einstellen.

Allgemeine Einstellungen für das Start-Menü

Bei Microsoft hat man sich die Kritik an den unflexiblen oder überhaupt fehlenden Start-Menüs der Vergangenheit offenbar zu Herzen genommen: Die erste Version dieses zentralen Bedienungselements ist nur ein unverbindlicher Vorschlag, das Menü enthält genau die Elemente, die Sie darin haben wollen.

- Zur Anpassung des Start-Menüs gehen Sie den nun bereits vertrauten Weg über die „Einstellungen" (oder Win + I)
- Gehen Sie dann über „Personalisierung" und klicken Sie links auf „Start".
- Sie können nun entscheiden, ob Sie sich die von Ihnen am häufigsten verwendeten und/oder zuletzt hinzugefügten Apps und/oder die zuletzt geöffneten Elemente anzeigen lassen wollen. „Sprungliste" bedeutet in diesem Zusammenhang, dass Sie rechts

Sie entscheiden selbst, was Ihnen angezeigt wird

neben dem Programmnamen einen Pfeil sehen. Ein Klick darauf öffnet die Liste für den Schnellzugriff.

Im gleichen Menü haben Sie auch die Möglichkeit, die im Start-Menü angezeigte Liste anzupassen und unter anderem die Kategorien „Einstellungen" und „Explorer" oder Ordner wie „Dokumente", „Musik", „Videos" zu entfernen beziehungs-

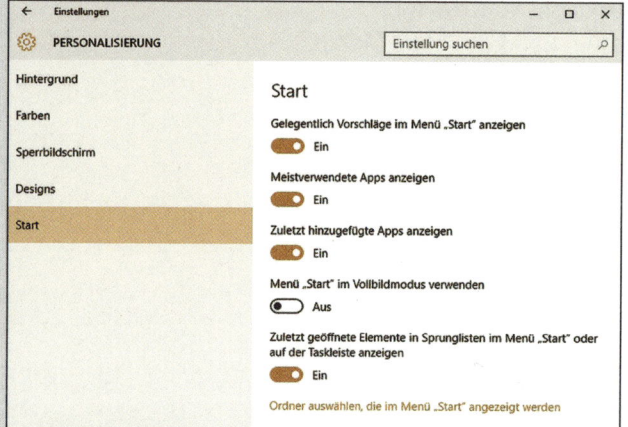

weise hinzuzufügen. Klicken Sie dazu auf den Hyperlink „Ordner auswählen, die im Menü `Start´ angezeigt werden".

Wenn Sie sich das Start-Menü im Vollbildmodus anzeigen lassen, sind die sonst auf der linken Seite platzierten Apps sowie die Startliste ausgeblendet. Um Sie anzuzeigen, klicken Sie auf das „Menü"-Symbol (die drei horizontalen Linien) oben links.

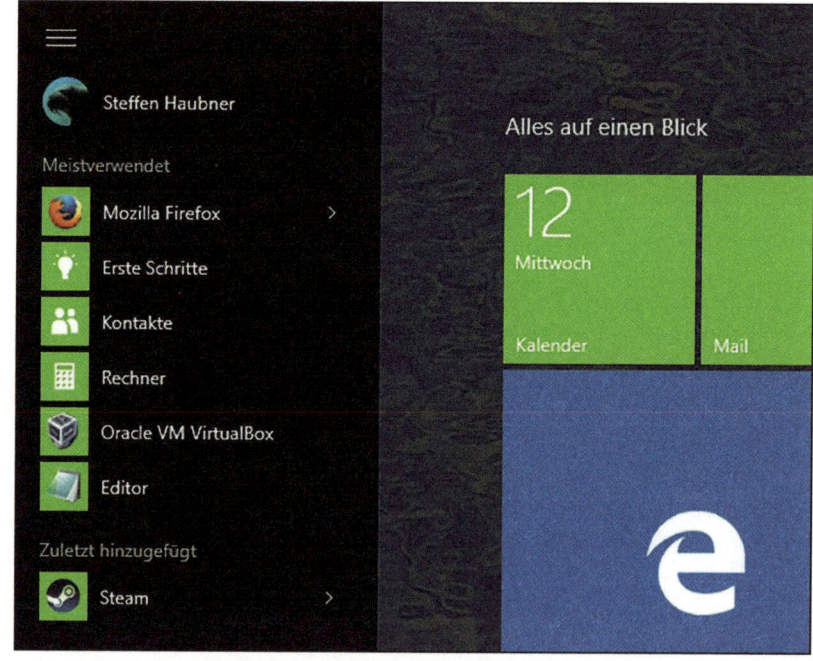

Vollbildmodus

Es soll ja Nutzer geben, die die „Metro"-Startseite aus Windows 8 ver-
missen. Sollten Sie dazugehören, aktivieren Sie die Option „Menü ‚Start'
im Vollbildmodus verwenden". Nun wird der Desktop wieder hinter dem
Start-Menü versteckt. Diese Einstellung bietet sich durchaus an, wenn Sie
vorwiegend mit dem Start-Menü arbeiten und dieses für eine eingeschränk-
te Ansicht einfach zu groß geworden ist.

Transparenz ein- und ausschalten

Praktischerweise wird das Start-Menü standardmäßig leicht transparent
angezeigt. Auf diese Weise erkennen Sie ansatzweise, welche Elemente
vom Start-Menü verdeckt werden. Falls Ihnen dieser Effekt nicht gefällt
oder Sie ihn abschalten wollen, weil Ihr Rechner mit dieser Darstellungsart Probleme hat oder Sie im Akku-Betrieb Energie sparen wollen,
dann können Sie diese Funktion einfach abschalten.

- Gehen Sie dazu in die „Einstellungen" (oder Win + I).
- Wechseln Sie ins Untermenü „Personalisierung".
- Stellen Sie unter „Farben" die Option „Start-Menü transparent
  darstellen" auf Ein oder Aus.

Farbe anpassen

Ob man alle Windows-Elemente in der gleichen Akzentfarbe haben
möchte oder lieber mehr Abwechslung hat, ist Geschmackssache. In den
„Einstellungen" können Sie unter „Personalisierung" und „Farben" entsprechende Optionen auswählen (alternativ: Klicken Sie mit der rechten
Maustaste auf eine leere Stelle auf dem Bildschirm, um über „Anpassen"
zum Menü „Personalisierung" zu gelangen). Haben Sie „Automatisch
eine Akzentfarbe aus meinem Hintergrund auswählen" aktiviert, trifft
Windows diese Designentscheidung für Sie. Ist sie deaktiviert, erscheint
eine Auswahl an Akzentfarben, aus denen Sie wählen können.

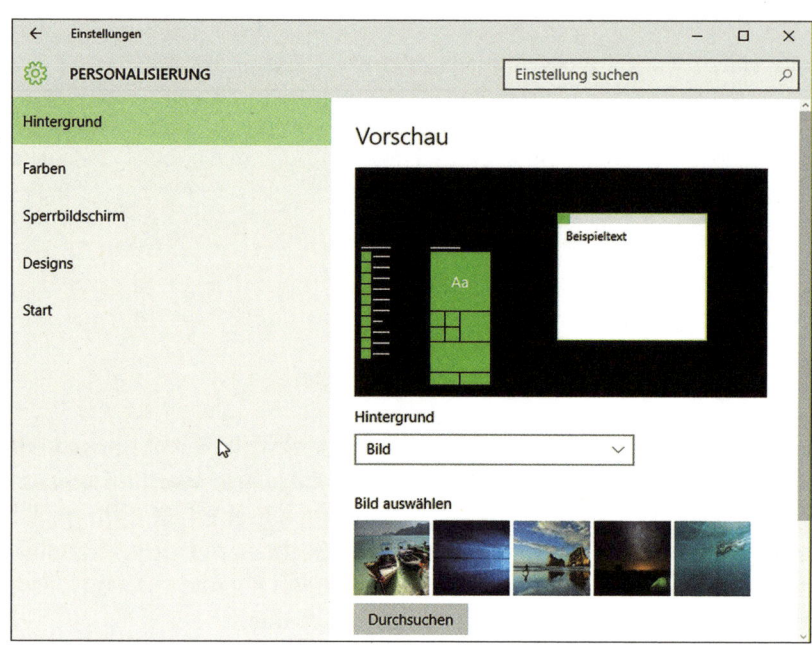

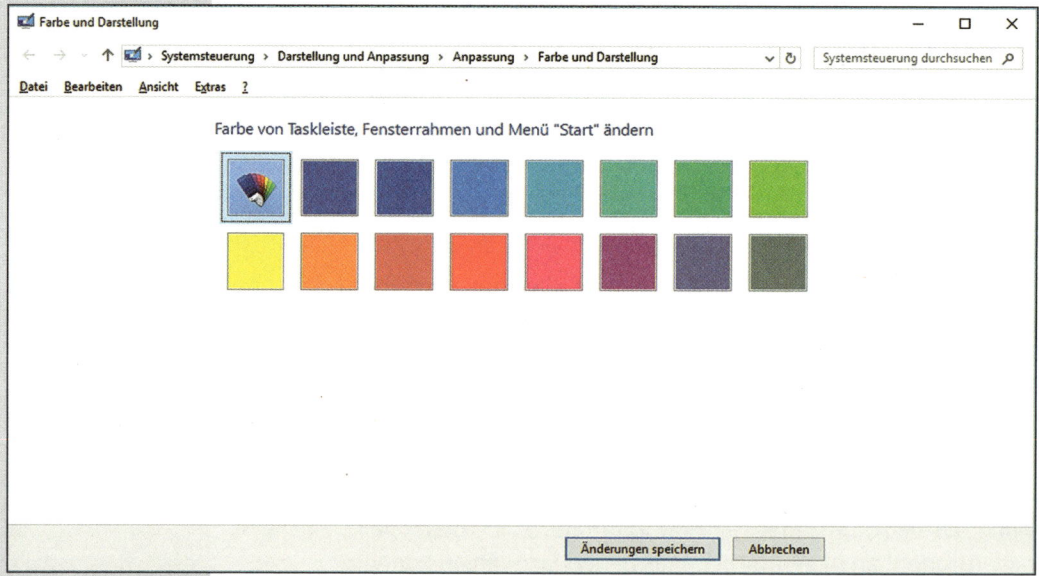

Tipp: Möchten Sie nun Taskleiste und Start-Menü farblich anders gestalten, dann drücken Sie die Windows-Taste und „R". Geben Sie „Control Color" in das leere Feld ein und bestätigen Sie mit „OK". Sie können nun einen der vorgeschlagenen Farbtöne wählen oder über die unteren Schieberegler einen eigenen abmischen. Damit werden die Farbeinstellungen für das gesamte System geändert. In den Einstellungen muss die automatische Akzentfarbe auf Aus stehen.

Den Desktop gestalten

Um den Desktop noch individueller zu gestalten, können Sie das Hintergrundmotiv ganz einfach ändern. Klicken Sie dazu mit der rechten Maustaste auf einen leeren Bereich auf dem Desktop und klicken Sie im Kontextmenü mit der linken Maustaste auf „Anpassen". Sie gelangen zum Personalisierungs-Menü, wo Sie unter „Hintergrund" ein neues Bild auswählen oder im Ausklappmenü „Diashow" wählen, wenn sich die

Anzeige in regelmäßigen Abständen ändern soll. Auch für den Sperrbild-schirm (die Anzeige, die Sie nach dem Hochfahren sehen, bevor Sie sich angemeldet haben) können Sie eine Personalisierung vornehmen.

Wollen Sie die Anzeige noch etwas lebhafter gestalten, klicken Sie im Untermenü „Designs" auf den Link „Designeinstellungen". Das ist einer der Momente, wo Windows 10 Sie wieder in die „alte" Systemsteuerung zurückschickt. Im Fenster „Ändern der visuellen Effekte und Sound auf dem Computer" können Sie unter diversen Designs wählen.

Sie können auch eigene Designs und Diashows erstellen oder unter „Weitere Designs online beziehen" kostenlos Desktop-Designs von einer eigens bereitgestellten Microsoft-Seite herunterladen. Dabei handelt es sich um Kombinationen aus Bildern, die in regelmäßigen Abständen auto-matisch gewechselt werden, und bestimmten Soundeffekten für Aktionen wie etwa das Herunterfahren des PCs. Haben Sie also wie auf unserem Beispielbild die „Wasserlandschaften" des Fotokünstlers Mark Nelson installiert, erschrecken Sie bitte nicht, wenn Ihr PC beim Ausschalten ein vernehmliches Plätschern hören lässt.

Bilder und Soundeffekte

Erste Schritte

Windows 10 präsentiert sich übersichtlich wie nie, doch noch immer muss man einige Funktionen mühsam suchen. Desktop und Start-Menü lassen sich exakt den Wünschen des Nutzers anpassen, was im Umkehrschluss bedeutet, dass man einiges zu tun hat, bevor der Arbeitsplatz so aussieht, wie man es sich vorstellt. Dieses Kapitel zeigt detailliert, wie die Benutzeroberfläche aufgebaut ist und wie Sie sich schnell zurechtfinden.

Die Gestensteuerung

Geräte mit berührungsempfindlichem Bildschirm, einem so genannten Touchscreen, werden immer mehr die Regel. Bei Tablets oder „Hybriden" wie dem Surface (► Seite 30ff) sind sie Standard, aber auch an den Desktop-PC lassen sich Touchscreens anschließen. Dabei sind grundsätzlich folgende „Gesten" zu unterscheiden:

Direkt und intuitiv: die Steuerung per Finger

Wischen. Das wohl am häufigsten verwendete Bedienelement auf dem Touchscreen ist das Wischen. Dabei tippen Sie mit dem Zeigefinger auf einen Rand des Bildschirms, bewegen ihn schnell nach links oder rechts und heben den Finger danach wieder an. Auf diese Weise navigieren Sie z.B. durch die Bildschirme, auf denen Ihre Apps abgelegt sind. Sie können Wischgesten horizontal und vertikal ausführen. Das Wischen ist kontextabhängig, d.h., dass die Auswirkungen einer Wischgeste davon abhängen, in welcher Anwendung Sie sich gerade befinden. Probieren Sie es an unterschiedlichen Orten einfach aus – Sie können nichts „kaputtmachen".

Tippen. Tippen Sie einzelne Bildschirmelemente (z.B. die App-Symbole) kurz an, um die dahinterstehenden Funktionen aufzurufen (z.B. die App zu öffnen). Ebenso funktioniert das Tippen auf Schaltflächen, auf denen zumeist zu lesen ist, was sich dahinter verbirgt – etwa „Öffnen", „Aktivieren" oder „Zurück".

Scrollen. „To scroll" ist das englische Wort für „blättern" oder „verschieben". Bei der Maussteuerung tut man das für gewöhnlich mit dem Mausrad. Auf einem Touchscreen tippen Sie irgendwo auf den Bildschirm und lassen den Finger dort liegen. Dann bewegen Sie ihn in horizontale und vertikale Richtung. Dies dient dazu, unsichtbare Bereiche links und rechts sowie oben und unten des aktuellen Bildschirmausschnitts anzuzeigen. Denn oft passen Inhalte wie eine Webseite oder ein längerer E-Mail-Text nicht auf den Bildschirm.

Vergrößern und Verkleinern. Legen Sie zwei Finger (üblicherweise Daumen und Zeigefinger) auf den Bildschirm, um den Bildschirmausschnitt zu vergrößern oder zu verkleinern.

Der neue Desktop

„Desktop" bedeutet zu Deutsch „Arbeitsoberfläche", und kaum etwas brachte die Windows-Nutzer mehr in Rage als der Versuch Microsofts, ihnen diese wegzunehmen. In Windows 8 landete man nach dem Einschalten des PCs und der Anmeldung zunächst in der Kachelansicht, von der aus man zum klassischen Windows-Desktop wechseln konnte. Doch viele Apps und Funktionen leiteten einen wieder zur Kachelansicht zurück. Die Folge: Verwirrung und Verärgerung bei den Nutzern, die sich nicht ganz zu Unrecht zu etwas genötigt fühlten, was sie nicht wollten.

Mit Windows 10 ist das nun alles anderes: Nach dem Anmelden beim Microsoft-Konto bekommt man als Erstes einen wunderbar aufgeräumten Desktop zu sehen. Die „Charms-Leiste" am rechten Bildrand bleibt verschwunden, wer sich in Windows 8 daran gewöhnt hatte, wird sie vergeblich suchen.

Sieht man von dem Papierkorb oben links ab, ist die untere Taskleiste das einzige Bedienelement. Mit ihr werden wir uns im zweiten Teil dieses Kapitels näher befassen. Fürs Erste genügt ein Blick auf den Start-Knopf (engl. Start-Button) unten links.

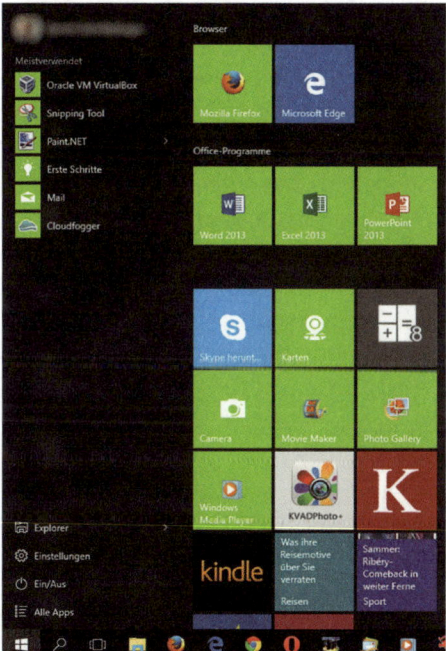

Auch diesen hatten viele Nutzer schmerzlich vermisst. Mit einem Linksklick darauf kommt das neue Start-Menü zum Vorschein, eine Kombination aus der altbekannten Liste mit Programmen und Ordnern sowie den mit Windows 8 eingeführten Kacheln.

Desktop und Start-Menü

Indem Microsoft die beiden unterschiedlichen Arbeitsbereiche, Desktop und Kachelansicht, miteinander verschmolzen hat, gibt es nun auch kein lästiges Hin-und-Her zwischen den Ansichten mehr. Zudem kann man Form,

Anordnung und Inhalt der Kacheln sehr frei anpassen, ebenso die Elemente, die in der Liste des Startmenüs angezeigt werden (► Seite 69ff).

Oberhalb des Start-Buttons findet sich ein weiterer Button, der innerhalb des Start-Menüs mit „Alle Apps" bezeichnet wird. Wie es der Name bereits verrät, zeigt der „Alle Apps"-Button alle installierten Programme, Anwendungen und Apps an, und zwar in alphabetischer Reihenfolge.

Neben einem Link zu den Einstellungen und zum Explorer, gibt es im Start-Menü auch den Ein/Aus-Button. Damit können Sie Ihren PC ganz ausschalten oder neu starten. Ein Neustart ist mitunter nötig, wenn Sie eine neue Software installiert oder wichtige Einstellungen vorgenommen haben (Windows fordert Sie in diesen Fällen automatisch zu einem Neustart auf) oder hilfreich, wenn ein Programm unerwartete Probleme macht oder abgestürzt ist.

Doch auch auf das klassische Start-Menü – zumindest eine komprimierte Form desselben – müssen Sie unter Windows 10 nicht verzichten. Um es aufzurufen, klicken Sie mit der rechten Maustaste auf den Start-Button. Öffnen Sie die gewünschte Option mittels eines Linksklicks auf den entsprechenden Eintrag. Im Start-Menü finden Sie Abkürzungen zu Funktionen, die Sie auch über die „Einstellungen" oder die Systemsteuerung erreichen, die hier aber besonders schnell und ohne umständliches Klicken durch Menüs verfügbar gemacht werden. Auch die Systemsteuerung selbst findet sich dort.

Tipp: Die Systemsteuerung werden Sie nach wie vor oft brauchen. Wir empfehlen deshalb, den Weg dorthin noch etwas abzukürzen. Klicken Sie auf das Lupensymbol der Taskleiste und geben in das Suchfeld „syst" ein. Klicken Sie mit rechts auf das Suchergebnis „Systemsteuerung" und wählen Sie dann „An Taskleiste anheften". Sie können die Systemsteuerung nun jederzeit über das Symbol in der Taskleiste aufrufen.

Arbeiten mit Kacheln

Selbst wer das ehemalige „Metro-Design" von Windows 8 eher kritisch betrachtet hat, muss zugeben, dass die mit Windows 10 erfolgte Verschmelzung von Kacheln und Desktop deutlich übersichtlicher ist als die oft mit winzigen Programm-Icons überfrachtete Benutzeroberfläche älterer Windows-Versionen.

Klickt man mit links auf eine Kachel und hält sie fest (Maustaste gedrückt halten), lässt sie sich verschieben. Zieht man sie in eine Kachelgruppe, machen die anderen Kacheln bereitwillig Platz und ordnen sich neu an. Lässt man die Kachel (bzw. die Maustaste) los, fügt sie sich an der gewünschten Stelle ein. Das gleiche funktioniert bei berührungsempfindlichen Bildschirmen auch mit dem Finger.

Tipp: Experimentieren Sie etwas mit dem Verschieben und Anordnen von Kacheln. Es ist zu Anfang etwas gewöhnungsbedürftig, geht in wenigen Minuten aber leicht von der Hand. Keine Sorge: Alles, was Sie versehentlich verschieben, können Sie ohne Schaden wieder geraderücken.

In unmittelbarer Nähe platzierte Kacheln formieren sich automatisch zu Gruppen. Gruppen lassen sich teilen, indem man eine Kachel auf einen freien Platz zwischen bereits bestehende Gruppen zieht und loslässt. Sie können der Gruppe einen Namen geben, um die Orientierung

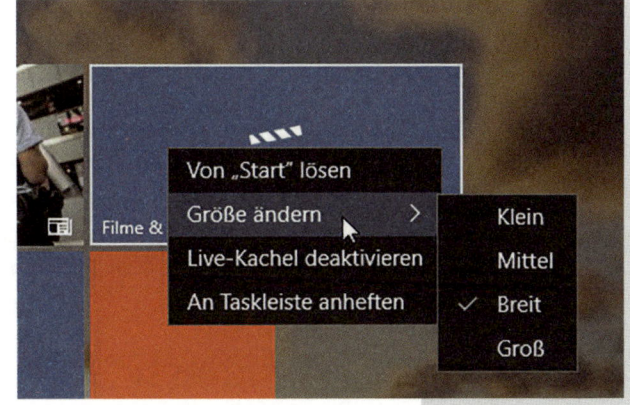

auf dem Desktop zu vereinfachen. Fahren Sie dazu mit dem Mauszeiger auf den leeren Raum direkt oberhalb der Gruppe, bis der Hinweis „Gruppe benennen" erscheint. Führen Sie einen Klick mit der linken Maustaste aus und tragen Sie einen Namen in das sich öffnende Eingabefeld ein.

Sie können auch ganze Gruppen verschieben. Klicken Sie dazu mit links auf die Zeile oberhalb der Gruppe (die den Gruppennamen oder den Hinweis „Gruppe benennen" enthält, halten Sie die Maustaste gedrückt und gehen genauso vor wie beim Verschieben von einzelnen Kacheln.

Verknüpfungen erstellen

Desktopverknüpfungen in Form von Kacheln lassen sich durch Ziehen eines Eintrags im Start-Menü oder in der „Alle Apps"-Leiste auf den Desktop erstellen. Er bleibt danach auch in der „Alle Apps"-Leiste erhalten. Sie können die Verknüpfung auf dem Desktop also jederzeit wieder löschen.

Auch die Kacheln selbst müssen Sie nicht so hinnehmen, wie sie von Microsoft vorgegeben sind. Klicken Sie mit rechts auf eine Kachel, um das Kontextmenü zu öffnen:

- **Von „Start" lösen.** Die Kachel wird vom Desktop entfernt, Programm oder App bleiben aber weiterhin auf dem PC installiert.
- **Größe ändern.** Ändern Sie die Größe zwischen „Klein", „Mittel", „Breit" und „Groß".
- **Live-Kachel deaktivieren.** Die Kachel ändert nicht mehr automatisch ihre Anzeige. Zum Beispiel werden in der Kachel „Fotos" nicht mehr die jeweils aktuellen Bilder, in der Kachel „Nachrichten" keine Meldungen mehr angezeigt.
- **An Taskleiste anheften.** Eine Programmverknüpfung wird zusätzlich der Taskleiste am unteren Bildschirmrand hinzugefügt.
- **Deinstallieren.** Entfernen Sie nicht nur die Kachel, sondern auch das ganze Programm. Diese Option wird nur angezeigt, wenn sich das Programm tatsächlich entfernen lässt, also nicht bei solchen, die originär zu Windows gehören.

Die Taskleiste

Als „Taskleiste" bezeichnet man die Funktionsleiste, die sich standardmäßig am unteren Bildschirmrand befindet, genauer gesagt den Bereich zwischen dem Eingabefeld der Suche und der Statusleiste ganz rechts. Die Taskleiste ist bereits aus älteren Windows-Versionen bekannt und hat ihre

Funktionen nicht grundlegend verändert. „Task" heißt auf Deutsch „Aufgabe" oder „Arbeit". Die „Arbeitsleiste" von Windows dient dazu, einen schnellen Zugriff auf wichtige, häufig verwendete Werkzeuge, Funktionen und Inhalte zu ermöglichen. Das ist natürlich nur dann sinnvoll, wenn Sie die Taskleiste Ihren persönlichen Bedürfnissen entsprechend anpassen können. App-Kacheln, aber auch Programmeinträge aus dem Start-Menü oder der „Alle Apps"-Leiste, lassen sich deshalb ganz einfach an die Taskleiste anheften, indem man sie mit rechts anklickt und „An Taskleiste anheften" wählt oder direkt auf die Leiste zieht. Klicken Sie das jeweilige Symbol in der Taskleiste oder im Start-Menü rechts an und wählen Sie „Von Taskleiste lösen", um die Verknüpfung wieder zu entfernen.

Die Taskleiste gehört zu den wichtigsten Bedienelementen von Windows

Sie können auch die Reihenfolge der an die Taskleiste angehefteten Elemente frei verändern. Dazu klicken Sie einfach auf ein Element, halten es fest und ziehen es an den gewünschten Platz. Auf die gleiche Weise lässt sich auch die gesamte Taskleiste mitsamt Start-Button, Suchfeld und Statusanzeige an den oberen Bildschirmrand oder einen der beiden Seitenränder verschieben.

Haben Sie unter „Personalisierung" des Start-Menüs (▶ Seite 59) die Option gewählt, die zuletzt geöffneten Elemente in Sprunglisten anzuzeigen, dann genügt ein Rechtsklick auf ein Programmsymbol in der Taskleiste, um eine solche Liste für den Schnellzugriff zu öffnen.

Sprunglisten aktivieren

Das Suchfeld

Rechts neben dem Start-Button befindet sich, je nach Ihren persönlichen Einstellungen, ein Lupensymbol oder ein Eingabefeld. Ein Klick auf die Lupe öffnet ein Eingabefeld für Suchbegriffe (wie Sie das Suchfeld ein- und ausblenden können, erfahren Sie auf ▶ Seite 78). Windows sucht auf Ihrem PC nach Apps, Programmen, Ordnern und Dateien, die sich mit dem eingegebenen Begriff verbinden lassen. Zugleich wird eine Internetsuche über Microsofts Suchmaschine Bing durchgeführt, sofern man dies in den Sucheinstellungen (Klick aufs Zahnradsymbol) nicht unterbindet. Klicken Sie auf einen Eintrag in den Suchergebnissen, um direkt dorthin zu gelangen.

Suchen mit Cortana

Das Suchfeld ist mit der Assistentin Cortana verbunden. Wenn Ihr Windows-10-Gerät ein Mikrofon besitzt, klicken oder tippen Sie darauf, um die Sprachsteuerung zu aktivieren. Sie können Ihre Suchbegriffe dann ganz einfach sagen, sie werden automatisch in Lettern transkribiert und in das Suchfeld eingetragen. Das klappt derzeit allerdings noch nicht vollkommen reibungslos. Besonders bei der Eingabe von mehreren Begriffen kommt Cortana mitunter ins Schleudern, und generell ist bei älteren Computern aufgrund von Inkompatibilitäten mit Problemen zu rechnen.

Cortana ist ein lernendes System, das Informationen über Ihr Nutzerverhalten online speichert. Wenn Sie das unterbinden möchten, klicken Sie mit rechts auf den Start-Button, dann auf „Suchen", wählen Sie das Zahnrad-Symbol und deaktivieren Sie den Schalter bei „Alles, was Cortana über mich weiß, in der Cloud verwalten". Auch die zusätzliche Bing-Suche können Sie hier abschalten, um die Suche auf Ihren PC zu beschränken.

Die Taskansicht

Wie der Start-Button und das Lupensymbol/Suchfeld kann auch „Taskansicht" nicht verschoben werden. Diese mit Windows 10 eingeführte Funktion wirkt zunächst recht unscheinbar, kann Ihnen bei richtiger Anwendung die Arbeit aber deutlich erleichtern. Klicken Sie darauf, werden alle derzeit geöffneten Anwendungen in Form einzelner Fenster angezeigt. Auf diese Weise können Sie sich einen schnellen Überblick über Ihre derzeitige Arbeitssituation verschaffen, was besonders bei vielen gleichzeitig geöffneten Anwendungen hilfreich ist. Klicken Sie auf eines der Fenster, um direkt in die dort angezeigte Anwendung zu wechseln.

Praktischerweise können Sie auch mehrere Arbeitssituationen parallel betreiben. Klicken Sie dazu rechts über der Statusanzeige auf das Feld „+ Neuer Desktop". Nun öffnen Sie dort beliebige andere

Bereiche und Anwendungen. Beim Klicken auf „Taskansicht" bekommen Sie nun beide Desktops mit den dort eingerichteten Arbeitssituationen angezeigt und können bequem zwischen Ihnen hin und her wechseln. Prinzipiell können Sie so viele Desktops anlegen, wie Sie möchten.

Ein Anwendungsbeispiel: Angenommen, Sie wollen im Internet recherchierte Zahlen in eine Excel-Tabelle übertragen. Gleichzeitig möchten Sie für einen Kollegen eine CD mit Fotos von der letzten Betriebsfeier brennen. Damit haben Sie gleichzeitig Ihren Internetbrowser, Excel, einen Bildbetrachter, eine Brennsoftware und den Ordner mit den Fotos geöffnet – vom vermutlich ohnehin laufenden Mail-Programm, Chats und Messengern einmal ganz abgesehen. Bei der Vielzahl von Fenstern ist es zwangsläufig, dass Sie die Übersicht verlieren und immer mehrere Sekunden brauchen, bis Sie das jeweils Gewünschte gefunden haben. Legen Sie stattdessen zwei unterschiedliche Desktops an, einen für Ihr Excel-, einen anderen für das Brenn-Projekt. Mail und Messenger können Sie in beiden laufen lassen. Nun können Sie über die Taskansicht ganz leicht zwischen beiden wechseln und werden überrascht sein, wie viel Zeit und Nerven Sie auf diese Weise sparen.

Mehrere Desktops parallel betreiben

Aero Peak

Diese Funktion wurde bereits mit Windows 7 eingeführt und erweist sich auch unter Windows 10 als ungemein praktisch, denn Sie können damit eine Vorschau geöffneter Dateien anzeigen. Fahren Sie mit dem Mauszeiger auf eine Programmschaltfläche (Icon) auf der Taskleiste. Sind in der damit verbundenen Anwendung mehrere Fenster geöffnet, werden diese als Miniaturen über der aktuellen Anwendung eingeblendet, ohne dass Sie Letztere verlassen müssen. Fahren Sie mit dem Mauszeiger auf eine Miniaturansicht: Alle anderen geöffneten Fenster werden temporär ausgeblendet, um das ausgewählte Fenster anzuzeigen. Fahren Sie mit dem Mauszeiger auf eine andere Miniaturansicht, um eine Vorschau eines anderen Fensters anzuzeigen. Zum Wiederherstellen der ursprünglichen Ansicht bewegen Sie den Mauszeiger von den Miniaturansichten weg oder klicken Sie auf die Miniaturansicht, um das Fenster zu öffnen, das in der Vorschau angezeigt wird.

Das Explorer-Icon

Das gelbe Ordner- bzw. Registersymbol dürfte Ihnen ebenfalls aus älteren Windows-Versionen bekannt sein. In der Taskleiste finden Sie es als Schnellzugriff auf den Datei-Explorer (aus früheren Versionen auch als „Windows-Explorer" bekannt). Klicken Sie darauf, um direkt auf Ihre Laufwerke, Ordner, Dateien und Inhalte zugreifen zu können. Sie können das Explorer-Symbol wie beschrieben frei verschieben oder ganz aus der Taskleiste entfernen.

Die Statusanzeige

Direktzugriff auf wichtige PC-Funktionen

Die Statusanzeige finden Sie ganz rechts in der Taskleiste. Sie kann deutlich mehr als nur Uhrzeit und Datum anzeigen. Sie finden dort beispielsweise einen Schnellzugriff zu den Netzwerkeinstellungen, dargestellt durch einen stilisierten Monitor und ein Ethernet-Kabel. Besteht gerade keine Internetverbindung, ist das Netzwerk-Icon in der Statusanzeige mit einem kleinen Warnsymbol versehen. Klicken Sie darauf und dann auf das im sich öffnenden Fenster angezeigte Netzwerk, um Näheres darüber zu erfahren. Klicken Sie auf den Link „Netzwerkeinstellungen", um die Einstellungen für Ihre Internetverbindung anzupassen.

Des weiteren finden Sie in der Statusanzeige den Lautstärkeregler, dargestellt von einem Lautsprecher mit Schallwellen. Klicken Sie darauf, um die Gesamtlautstärke Ihres Systems anzupassen. Wenn Sie über externe Lautsprecher verfügen, an denen sich die Lautstärke regeln lässt, stellen Sie den Regler in der Statusanzeige maximal auf mittlere Lautstärke, um zu verhindern, dass Ihre Boxen versehentlich durch zu lautes Ansteuern überlastet und möglicherweise beschädigt werden.

Je nach den von Ihnen installierten Programmen wird die Statusanzeige durch weitere Icons erweitert. Können aus Platzgründen nicht mehr alle angezeigt werden, werden sie „versteckt". Klicken Sie auf den kleinen Pfeil links neben der Statusanzeige, um sie anzuzeigen und bei Bedarf durch Anklicken zu öffnen.

Das Info-Center

Es ist eine gute Idee, dem Anwender eine Kommunikationszentrale zur Verfügung zu stellen, über die er über wichtige Vorgänge auf seinem PC informiert wird. Windows hat sie mit dem Info-Center geschaffen, das ebenfalls Teil der Statusanzeige ist. Klicken Sie auf das Sprechblasen-Symbol ganz rechts (beziehungsweise links neben Datum und Uhrzeit). In gewisser Weise ist es eine Weiterentwicklung der aus Windows 8 bekannten „Charms-Leiste", die eingeblendet wurde, wenn man den Mauszeiger in die rechte obere Bildschirmecke führte.

Im Info-Center werden Sie über eingegangene Nachrichten informiert – sowohl über Mails und anstehende Termine im Kalender als auch über systeminterne Nachrichten wie „Es sind neue Einstellungen für DVD-Laufwerke verfügbar", „Updates wurden installiert" oder auch auf einzelne Programme bezogene Informationen wie „Foto wurde dem Ordner ‚Privat' hinzugefügt".

Tipp: Eventuell passen nicht alle Nachrichten auf die Höhe des Bildschirms. Scrollen Sie über die Verschiebeleiste am rechten Rand des Info-Centers oder mittels Ihres Mausrads (falls Sie dieses in den Maus-Einstellungen mit der Scroll-Funktion belegt haben) nach unten, um alle Nachrichten einsehen zu können.

Diese Kurznachrichten (Microsoft nennt sie „Toasts") blendet Windows 10 automatisch für mehrere Sekunden ein. Klicken Sie darauf, um Näheres zu erfahren oder direkt zu der Nachricht oder zu dem Programm zu gelangen. Wenn Sie einen Toast verpasst haben, ist das nicht tragisch: Windows sammelt alle Informationen für eine gewisse Zeit im Info-Center.

Tipp: Beachten sollten Sie insbesondere die unter der Rubrik „Sicherheit und Wartung" aufgeführten Nachrichten. Windows gibt Ihnen hier wichtige Hinweise zu Sicherheits- oder Treiberproblemen und Tipps, wie Sie die Leistung Ihres Systems verbessern können.

Ganz unten finden Sie außerdem ein Kachelmenü, in dem Sie wichtige Einstellungsmöglichkeiten finden. Auf dem PC scheinen die angebotenen Funktionen nicht sehr hilfreich zu sein, denn man erreicht sie alle auf anderem Weg. Wichtig wird das Kachelmenü des Info-Centers bei Tablets und anderen mobilen Geräten. Zum Beispiel können Sie das betreffende Gerät über die Kachel „Tabletmodus" in den Tablet-Betrieb (also die Steuerung per Hand und Finger) setzen. Unter anderem finden Sie folgende weitere Optionen im Kachelmenü des Info-Centers:

Das Info-Center ersetzt die unbeliebte „Charms-Leiste" von Windows 8

- **Rotationssperre** (nur Tablet). Aktivieren oder deaktivieren Sie die automatische Anpassung der Bildschirmanzeige in Abhängigkeit davon, wie Sie das Gerät gerade halten.
- **Notiz.** Im Grunde nur ein Direktlink zum digitalen Notizbuch OneNote, das bei Windows 10 vorinstalliert ist.
- **Alle Einstellungen.** Ein Direktlink zu den Einstellungen, der exakt dem im Start-Menü entspricht.
- **Verbinden.** Hierüber können Sie Ihren PC oder Ihr Notebook mit anderen Geräten verbinden, die über drahtlose Verbindungen verfügen.
- **Stromsparmodus** (nur Tablet). Wenden Sie stromsparende Einstellungen für Ihr Gerät an, um die Akkulaufzeit zu

Taskleiste und Info-Center anpassen

Die Taskleiste und das Info-Center lassen sich bis ins Detail Ihren Wünschen anpassen. Sie finden die nötigen Optionen in den Einstellungen unter „System" im Bereich „Benachrichtigungen und Aktionen". Alternativ klicken Sie mit der rechten Maustaste auf die Ruhezeiten-Kachel im Info-Center und wählen dann „Zu Einstellungen wechseln". Über die Links „Symbole für die Anzeige auf der Taskleiste auswählen" und „Systemsymbole aktivieren oder deaktivieren" lässt sich das Erscheinungsbild der Taskleiste bestimmen. Über den letztgenannten Link können Sie das Info-Center in der Taskleiste auch ganz deaktivieren, wenn Sie damit nichts anfangen können.

erhöhen. Ist das Gerät an eine Stromquelle angeschlossen, ist diese Option nicht verfügbar.

- **VPN.** Ein Direktlink in die Einstellungen zu „Netzwerk und Internet", wo Sie unter anderem eine Verbindung zu einem „Virtual Private Network" (VPN, ▶ Seite 160) hinzufügen können.
- **Bluetooth.** Stellen Sie über diese Kachel eine drahtlose Verbindung zu einem Bluetooth-Gerät her. Diese Option ist nur verfügbar, wenn Ihr Gerät über Bluetooth verfügt und Bluetooth aktiviert ist.
- **Sonnen-Symbol.** Regeln Sie die Bildschirmhelligkeit.
- **WLAN.** Schalten Sie eingerichtete WLAN-Verbindungen ein und aus.
- **Ruhezeiten.** Aktivieren oder deaktivieren Sie neue Meldungen – beispielsweise, um beim Arbeiten ungestört zu sein oder Toasts während einer Präsentation auszuschalten.
- **Position.** Schalten Sie die Ortungsfunktion an oder aus.
- **Flugzeugmodus.**Versetzen Sie Ihr Gerät in den Flugzeugmodus (d.h. alle Funkverbindungen sind deaktiviert).

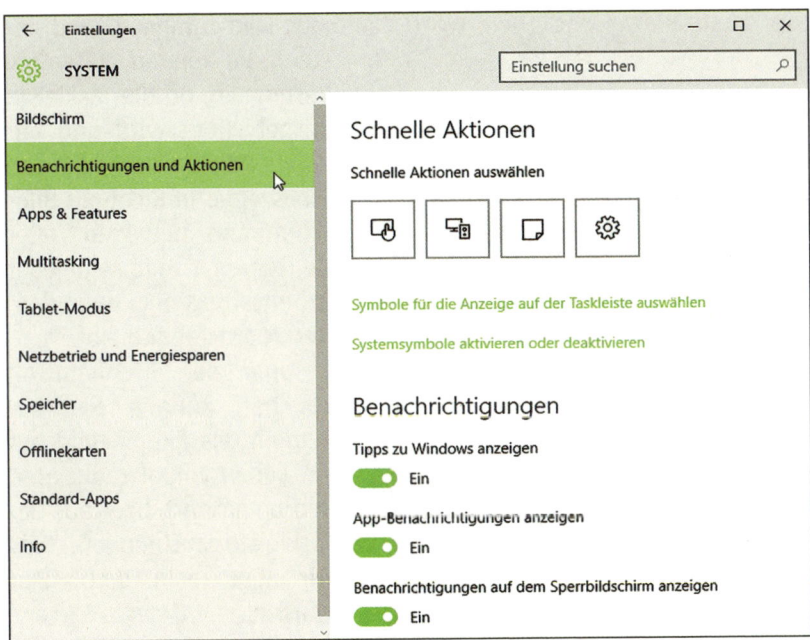

Das Kontextmenü der Taskleiste

Klicken Sie mit rechts auf eine freie Stelle oder – falls eine solche nicht (mehr) vorhanden ist – auf die Uhrzeit- und Datumsanzeige der Taskleiste, öffnet sich ein Kontextmenü mit vielfältigen Funktionen, über das Sie sehr viele Anpassungen vornehmen können. An dieser Stelle soll es genügen, einen groben Überblick über die Möglichkeiten zu geben. Über das Kontextmenü der Taskleiste können Sie:

- Symbolleisten anpassen und neu erstellen
- die Anzeige des Suchfelds anpassen
- die Taskansicht-Schaltfläche ein- oder ausschalten
- das Verhalten der Fenster bestimmen (► Seite 82f)
- den Task-Manager aufrufen (siehe „Task-Manager", ► Seite 176)
- die Taskleiste fixieren
- die Eigenschaften von Taskleiste und Start-Menü festlegen

Über das Kontextmenü können Sie also unter anderem die Taskansicht aus der Taskleiste entfernen, wozu allerdings kein triftiger Grund besteht. Sie können außerdem bestimmen, ob die Taskleiste ausgeblendet wird und nur dann erscheint, wenn Sie den Mauszeiger in Richtung Bildschirmrand bewegen, oder sie fixieren, damit sie in jeder Arbeitssituation auf dem Desktop sichtbar bleibt.

Über den Menüeintrag „Suche" können Sie außerdem das Eingabefeld auf ein Lupensymbol reduzieren und umgekehrt, bzw. aus der Taskleiste ausblenden, was wir aber nicht empfehlen würden.

Symbolleisten	>
Suchen	>
✓ Taskansicht-Schaltfläche anzeigen	
Bildschirmtastatur anzeigen (Schaltfläche)	
Fenster überlappen	
Fenster gestapelt anzeigen	
Fenster nebeneinander anzeigen	
Desktop anzeigen	
Task-Manager	
Taskleiste fixieren	
Eigenschaften	

Exkurs: Der „Administrator"

Viele Funktionen und Einstellungen unter Windows verlangen so genannte „Administratorrechte". Dazu gehören wichtige Systemeinstel-
lungen, aber auch viele Softwareinstallationen. Dahinter steht das ele-
mentare Sicherheitskonzept von Windows, weshalb man in diesem Zusammenhang mit Bedacht handeln und im Zweifel lieber auf Änderungen
an den Standardeinstellungen verzichten sollte. Der „Administrator" ist
bei Privat-PCs im Grunde eine virtuelle Person, denn natürlich darf der
Besitzer damit machen, was er will, und muss sich keiner übergeordneten
Instanz fügen. Trotzdem ist man als Normalnutzer mit eingeschränkten
Rechten unterwegs, was zu lästigen Sicherheitsabfragen oder gar zum
Verweigern bestimmter Operationen führt. Windows will den Nutzer hier
nicht bevormunden, sondern vor allem vor externen Schadprogrammen
schützen. Diese haben nämlich leichtes Spiel mit PCs, deren Nutzer mit
sämtlichen Rechten angemeldet sind, weil sie sich in deren Namen freien
Zugriff auf das gesamte System erschleichen können.

> Melden Sie sich über ein Konto mit eingeschränkten Rechten an, um Ihre Sicherheit zu erhöhen

Die deshalb geltenden Restriktionen haben zur Folge, dass sich
manche Programme, die tief ins Innenleben von Windows eingreifen,
nicht installieren lassen. Unter Windows 10 klickt man dann einfach mit
der rechten Maustaste auf das Programm und wählt „Als Administrator
ausführen" oder bestätigt die Sicherheitsabfrage mit „Ja". Wo aber steckt
der „echte" Administrator? Der wird bei der Installation von Windows
automatisch in Form eines Benutzerkontos angelegt, aber standardmäßig
deaktiviert und versteckt.

Geben Sie in das Suchfeld in der Taskleiste die Buchstabenkombination „cmd". Die Desktop-App, die Windows daraufhin findet, ist die
„Eingabeaufforderung", die sich per Rechtsklick und dem Befehl „Als

Eingabeaufforderung starten

Um die Eingabeaufforderung zu starten, drücken Sie zunächst die Tastenkombination Win+X und dann „Eingabeaufforderung (Administrator)".
Bestätigen Sie dann die Sicherheitsabfrage der Benutzerkontensteuerung
mit „Ja". Sind Sie nicht mit administrativen Rechten angemeldet, müssen
Sie hier Ihr Passwort eingeben.

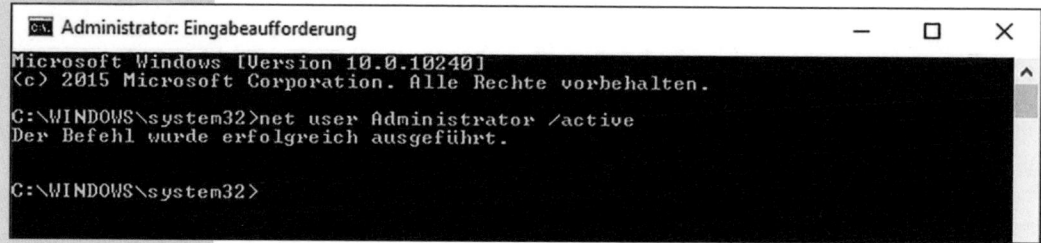

Administrator ausführen" starten lässt. Mit dem Befehl „net user Administrator/active" wird der versteckte Administrator aktiviert, er erscheint nun unter „Systemsteuerung" und „Benutzerkonten".

Die Benutzerkontensteuerung

Wer darf Änderungen am System vornehmen?

„Möchten Sie zulassen, dass durch diese App Änderungen an Ihrem PC vorgenommen werden". Mit dieser Warnung reagiert Windows auf den Start vieler Programme und Funktionen. Sie müssen die Frage mit „Ja" bestätigen, um diese auszuführen. Verantwortlich für diese Ihrer Sicherheit dienenden, aber mitunter nervigen Abfragen ist die „Benutzerkontensteuerung". Sie soll verhindern, dass potenziell schädliche Programme ohne Ihr Wissen Änderungen an Ihrem System vornehmen. Stehen Änderungen am Computer an, für die Administratorberechtigungen benötigt werden, werden Sie von der Benutzerkontensteuerung benachrichtigt. Windows-Funktionen, über die Sie Änderungen vornehmen, die unter Umständen die Sicherheit des Computers beeinträchtigen oder sich auf Einstellungen für andere Benutzer des Computers auswirken können, sind mit einem Schild-Symbol gekennzeichnet. Klicken Sie im Fenster der Sicherheitsabfrage unten auf den Link „Anzeigezeitpunkt für diese Benachrichtigung ändern", um die Benutzerkontensteuerung zu öffnen. Sie können nun beispielsweise festlegen, dass Sie nicht benachrichtigt werden, wenn Sie selbst Änderungen an Windows-Einstellungen vornehmen, oder die Benutzerkontensteuerung ganz ausschalten, indem Sie den Schieberegler auf die unterste Stufe setzen. Sie sollten die Benutzerkontensteuerung aber nicht dauerhaft deaktivieren, um die Sicherheit Ihres PCs nicht zu gefährden.

Klicken Sie auf „Anderes Konto verwalten". Wählen Sie das Administratorkonto an und legen Sie ein Kennwort fest. Nun können Sie sich bei Bedarf als Administrator anmelden, sind Chef Ihres eigenen PCs und dürfen weitere Konten mit erweiterten Rechten anlegen.

Im Alltag sollten Sie aber stets ein Standardkonto ohne Administratorrechte benutzen. Falls Sie als Administrator angemeldet sind und das aus den genannten Sicherheitsgründen ändern wollen, gehen Sie abermals über die Systemsteuerung zu „Benutzerkonten" und dann auf „Änderungen am eigenen Konto durchführen". Klicken Sie dann auf „Eigenen Kontotyp ändern". Setzen Sie Ihren Kontotyp auf „Standard" und bestätigen Sie mit „Kontotyp ändern".

Mit dem Befehl „net user Administrator /active:no" in der Eingabeaufforderung lassen Sie das Administratorkonto bei Bedarf wieder verschwinden.

Wenn Sie für das Standardkonto kein Passwort wählen, müssen Sie bei der Sicherheitsabfrage nur auf „Ja" klicken

Die wichtigsten Shortcuts für Windows 10

Zeit ist Geld – das gilt auch und ganz besonders für die Arbeit am PC. Mit den richtigen Tastenkürzeln (Shortcuts) können Sie sich einige Umwege ersparen und sich die Bedienung über klassische Eingabegeräte spürbar erleichtern.

Shortcuts im Datei-Explorer

Strg + N	Neues Explorer-Fenster öffnen
Strg + W	Explorer-Fenster schließen
Strg + Umschalt + N	Neuen Ordner anlegen
Strg + Enter	Ordner öffnen (statt Doppelklick)
Alt + Enter	Ordnereigenschaften anzeigen (statt Rechtsklick)
Strg + Mausrad	Größe der Anzeige und Darstellungsgröße ändern

Shortcuts für Desktop

Win	Wechsel zwischen aktueller Anwendung und/oder klassischem Desktop und Start-Menü
Win + ⇨/⇦	Aktuelles Fenster am rechten/linken Bildschirmrand einrasten lassen
Win + ⇧/⇩	Aktuelles Fenster maximieren (Vollbild)/minimieren
Win + 1, 2, 3…	Anwendung starten, die mit dem entsprechenden Symbol in Taskleiste (von links nach rechts) verbunden ist
Win + D	Direkt zum klassischen Desktop schalten
Win + I	Einstellungsmenü öffnen
Win + Q	Suche öffnen
Win + R	Öffnen des Dialogfelds „Ausführen"
Win + T	Umschalten zwischen Programmen in der Taskleiste
Win + X	Kontextmenü des klassischen Start-Buttons (klassisches Start-Menü) anzeigen

Snap-Assist

Diese auf den ersten Blick simple Funktion hat es wirklich in sich – zumal sie unter Windows 10 noch einmal erweitert wurde. Konkret geht es darum, dass Sie Fenster an die Bildschirmränder anheften können. Fahren Sie dazu mit dem Mauszeiger über die Titelzeile eines Fensters, also dort, wo der Name der Datei oder des Programms angezeigt wird, die in diesem Fenster angezeigt werden. Klicken Sie mit links irgendwo auf die Leiste (aber nicht da, wo sich ganz links und ganz rechts die Funktions-Icons befinden), halten Sie die Maustaste gedrückt und ziehen Sie das Fenster an den linken oder rechten Bildschirmrand. Sobald das Fenster dort „andockt", erscheint kurz ein blauer, sich ausbreitender Ring. Nehmen Sie nun auf die gleiche Weise ein anderes Fenster und heften Sie es an den anderen Bildschirmrand an. Wie Sie sehen, sind beide Fenster jetzt nebeneinander platziert. Diese Bildschirmaufteilung ist ideal, wenn Sie in zwei Fenstern gleichzeitig arbeiten möchten, beispielsweise, um Texte zu vergleichen, Inhalte zwischen zwei gleichzeitig geöffneten Apps auszutauschen oder im Internet zu surfen, während Sie gleichzeitig über einen Messenger chatten.

Kombinieren Sie Aero Peak und Snap-Assist, um Ihre aktuell geöffneten Anwendungen und Dateien perfekt im Griff zu haben

Haben Sie mehr als zwei Fenster geöffnet, erscheinen die restlichen Fenster in einer Miniatur-Übersicht, sobald Sie ein Fenster an einen Bildschirmrand heften. Klicken Sie auf eines der Bilder und es heftet sich automatisch an die andere Seite des Bildschirms.

Sie können Fenster auch in eine der vier Ecken des Bildschirms ziehen. Sie heften sich ebenso an wie bei der Zweiteilung des Bildschirms, nur dass nun bis zu vier Fenster nebeneinander Platz haben. Wieder können Sie nach dem gleichen Prinzip weitere Fenster aus der Miniatur-Ansicht hinzufügen. In allen angedockten Fenstern können Sie direkt arbeiten, wenn Sie das gewünschte kurz mit der linken Maustaste anklicken, per Drag & Drop Inhalte dazwischen verschieben und bequem von Anwendung zu Anwendung springen.

Nach einer kurzen Eingewöhnungszeit geht Ihnen das Arbeiten mit Snap-Assist leicht von der Hand und Sie werden sicher feststellen, dass diese Funktion geniale Möglichkeiten bietet, die Arbeit auf dem Desktop zu organisieren.

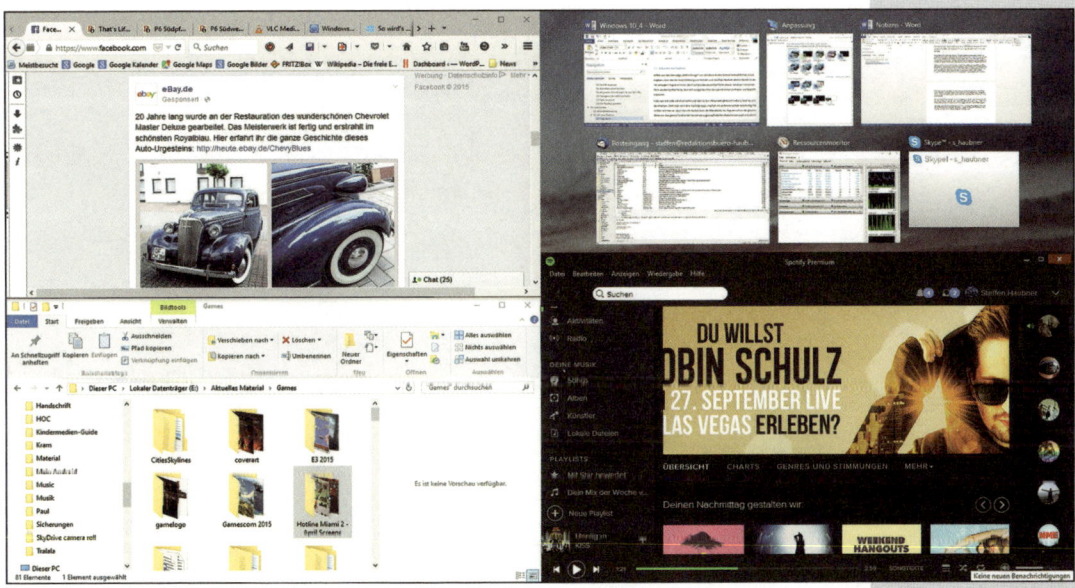

Programme und Funktionen

Windows 10 bietet bereits vieles, was Sie für die tägliche
Arbeit brauchen, etwa ein Mail-Programm und eine Datei-
Verwaltung. Für Unterhaltung sorgt unter anderem eine
Musik-App. In diesem Kapitel erfahren Sie, wie Sie den
größten Nutzen aus all diesen Funktionen ziehen.

Die Mail-App

Windows 10 verfügt über eine vorinstallierte Mail-App, die standard-mäßig als Kachel an das Start-Menü angeheftet ist und eine Verwaltung all Ihrer Mail-Konten ermöglicht. Wenn Sie mit dem derzeitigen Funk-tionsumfang zufrieden sind, ersetzt die denkbar schlicht gehaltene und an das Windows-10-Design angepasste App andere Mail-Clients wie Windows Live Mail, Outlook oder Thunderbird.

Exkurs: Begriffsklärung E-Mail-Dienste

Unerfahrene Nutzer verwechseln öfter einmal Mail-Server und Mail-Client. Der Mail-Server ist ein zentraler Speicher bei Ihrem Mail-Anbieter, auf dem alle Ihre Mails (und natürlich die der anderen Nutzer) gelagert sind. Der Mail-Client ist dagegen die Software auf Ihrem Gerät, mit dem Sie Ihre elektronische Post abholen.

Unabhängig davon können Sie sich über den Browser auch direkt in Ihr Online-Postfach einloggen und auf den Mail-Server des Anbieters zu-greifen, um Ihren Posteingang durchzusehen oder eine Mail zu schreiben. Man spricht auch von Webmail-Diensten.

Mit der Übertragungsart POP3 („Post Office Protocol Version 3") werden E-Mails aus dem Posteingang des Mail-Servers auf Ihren PC her-untergeladen. In den herkömmlichen Mail-Clients können Sie wählen, ob die E-Mails vom Server gelöscht oder beibehalten werden sollen, damit sie auch für den Download auf andere Geräte (z.B. Smartphone oder Tablet) zur Verfügung stehen. Innerhalb der Mail-App können Sie diese Einstellungen allerdings nicht vornehmen, sondern nur online über die Server-Einstellungen bei Ihrem Mail-Provider.

POP3 oder IMAP: Mail ist nicht gleich Mail

Gängiger Standard bei der Übertragung von elektronischer Post ist mittlerweile das „Internet Message Access Protocol", kurz IMAP. Wer seinen Mail-Account vom früher gängigen POP auf IMAP umstellt, hat zunächst einmal einen wesentlichen Vorteil: Die Mails liegen zentral auf dem Server des Mail-Providers und werden von Haus aus auf jedes Gerät, ob PC, Notebook, Tablet oder Smartphone gleichermaßen herunterge-laden. Hat man etwas Wichtiges gelöscht – kein Problem, das Original liegt ja noch im Postfach. Wesentlicher Nachteil: Das Postfach schwillt unweigerlich an, weil man eine Mail nur noch lokal, also im Mail-Client (beispielsweise in Outlook) löscht. Online steht sie aber weiterhin bereit. Man kommt deshalb nicht umhin, Mails direkt auf dem Server zu verwalten, was aber mit etwas Arbeit verbunden ist.

Über die Mail-App können Sie alle E-Mails aus Outlook.com (nicht zu verwechseln mit dem E-Mail-Client Outlook, aber identisch mit dem früheren Hotmail), Gmail, GMX, Yahoo! und anderen Konten mit einem einzigen Mail-Client empfangen. Voraussetzung für die Nutzung ist, wie so oft, ein Microsoft-Konto. Wenn Sie am PC mit einem Microsoft-Konto angemeldet sind, werden Sie automatisch bei der Mail-App angemeldet und können Ihre E-Mails aus dem Microsoft-Konto verwalten.

Wichtig! Wenn sich Nutzer mit Ihrem Microsoft-Konto an Ihrem PC anmelden, können die auch Ihre persönlichen Mails einsehen. Daher sollten sich alle Benutzer eines PCs mit separaten Microsoft-Konten anmelden – und anschließend nicht vergessen, sich wieder abzumelden.

Einrichten der Mail-App

Um E-Mails aus Gmail, Yahoo! und anderen Konten anzeigen und verwalten zu können, müssen Sie die Mail-App zunächst einrichten. Dazu führen Sie folgende Schritte aus:

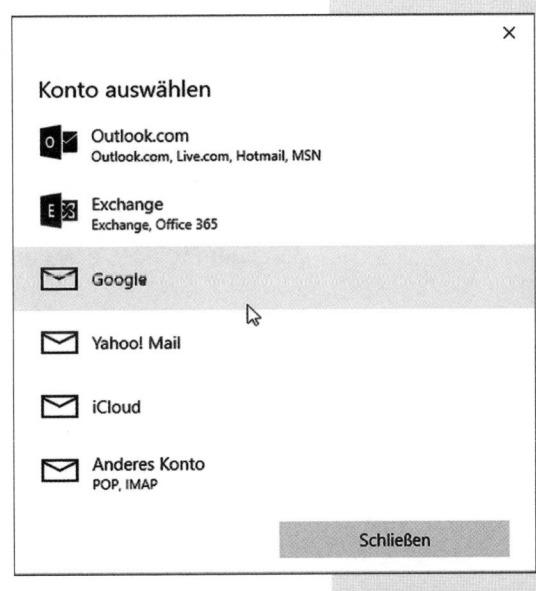

- Tippen oder klicken Sie im Start-Menü auf die Mail-App-Kachel.
- Wie erwähnt, sollte das Outlook.com-Konto bereits vorhanden sein.
- Um ein weiteres Konto hinzuzufügen, klicken Sie auf „+ Konto hinzufügen" und wählen Sie danach den gewünschten Kontotyp aus.
- Geben Sie Ihre Zugangsdaten (in der Regel Mail-Adresse und Passwort) ein und klicken Sie auf „Weiter".

- Sie müssen Microsoft nun die Berechtigung erteilen, auf eine Reihe von Informationen aus dem hinzugefügten Konto zuzugreifen.
- Danach erscheint das neue Konto unter „Konten".

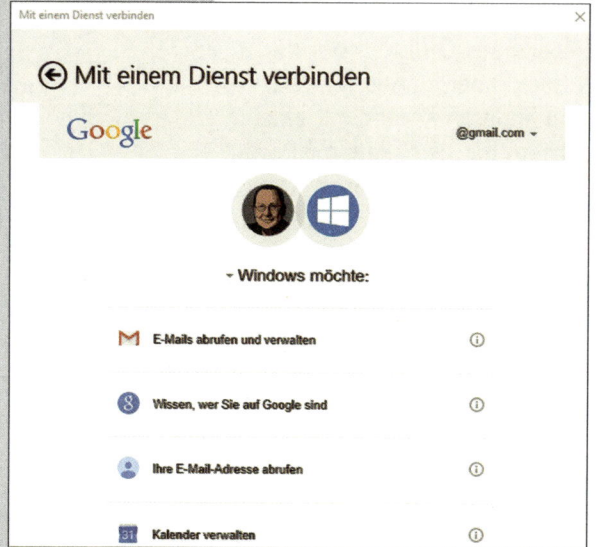

Um später weitere Konten hinzuzufügen, klicken Sie in der unteren Menüleiste auf das Zahnrad-Symbol und dann unter „Einstellungen" auf „Konten". Klicken Sie dann auf „+ Mail hinzufügen", wählen Sie die gewünschte Kontoart und geben Sie Ihre Zugangsdaten (Benutzername oder Mail-Adresse plus Passwort) ein.

Während das Anmelden standardisierter Konten wie Gmail oder Yahoo! in der Regel gut funktioniert, reichen Mail-Adresse und Passwort bei POP3- oder IMAP-Konten häufig nicht aus, um ein Konto erfolgreich einzurichten. In diesem Fall scrollen Sie in der Liste der Kontenarten ganz nach unten und wählen „Erweitertes Setup". Klicken Sie danach auf „Internet-E-Mail". Hier können Sie nun zusätzlich die Serveradressen Ihres Mail-Providers angeben.

Tipp: Die Serveradressen für POP3, IMAP sowie SMTP („Simple Mail Transfer Protocol", das Standardformat für den Postausgangsserver) richten sich nach Ihrem Mail-Provider. Dort können Sie, falls nicht vorhanden, die genauen Zugangsdaten erfragen oder online abrufen. Alternativ finden Sie im Internet vielerorts Listen mit den Server-Adressen gängiger Provider, etwa unter www.wolfgang-frank.eu/mailserver.php.

Bedienung der Mail-App

Alles, was mit dem Schreiben, Beantworten oder Suchen von E-Mails zu tun hat, wird in der Mail-App über die beiden Menüleisten am oberen

Bildschirmrand erledigt. Ganz links oben finden Sie das Menü-Symbol, drei horizontale Linien, das mitunter auch „Hamburger-Menü" genannt wird (die Linien werden dabei als untere und obere Brötchenhälfte mit einem Fleischlaibchen in der Mitte gedeutet). Klicken Sie darauf, um Ihre unterschiedlichen Mail-Konten (sofern Sie mehr als eines angelegt haben) ein- oder auszublenden. Klicken Sie erneut darauf, um wieder die minimierte Ansicht anzuzeigen, bei der alle Bedienelemente der Mail-App vertikal am linken Rand angezeigt werden.

Eine Mail verfassen

Klicken Sie auf + bzw. „+ Neue E-Mail", um eine E-Mail zu verfassen. Unter „von" erscheint der Name (die Adresse) des Kontos, von dem aus Sie die Mail senden. Unter „An" geben Sie die Adresse(n) des/der Empfänger ein.

Sie können beliebig viele Adressen eingeben, die automatisch durch ein Semikolon getrennt werden. Nach Eingabe mehrerer Buchstaben schlägt Ihnen das Programm automatisch passende Einträge aus Ihrer Kontaktliste vor. Klicken Sie auf „Cc und Bcc", um einem oder mehreren zusätzlichen Empfängern eine Kopie (Cc) oder eine Blindkopie (Bcc) der Mail zu senden. Füllen Sie Betreff- und Textfeld aus und klicken Sie auf „Senden", um die Mail abzuschicken. Über die Registerkarte „Einfügen" können Sie Ihre Mail mit Anhängen versehen oder Bilder, Tabellen und Links einfügen.

Klicken Sie auf ein Konto, um die darin enthaltenen Mails anzuzeigen. Unter „Posteingang" finden Sie alle Mails, die Ihnen gesendet wurden,

„Gesendete Elemente" enthält alle Mails, die Sie selbst über dieses Konto verschickt haben. Unter „Entwürfe" sind Mails gespeichert, die Sie angelegt, aber noch nicht versandt haben. Klicken Sie auf „Mehr", um Ihre Ordner-Struktur anzuzeigen, falls Sie eine solche angelegt haben. Ordner legen Sie am besten direkt auf dem Mail-Server fest. Innerhalb der Windows Mail-App ist das derzeit nicht möglich.

Posteingang und Ordner ans Start-Menü anheften

Tipp: Sie können ein bestimmtes Konto oder beispielsweise nur den Posteingang oder einen einzelnen Ordner an Ihr Start-Menü anheften, um direkt Zugriff darauf zu haben. Klicken Sie dazu mit der rechten Maustaste auf das Konto (bzw. den Posteingang oder Ordner) und dann mit links auf „An Start anheften".

Um eine Mail eines bestimmten Absenders oder mit einem bestimmten Betreff zu suchen, geben Sie einen Suchbegriff in das Suchfeld oberhalb der Liste der Mails eines Kontos ein. Bestätigen Sie mit der Return-Taste Ihrer Tastatur oder klicken Sie auf das Lupen-Symbol. Um den Suchbegriff wieder zu löschen und alle Mails anzuzeigen, klicken Sie auf das X rechts im Suchfeld.

Um den Posteingang zu aktualisieren (neu eingegangene Mails herunterzuladen) klicken Sie auf die beiden Pfeile rechts neben dem Lupen-Symbol.

Wenn Sie eine einzelne Mail angeklickt haben, erscheint diese auf der rechten Seite. Haben Sie die Mail-App auf einer Bildschirmseite „angeheftet" und wird sie deshalb nur auf einer Hälfte Ihres Bildschirms angezeigt, ersetzt die Ansicht der Mail die Ordner-Ansicht. Um zu Letzterer zurückzukehren, klicken Sie oben links auf den Pfeil neben „Mail".

Mails mit einem Büroklammer-Symbol auf der rechten Seite besitzen einen Anhang. Klicken Sie darauf, um ihn direkt zu öffnen. Klicken Sie mit rechts darauf und wählen Sie „Speichern", um ihn auf Ihrer Festplatte zu speichern. Je nach Format dieses Anhangs brauchen Sie eine externe

Software, um ihn zu öffnen – beispielsweise den Acrobat Reader von Adobe zum Öffnen von PDF-Dateien.

Wichtig! Mail-Anhänge können gefährliche Viren enthalten. Öffnen Sie deshalb grundsätzlich nur solche Anhänge, deren Absender Sie kennen, und wenn Sie von diesem Absender eine Mail mit Anhang erwarten. Öffnen Sie nur bekannte Dokument-Formate wie .doc oder .pdf, niemals aber ausführbare Dateien wie .exe oder komprimierte Dateien im .zip-Format. Sind Sie sich unsicher, dann kontaktieren Sie den Absender direkt, am besten telefonisch, und fragen Sie nach, ob er Ihnen eine Mail mit Anhang geschickt hat. Bereits das Öffnen einer Mail mit kompromittiertem Anhang kann Ihrem Rechner schweren Schaden zufügen. Grundsätzlich sollten Sie Mails nur mit einem ausreichend geschützten Gerät abrufen. Weitere Informationen dazu erhalten Sie unter „Sicherheit und Tuning", ▶ Seite 163ff.

Gefährliche Anhänge

Sobald Sie mit dem Mauszeiger über eine Mail fahren, erscheinen auf der rechten Seite zwei weitere Symbole. Mit der Fahne ganz rechts können Sie die Mail markieren, um sie später schnell wiederzufinden. Eine genauere Kennzeichnung ist mit der Mail-App derzeit leider nicht möglich. Das Mülltonnen-Symbol klicken Sie an, wenn Sie die Mail löschen wollen.

Falls Sie mehrere Mails gleichzeitig kennzeichnen oder löschen wollen, klicken Sie auf das Menü-Symbol mit den Häkchen ganz rechts. Links in allen Mails erscheint dann ein kleines leeres Kästchen, in das Sie durch einfaches Anklicken ein Häkchen setzen können, um die gewünschten Mails zu markieren. Danach erscheint oben ein erweitertes Menü, über das Sie die ausgewählten Mails

Mehrere Mails gleichzeitig bearbeiten

- löschen (Mülltonnen-Symbol)
- in einen anderen Ordner verschieben (Ordner-Symbol)
- markieren (Fahnen-Symbol)
- als gelesen oder ungelesen markieren können. Eine weitere Option ist: Markierung aufheben.

Um zurück zur normalen Ansicht zu gelangen, klicken Sie erneut auf das Menü-Symbol. Haben Sie eine Mail geöffnet, erscheint direkt darüber ein erweitertes Mail-Menü. Klicken Sie auf

- „Antworten", um dem Absender direkt zu antworten
- „Allen antworten", um allen Empfängern der Mail gleichzeitig zu antworten
- „Weiterleiten", um die Mail an einen weiteren Empfänger zu senden
- „Löschen", um die Mail zu löschen
- „Kennzeichnung festlegen" oder „Kennzeichnung löschen", um die Mail zu markieren oder eine Markierung aufzuheben
- „…", um die Mail als gelesen oder ungelesen zu markieren, sie in einen Ordner zu verschieben, zur vorigen oder nächsten Mail zu wechseln, die Mail zu drucken oder zu vergrößern.

Einstellungen

Über das Zahnrad-Symbol in der unteren Menüleiste gelangen Sie nicht nur zur Konten-Verwaltung, sondern können auch allgemeine Einstellungen für die Mail-App vornehmen. So können Sie unter anderem unter „Optionen" die Gestensteuerung ein- oder ausschalten. Wenn sie einen Touchscreen benutzen können Sie die Mail-App bei eingeschalteter Gestensteuerung bequem mittels Wischgesten auf dem Bildschirm bedienen. Außerdem können Sie die E-Mail-Signatur ändern, die standardmäßig „Gesendet von Mail für Windows 10" lautet.

Kontenverwaltung und Optionen

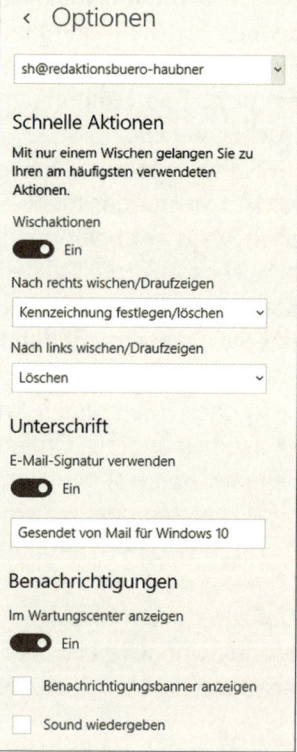

Alternativen zur Mail-App

Die Mail-App mag für das schnelle Empfangen und Versenden von Mails ausreichen – ein vollwertiges E-Mail-Programm ist sie aber leider (noch) nicht. Auch die Stabilität lässt zuweilen zu wünschen übrig. Als Alternativen bieten sich die kostenpflichtige Version von Outlook (als Bestandteil der Office-Suite bzw. Office 365 ► Seite 161f) oder der kostenlose Mail-Client Thunderbird an.

Wenn Office vor dem Upgrade auf Windows 10 installiert war, finden Sie es unter „Alle Apps" im Start-Menü wieder. Klicken Sie auf den Start-Button (oder betätigen Sie die Windows-Taste), dann auf „Alle Apps", suchen Sie im Verzeichnis „Microsoft Office" und wählen Sie „Outlook". In Outlook klicken Sie auf „Datei" oben links und unter „Kontoinformationen" auf „Kontoeinstellungen". Legen Sie danach unter „E-Mail-Konten" und „Neu" ein neues Konto an. Dazu müssen Sie Ihre Benutzerdaten sowie die Serverdaten Ihres E-Mail-Providers bereithalten. Weitere Informationen zu Office finden Sie unter www.office.com.

Kostenlos und dennoch ein vollwertiges Mail-Programm mit vielen Extras ist Thunderbird. Wie der alternative Browser Firefox wurde es unter dem Dach der Mozilla Foundation von freien Programmierern erstellt. Unter www.mozilla.org/de/thunderbird können Sie Thunderbird herunterladen. Nach unseren Tests läuft es unter Windows 10 einwandfrei. Analog zu Outlook müssen Sie auch hier ein Konto mit den von Ihrem E-Mail-Provider kommunizierten Benutzerdaten einrichten. Klicken Sie dazu auf die Menü-Schaltfläche oben rechts (die drei waagrechten Linien) und wählen Sie dort „Einstellungen", „Konten-Einstellungen". Klicken Sie links unten auf „Konten-Aktionen" und „E-Mail-Konto hinzufügen".

Die Kalender-App

Die Kalender-App gehört ebenfalls zum Funktionsumfang von Windows 10. Sie erreichen sie über das Kalendersymbol in der Mail-App oder über die Kalender-Kachel des Start-Menüs. Öffnen Sie die Kalender-App, indem Sie auf die Kachel der Kalender-App klicken oder über „Start" − „Alle

Apps" – „Kalender". Sind Sie mit einem Microsoft-Konto angemeldet, werden Ihre Einträge beim Anmelden automatisch zwischen Outlook. com und Ihrem PC abgeglichen.

Klicken Sie auf die Menü-Schaltfläche oben links, um die Monatsübersicht zu öffnen (oder zu schließen). Direkt darunter finden Sie alle Kalender, die Sie in Outlook.com angelegt oder aus Gmail importiert haben (siehe „Termine online verwalten", ► Seite 96ff). Klicken Sie mit links auf den jeweiligen Kalender, um ihn ein- oder auszublenden. Klicken Sie mit rechts auf einen Kalender, um die dafür verwendete Farbe zu verändern. In der oberen Menüleiste können Sie einfach zwischen „Tagesansicht", „Arbeitswoche", „Woche", „Monat" oder „Heute" wählen.

Um direkt in der App einen neuen Termin anzulegen, klicken Sie oberhalb der Monatsübersicht auf „+ Neues Ereignis". In der Eingabemaske können Sie nun alle Details dieses Termins festlegen.

Unter „Personen" können Sie andere zu dem angelegten Termin einladen. Geben Sie dazu einfach den Namen in die Suchmaske oben rechts ein. Hier kommt Ihnen die Verknüpfung von Kalender-, Mail- und Kontakte-App zugute, denn Windows ergänzt den Namen und die Mail-Adresse automatisch aus Ihren Kontakten. Unter Erinnerung können Sie festlegen, ob und wie lange vor einem Termin Sie darauf hingewiesen werden möchten. Handelt es sich um einen regelmäßigen Termin, klicken Sie auf „Wiederholen", um die Intervalle zwischen den Terminen festzulegen.

Tipp: Ganz oben rechts in der Eingabemaske finden Sie noch die Option „Abdocken". Diese ist sehr praktisch, wenn Sie mehrere Termine parallel anlegen oder bearbeiten oder miteinander vergleichen wollen. Dann wird der Termin, der ansonsten fest am Kalender sitzt, in einem separaten Fenster geöffnet. Wenn Sie danach z.B. auf „+ Neues Ereignis" klicken, können Sie beide Eingabemasken nebeneinander platzieren.

Alternativ können Sie einen neuen Termin auch anlegen, indem Sie einfach auf den Tag klicken, an dem er stattfinden soll. Darauf öffnet sich eine weniger detaillierte Eingabemaske. Über das Ausklappmenü unten können Sie bestimmen, in welchem Kalender die Eintragung erfolgen soll. Klicken Sie auf „Weitere Details", um alle Optionen zu erhalten, die Ihnen auch bei der Eingabe über „+ Neues Ereignis" zur Verfügung stehen.

Wichtig! Vergessen Sie nach dem Festlegen eines Termin nicht, oben rechts auf „Speichern und Schließen" zu klicken – sonst war all die Mühe umsonst!

Optionen, die nicht einzelne Termine oder Kalender, sondern die gesamte Kalender-App betreffen, erreichen Sie über das Zahnrad-Symbol unten links, das Sie schon aus der Mail-App kennen, hier aber natürlich ganz andere Funktionen bietet. Über „Konten" können Sie

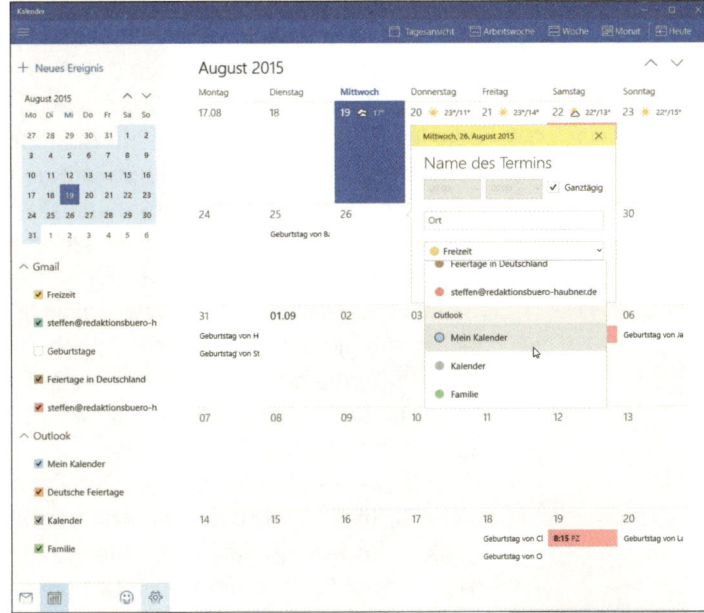

weitere Konten hinzufügen, über „Kalendereinstellungen" allgemeine Optionen wie die Dauer von Arbeitstagen festlegen.

Tipp: Klicken Sie unter „Konten" auf ein bestimmtes Konto, um die Synchronisierungseigenschaften zu ändern. Mail- und Kalender-Optionen sind im Eingabefenster zusammengefasst, da die Konten stets Kalender und Mail-Postfach umfassen. Möchten Sie beispielsweise nur Kalendereinträge, nicht aber die E-Mails der verknüpften Kontos synchronisieren, scrollen Sie nach unten und stellen Sie den Schieberegler unter E-Mail auf „Aus".

Hinweis: Sie können auch einen (oder mehrere) Google-Kalender mit der Kalender-App von Windows 10 verknüpfen. Legen Sie dazu in der Mail-App ein neues Konto an und geben Sie die Anmeldedaten Ihres Google-Kontos ein (siehe auch ▶ Seite 98ff).

Termine online verwalten

Ein wesentlicher Vorteil ist die direkte Zusammenarbeit zwischen der Mail-App und dem Kalender. Sobald Sie Ihren Windows-Mail-Account eingerichtet haben, werden die Daten dieses Kontos automatisch in die Kalender-App übernommen. So können Sie Termine mit Kontakten teilen oder diese über Änderungen informieren. Sie können mehre Kalender verwalten – beispielsweise für private und für berufliche Termine.

live.com ist die Online-Zentrale Ihrer Windows- und Office-Programme

Unter https://login.live.com können Sie sich jederzeit mit Ihrem Microsoft-Konto anmelden und Ihre Daten verwalten. Ihr Outlook-Mail-Eingang wird als Erstes angezeigt.

Im Ordner-Verzeichnis auf der linken Seite finden Sie alle E-Mail-Postfächer, die Sie bei Outlook.com angelegt haben. Sie können außerdem Ihren Posteingang verwalten und neue Ordner erstellen, indem Sie auf den Hyperlink „Neuer Ordner" klicken und in das sich öffnende Eingabefeld einen Namen dafür eintragen.

Über „+ Neu" in der oberen Menüleiste können Sie eine neue E-Mail erstellen. In der Mitte befindet sich Ihr Posteingang mit den empfangenen E-Mails des jeweils geöffneten Mail-Kontos. Klicken Sie rechts oben auf das Zahnrad-Symbol, um zu den Optionen und erweiterten Einstellungen für Ihre Outlook-E-Mails zu kommen.

Über die Menü-Schaltfläche ganz oben links wechseln Sie zwischen den einzelnen Bereichen Ihre Microsoft-Kontos, also Outlook.com (Mail),

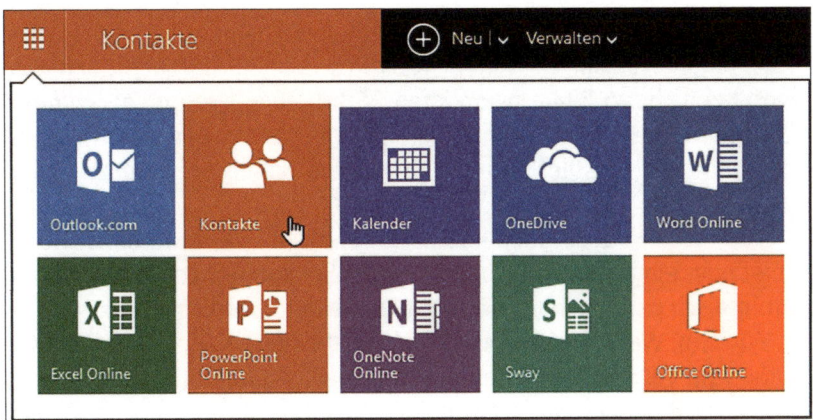

Kontakte, Kalender, OneDrive (Cloud-Speicher) sowie den Programmen der Online-Version von Office (unter anderem Word, Excel und Power-Point).

Klicken Sie auf die Menüschaltfläche oben links und dann auf „Kalender", wenn Sie Ihre Termine verwalten möchten. Wenn Sie einen neuen Termin, eine Aufgabe oder einen Kalender (z.B. „berufliche Termine", „private Termine" oder „Familie") erstellen möchten, klicken Sie auf „+ Neu".

Um einen neuen Kalender anzulegen, können in der Eingabemaske Namen, Kategorie, Farbe und Freigaben festlegen und bestimmen, ob Sie per E-Mail auf fällige Termine hingewiesen werden möchten. Bestätigen Sie Ihre Auswahl mit „Speichern".

Danach wechseln Sie automatisch zurück in die Kalenderansicht. Gehen Sie zu einem beliebigen Datum und klicken Sie in der Tageszeile ganz rechts auf „Hinzufügen". Tragen Sie hier die Details Ihres Termins ein und klicken Sie auf „Speichern". Wenn Sie mehrere Kalender unterhalten, achten Sie darauf, dass Sie den richtigen für Ihre Eingabe wählen und dieser auch in der Kalender-Hauptansicht angezeigt wird (es muss sich in der Menüleiste rechts ein Häkchen vor dem betreffenden Kalender befinden). Wenn Sie die Kalender-App an das Start-Menü anheften und per Rechtsklick als Live-Kachel aktivieren, werden in der Kachel Ihre Termine für das aktuelle Datum angezeigt.

Kalender anlegen für unterschiedliche Zwecke und Gruppen

Heften Sie den Kalender ans Start-Menü an und aktivieren Sie ihn als Live-Kachel

Kalender-Einträge können Sie über die Kalender-App oder online unter https://login.live.com verwalten. Letzteres können Sie auch dann tun, wenn Sie nicht an Ihrem gewohnten PC arbeiten. Sie sollten sich dann aber über ein „InPrivat"-Fenster (Edge), „Incognito-Fenster" (Chrome) oder „Privates Fenster" (Firefox) anmelden, damit Ihre Anmeldedaten nicht in falsche Hände gelangen.

Auch wenn Sie ein mobiles Gerät benutzen, wie etwa ein Surface-Tablet oder ein Lumia-Smartphone, haben Sie Ihre Termine und Kontakte automatisch parat, sobald Sie sich angemeldet haben.

Wichtig: Wenn Sie neben Outlook noch andere Kalender in Ihrer Kalender-App verwalten, müssen Sie die jeweiligen Kontodaten auf einem neuen Gerät bei der ersten Benutzung unter Umständen nochmals eingeben.

Importieren eines Google-Kalenders in Outlook.com

Google- und Microsoft-Dienste können miteinander verknüpft werden

Wenn Sie ein Google-Konto besitzen und dort einen Kalender angelegt haben, möchten Sie die dort angelegten Termine möglicherweise in Outlook.com beziehungsweise den Windows-Kalender übertragen. Dazu gehen Sie folgendermaßen vor:

- Melden Sie sich unter www.google.com/calendar mit Ihrem Google-Konto an.
- Klicken Sie in der linken Spalte unter „Kalender" auf die Pfeilschaltfläche neben dem Kalender, den Sie importieren möchten, und wählen Sie „Kalendereinstellungen" aus.
- Klicken Sie unter „Privatadresse" auf „ICAL". (Das Kürzel bezieht sich auf das Kalenderformat iCalendar, das die Endung .ics trägt.)
- Im sich öffnenden Dialogfeld „Privatadresse" markieren Sie nun den angezeigten Link. Klicken Sie NICHT darauf, sondern markieren Sie ihn mithilfe Ihrer Maus (er muss in ganzer Länge blau unterlegt sein), klicken Sie dann mit der rechten Maustaste darauf und wählen Sie „Kopieren" (alternativ: STRG + C), um ihn in die Zwischenablage zu kopieren.

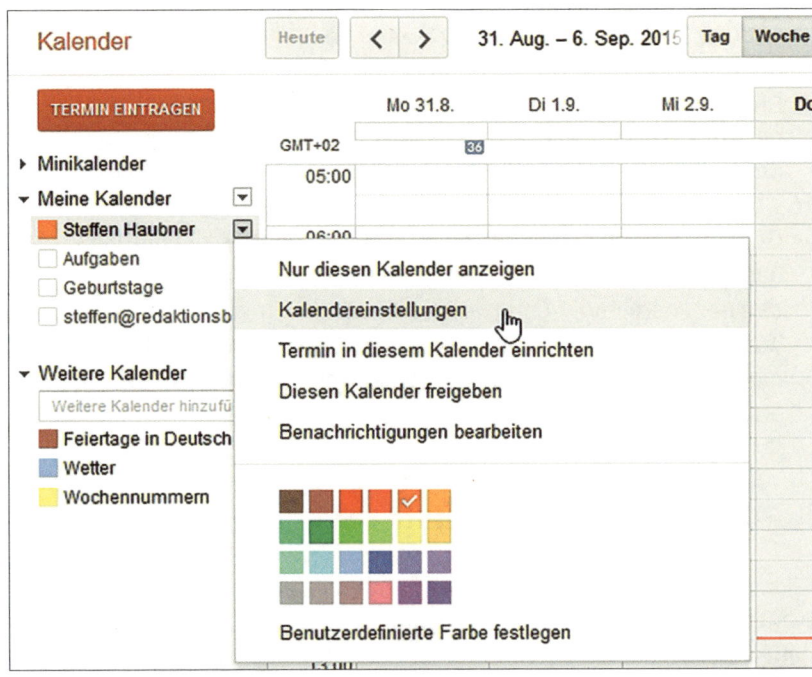

Über die Pfeilschaltfläche erreichen Sie das Ausklappmenü zum Anpassen der Kalendereinstellungen

Klicken Sie mit der rechten Maustaste auf das Eingabefeld, um den Link aus der Zwischenablage einzufügen

Tipp: Einen „Rechtsklick" führen Sie auf einem Touchscreen aus, indem Sie auf das Eingabefeld tippen, den Finger mehrere Sekunden dort halten und dann loslassen.

- Melden Sie sich jetzt bei Outlook.com an und klicken Sie in der oberen Menüleiste auf „Importieren".
- Klicken Sie links auf „Abonnieren" und fügen Sie den Link aus der Zwischenablage ein, indem Sie mit rechts auf das Adressfeld unter „Kalender-URL" klicken und im Kontextmenü „Einfügen" wählen (alternativ: STRG+V).
- Geben Sie einen beliebigen Namen wie „Google-Kalender" in das Eingabefeld direkt darunter ein, wählen Sie eine Farbe für den neuen Kalender und klicken Sie auf „Abonnieren".
- Wechseln Sie in den Windows-Kalender. Sie müssen nichts mehr tun, die Daten aus dem Google-Kalender werden nun automatisch synchronisiert.

Tipp: Outlook.com gibt es auch als App für mobile Betriebssysteme wie Android und iOS

Kontakte online verwalten

Klicken Sie auf die Schaltfläche „Kontakte", um Ihre Kontakte zu verwalten. Klicken Sie in der oberen Menüleiste auf „+ Neu", um einen neuen Kontakt anzulegen. Vergessen Sie nach der Eingabe der Daten nicht, auf „Speichern" zu klicken. Klicken Sie stattdessen auf den Pfeil rechts daneben, können Sie über das sich öffnende „Ausklappmenü" alternativ eine Gruppe von Kontakten anlegen.

Das Ausklappmenü „Verwalten" rechts daneben ist besonders hilfreich. Über die Option „Kontakte bereinigen" können Sie automatisch nach Doubletten suchen lassen. Außerdem können Sie versehentlich gelöschte Kontakte wiederherstellen oder Ihre Kontakte für die Verwendung unter Outlook (Version 2010 und später) oder andere Programme im CSV-Format herunterladen.

Neue Kontakte und andere Änderungen werden automatisch mit der Kontakte-App von Windows 10 synchronisiert, über die Sie natürlich ebenfalls neue Kontakte anlegen können.

Unter „Hinzufügen von Personen zur Kontaktliste können Sie Ihr Microsoft-Konto mit Ihrem Twitter- oder Yahoo!-Konto verknüpfen. Kontakte werden dann immer automatisch zwischen den Konten abgeglichen.

Klicken Sie auf „Import starten", um Ihre Kontakte aus Ihrem Google-Konto, anderen Diensten, älteren Outlook-Versionen oder Windows Live

Mail zu übertragen. Ist der Dienst, aus dem Sie Ihre Kontakte übertragen wollen, nicht dabei, müssen Sie die Daten dort über die „Exportieren"-Funktion als CSV-Datei auf Ihre Festplatte oder einen externen Datenträger wie etwa einen USB-Stick speichern. Klicken Sie dann unter „Kontakte importieren" auf „Andere", wählen Sie das Verzeichnis, in dem Sie die Daten gespeichert haben, und importieren Sie sie in Outlook.com.

Hinweis: Die Mail- und die Kontakte-App arbeiten direkt zusammen. Wenn Sie also ein Outlook.com- oder ein (im beruflichen Umfeld verbreitetes) Exchange-Konto hinzufügen, werden Ihre Kontakte automatisch zur Kontakte-App hinzugefügt. Bei allen anderen Konten müssen Sie wie in der Mail-App dieselben Konten zur Kontakte-App hinzufügen, um auf Ihre Kontakte zugreifen zu können.

Den Windows-Store nutzen

Apple hat damit angefangen, Google wurde damit reich. Nun hat auch Windows eine Verkaufsplattform für Apps, den „Windows-Store". Den gab es zwar schon unter Windows 8, doch nun soll das Angebot deutlich ausgebaut werden: So ziemlich alles, was es für iPhone und Android gibt, soll es bald auch für Windows geben. Obwohl Microsoft von diesem ehrgeizigen Ziel noch sehr weit entfernt ist, hat der Windows-Store schon so einiges zu bieten. Als ersten Schritt hat der Konzern die Kontrolle der bereitgestellten Inhalte verbessert. Statt Schrott und Nepp-Apps soll es nun vorwiegend Qualität geben, wozu auch ein verbessertes Bewertungssystem beitragen soll. Ausführliche Beschreibungen, auch in deutscher Sprache, und Screenshots sollen dazu beitragen, dass jeder die App findet, die er wirklich sucht.

Das App-Angebot für Windows soll erweitert und verbessert werden

Exkurs: Aus Programmen werden Apps

Wie die meisten Anwender haben Sie Software bisher wahrscheinlich bevorzugt auf CDs oder DVDs erworben. Die „digitale Distribution", das Herunterladen von Programmen und Anwendungen, hat dem gegenüber

Software
online kaufen

einige entscheidende Vorteile: Sie müssen im Laden nicht lange danach suchen, den Datenträger zu Hause in ein Laufwerk einlegen und die Anwendung installieren. Stattdessen kaufen und installieren Sie sie mit wenigen Klicks. Ein Handbuch, wie es früher in den Verkaufsboxen steckte, gibt es zwar nicht mehr. Aber das liegt auch den meisten traditionell auf Disc ausgelieferten Programmen nicht mehr bei. Stattdessen bemühen sich die Programme, selbsterklärend daherzukommen, oder Sie finden Anleitungen dazu online auf den Webseiten des Herstellers. Ob es einem nun gefällt oder nicht: Aus Programmen werden wohl auch bei Microsoft zunehmend Apps.

Einkaufen im Store

Sie finden den Windows-Store als Kachel im Start-Menü, als Symbol in der Taskleiste oder unter „Alle Apps" – je nachdem, wie Sie Ihre Benutzeroberfläche konfiguriert haben. Sie erkennen den Store an der Einkaufstasche mit dem Windows-Symbol.

Haben Sie die Kachel als Live-Kachel aktiviert, werden Ihnen darüber aktuelle Angebot unterbreitet. Das macht Ihr Start-Menü bunter, führt aber auch dazu, dass man den Store manchmal nicht findet, weil man die Kachel auch für eine Foto-App oder ähnliches halten könnte.

Die Startseite des Windows-Stores erschlägt einen mit einer Fülle an „Top-Apps", „Top-Spielen" und Werbebannern für die neuesten Anwendungen – insofern unterscheidet sie sich kaum vom „Google Play"-Store und dem „App Store" von Apple.

Wenn Sie ganz nach unten scrollen, finden Sie „Sammlungen" zu diversen Themen wie „Reise", „Lesen" oder „Sport & Freizeit". Zur ersten Orientierung ist das recht hilfreich. Klicken Sie rechts oben auf „Alle anzeigen", um eine Gesamtübersicht zu bekommen. Das gilt auch für die „App-Kategorien", die Sie über den Hyperlink oben direkt unter den großen Werbebannern erreichen.

Über das Suchfeld oben rechts können Sie bestimmte Apps, deren Namen Sie kennen oder die Ihnen empfohlen wurden, bzw. Apps nach Themenbereichen suchen. Geben Sie einfach den Suchbegriff ein, betätigen Sie die Enter-Taste oder klicken Sie auf das Lupensymbol.

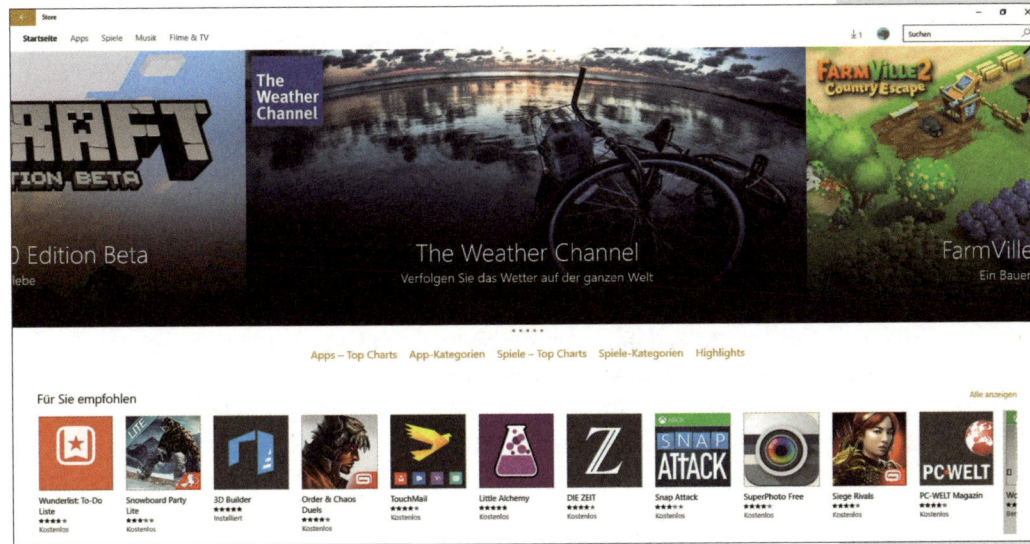

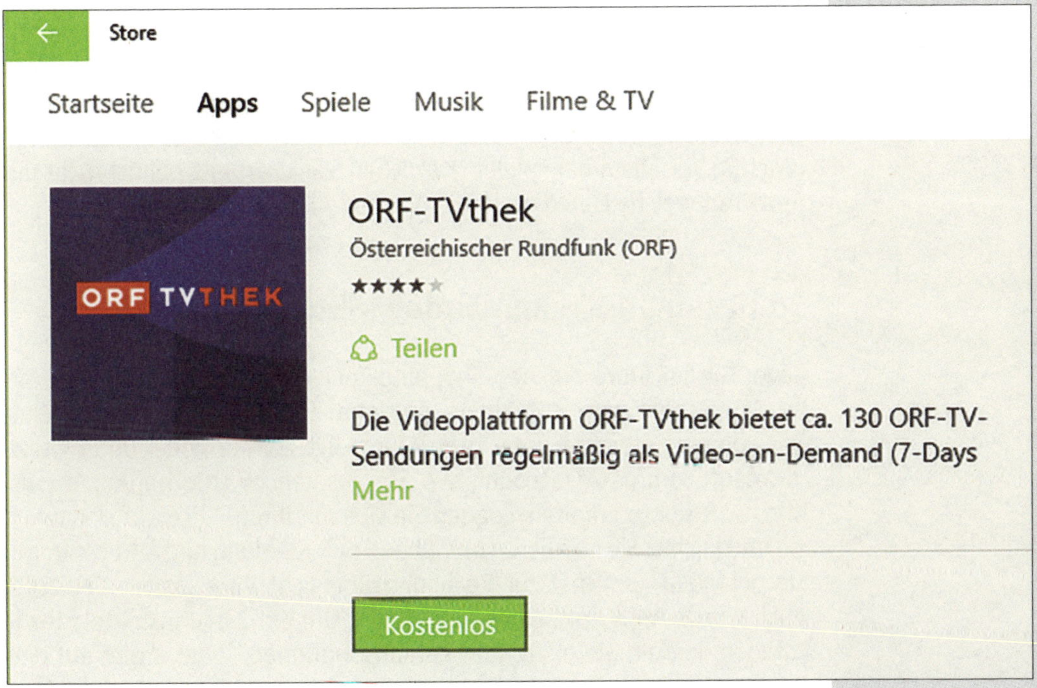

Store

Startseite **Apps** Spiele Musik Filme & TV

ORF-TVthek

Österreichischer Rundfunk (ORF)

★★★★☆

♻ Teilen

Die Videoplattform ORF-TVthek bietet ca. 130 ORF-TV-Sendungen regelmäßig als Video-on-Demand (7-Days
Mehr

Kostenlos

Wollen Sie sich eine App näher ansehen, klicken Sie einfach darauf. Nun wird Ihnen eine Übersicht mit näheren Beschreibungen angezeigt. Klicken Sie auf „Mehr", um die ganze Beschreibung anzuzeigen. Über „Teilen" können Sie die App anderen über ein soziales Netzwerk oder per Mail empfehlen. Handelt es sich um eine Gratis-App, steht direkt darunter die Schaltfläche „Kostenlos". Klicken Sie darauf wird die App heruntergeladen und automatisch installiert.

Auch Gratis-Apps sollte man vor dem Herunterladen genau unter die Lupe nehmen

Aktive oder unterbrochene Downloads werden links neben dem Suchfeld in Form eines nach unten gerichteten Pfeils angezeigt. Klicken Sie gegebenenfalls darauf, um den Download fortzusetzen. Sie können diesen Vorgang unterbrechen oder stoppen. Ist die App erfolgreich installiert, verwandelt sich die „Kostenlos"-Schaltfläche in „Öffnen". Klicken Sie darauf, um die App direkt zu starten.

Hinweis: Auch Gratis-Apps werden grundsätzlich als Kauf bezeichnet, das muss Sie also nicht weiter beunruhigen.

Wenn Sie nicht sicher sind, ob Sie die App installieren wollen, schauen Sie sich die Bewertungen anderer Nutzer an. Wenn Sie weiter nach unten scrollen, finden Sie unter „Anderen gefällt auch" alternative Anwendungen, Bildschirmfotos, Features und „Zusätzliche Information". Es lohnt sich immer, auf Letztere einen genaueren Blick zu werfen. Ist der Herausgeber vertrauenswürdig? Besteht eine Altersbeschränkung? (Wichtig vor allem bei Spielen!) Welchen Speicherplatz beansprucht die App? Auf welche Daten greift die App zu? All das erfahren Sie hier.

Profitieren Sie von den Erfahrungen anderer

So bezahlen Sie im Windows-Store

Bevor Sie im Store auf App-Shopping-Tour gehen können, müssen Sie Ihr Microsoft-Konto mit einem gültigen Zahlungsmittel verknüpfen. Das können Sie online unter https://login.live.com tun oder unter www.microsoft.com/de-AT/account, wo Sie zusätzliche Informationen zum Microsoft-Konto erhalten. Loggen Sie sich mit Ihrem Microsoft-Passwort ein und klicken Sie im oberen Menüband auf „Zahlung und Abrechnung". Sie gelangen zunächst zur Rechnungsübersicht Ihrer letzten Einkäufe. Auch Gratis-Apps erscheinen als „Kauf". Um ein Zahlungsmittel hinzuzufügen, klicken Sie oben auf „Zahlungsoptionen" oder unten auf den

Link „Zahlungsoptionen anzeigen". Klicken Sie dann auf „Zahlungs-option hinzufügen", wählen Sie die gewünschte Zahlungsart und geben Sie die dazugehörigen Daten ein. Microsoft akzeptiert Kreditkarten von MasterCard, Visa und American Express, SEPA-Lastschriften und PayPal. Beim Hinzufügen einer Zahlungsoption für den Windows-Store müssen Sie außerdem Ihre Adresse und Telefonnummer hinterlegen.

Die Zahlungsoption ist nun mit Ihrem Microsoft-Konto verknüpft, und Sie können sowohl im Windows-Store als auch im Microsoft-Store unter www.microsoftstore.com einkaufen. Dort können Sie auch andere Microsoft-Produkte wie die Bürosoftware-Suite Office, Surface-PCs (▶ Seite 30ff), Xbox-Spielkonsolen und Geschenkgutscheine kaufen.

Geschenkgutscheine und Aktionscodes einlösen

Gutscheine (Guthabenkarten) für den Windows-Store kann man im Fach-handel oder im Microsoft-Store kaufen. Klicken Sie dazu unter www.microsoftstore.com auf „Kaufen" und gehen Sie ganz rechts zum Bereich „Guthabenkarten".

Wenn Sie sich wie oben beschrieben in Ihr Microsoft-Konto eingeloggt haben und im Bereich „Zahlungsoptionen" befinden, klicken Sie auf die Schaltfläche „Microsoft-Konto". Dort wird auch Ihr derzeitiges Guthaben angezeigt. Klicken Sie dann auf den Link „Geschenkgutschein einlösen". Geben Sie nun ihren 25-stelligen Gutscheincode ein und folgen Sie den Bildschirmanweisungen. Nach erfolgter Transaktion wird der Betrag Ihrem Konto gutgeschrieben und Sie können damit im Windows-Store und im Microsoft-Store einkaufen.

Bezahlen können Sie auch ohne Angabe Ihrer Kreditkartendaten

Tipp: Es kommt vor, dass Sie bei Zahlungstransaktionen mehrfach nach Ihrem Microsoft-Passwort gefragt werden, auch wenn Sie es bereits eingegeben haben.

Die Einstellungen des Windows-Stores

Alle wichtigen Einstellungen nehmen Sie über das Menü vor, das sich hinter Ihrem Microsoft-Profilbild links neben dem Suchfeld verbirgt.

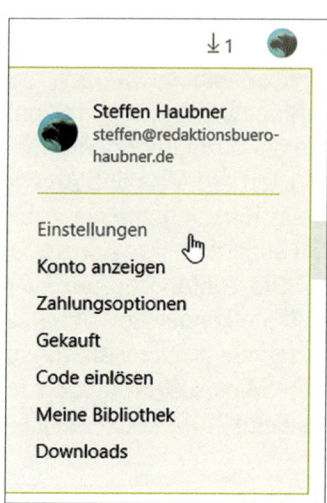

Klicken Sie dazu auf „Einstellungen".
Klicken Sie auf „Konto anzeigen",
„Zahlungsoptionen" oder „Gekauft",
um direkt zu Ihrem Microsoft-Konto
weitergeleitet zu werden, wo Sie unter
anderem Zahlungsoptionen hinzu-
fügen oder eine Übersicht Ihrer Käufe
anzeigen können. Natürlich müssen
Sie auch dazu wieder das Passwort für
Ihr Microsoft-Konto eingeben. Unter
„Meine Bibliothek" finden Sie alle
Apps, die Sie besitzen – eine Passwort-
Eingabe ist dazu nicht nötig.

Behalten Sie alle Transaktionen im Blick

Musik und Filme

Neben Apps und Spielen können Sie im Windows-Store auch Musik, Filme
und TV-Serien kaufen. Wenn Sie bestimmte Titel suchen, geben Sie sie
wie bei der Suche nach Apps in das Suchfeld oben rechts ein. Um im
Angebot zu stöbern, klicken Sie in der oberen Menüleiste auf die Kategorien „Musik" und „Filme & TV". Im Bereich Musik wird derzeit auch
ein Abonnement mit Namen „Groove Music Pass" angeboten. Nach dem
Vorbild großer Streaming-Portale wie Spotify können Sie darüber eine
Musik-Flatrate buchen und alle enthaltenen Titel auf diversen Windows-
10-Geräten abspielen. Es ist anzunehmen, dass ähnliche Angebote nach
dem Vorbild von Streaming-Diensten wie Amazon Instant Video und Net-
flix demnächst auch im Bereich „Film & TV" verfügbar sein werden.

Das Angebot an Titeln wächst stän-dig. Alle Medien lassen sich geräte-übergreifend abspielen

Continuum

Continuum nennt Microsoft die Nutzung von Funktionen über Geräte-
grenzen hinweg. Das klappt naturgemäß am besten, wenn auf allen be-
teiligten Geräten Windows 10 installiert ist. Aber auch dann, wenn Sie ein

Android-Smartphone oder -Tablet oder ein Gerät mit iOS, dem mobilen Betriebssystem von Apple, verwenden. Das funktioniert mit:

- **OneDrive.** Sie können Fotos und Videos, die Sie mit Ihrem Android-Gerät, iPhone oder iPad aufnehmen, automatisch auf Ihren PC übertragen. Laden Sie sich dazu die OneDrive-App aus Google Play bzw. iTunes herunter und installieren Sie sie. Melden Sie sich innerhalb der App mit Ihrem Microsoft-Konto an. Die Option „Kamera-App" muss aktiviert sein. Wenn Sie nun ein Foto mit Ihrem Android- oder iOS-Gerät aufnehmen, erscheint es automatisch in der „Fotos"-App unter Windows 10. Unter „Einstellungen" innerhalb der App können Sie außerdem festlegen, ob der automatische Upload auch in Mobilfunknetzen durchgeführt werden soll. Das sollten Sie nur tun, wenn Sie einen Mobilfunkvertrag haben, der das dadurch entstehende erhöhte Datenaufkommen abdeckt, da es sonst unter Umständen teuer werden kann.

Die Microsoft-Dienste als App – auch für iOS und Android

- **OneNote.** Auch hier installieren Sie einfach die App über Google Play bzw. iTunes. Damit können Sie Aufgabenlisten, Memos und alle anderen in OneNote festgehaltenen Notizen zwischen Ihren Geräten synchronisieren.
- **Word, Excel und PowerPoint.** Die Büroanwendungen der Office-Suite lassen sich ebenfalls geräteübergreifend nutzen. Sie stehen als kostenlose Apps bei Google Play und iTunes bereit. Bearbeitete Dokumente müssen Sie in OneDrive speichern, damit sie synchronisiert werden können. Die Office-Apps bieten aber nur die Grundfunktionalitäten der Programme. Um das vollständige mobile Office-Paket mit allen Funktionen nutzen zu können, müssen Sie Office 365 kostenpflichtig abonnieren, welches Sie dann auch auf Ihrem Computer nutzen können.

Office-Dokumente zentral speichern und überall nutzen

- **Outlook.** Auch das Office-Programm zur Verwaltung von E-Mails und Kalendern ist kostenlos als Android- und iOS-App verfügbar (nicht zu verwechseln mit dem Webmail-Dienst Outlook.com). Um ein neues Konto hinzuzufügen, öffnen Sie die App, nachdem Sie sie heruntergeladen und installiert haben, und wählen Sie „Einstellungen" aus. Unter „Kontoeinstellungen" klicken Sie auf „+ Konto hinzufügen" und folgen Sie den Bildschirmanweisungen. Halten Sie Ihr Passwort und gegebenenfalls weitere Zugangsdaten für das Konto bereit, das Sie hinzufügen wollen. Sie können beliebig viele Konten hinzufügen, beispielsweise auch ein Gmail-Konto. Wiederholen Sie den oben beschriebenen Vorgang für jedes Konto, das Sie hinzufügen möchten.

Skype gehört zum Microsoft-Konzern

- **Skype.** Mit Skype können Sie über das gleiche Konto, nämlich Ihr Microsoft-Konto, Telefonate und Videotelefonate führen und Nachrichten austauschen. Verbindungen zwischen Skype-Nutzern und innerhalb des WLANs sind kostenlos. Verbindungen ins Festnetz sind kostenpflichtig, aber – je nach Destination – mitunter deutlich billiger als bei klassischen Anbietern. Abonnenten von Office 365 erhalten monatlich ein Kontingent an Freiminuten für Auslandstelefonate (http://www.skype.com/de).
- **Cortana.** Die Windows-Assistentin soll sich ebenfalls bald geräteübergreifend nutzen lassen. Näheres dazu finden Sie auf den ► Seiten 72, 155 und 170.

Medien unter Windows 10

DVD und Blu-ray

Nutzer von Windows 7 Home Premium, Professional, Ultimate und Enterprise mussten sich noch keine großen Gedanken um das Abspielen Ihrer DVDs machen: Ob selbst gebrannt oder gekauft – der Windows Media Player spielte Videoformate wie MPEG4, h.264 oder das eigene WMV/VC-1-Formate anstandslos ab. Seit Windows 8 fehlt das zum Abspielen von DVDs notwendige MPEG-2-Format. Bei der Veröffentlichung von Windows versprach der Konzern, einen kostenlosen DVD-Player im Windows-Store bereitzustellen, und hat, zumindest teilweise, Wort gehalten. Der „Windows DVD-Player" ist bereits im Store verfügbar, kostet dort aber rund 15 Euro. Kostenlos erhalten ihn alle Besitzer von Windows 7 Home

Das „Media Center" ersetzen

Standard-Apps festlegen

Wie im Fall von Videodateien kann es auch bei anderen Dateiformaten notwendig sein, eine bevorzugte App zum Öffnen auszuwählen. Für gewöhnlich werden Sie beim Installieren eines Programms gefragt, welche Dateiformate Sie standardmäßig mit der neuen Anwendung öffnen möchten. Sie können aber auch später noch jederzeit Standard-Apps für bestimmte Funktionen oder Datei- und Medienformate festlegen. Gehen Sie dazu über „Einstellungen" und „System" zu „Standard-Apps". Unter „Videoplayer" können Sie nun z.B. den VLC Player auswählen. Wollen Sie einem bestimmten Programm einen Dateityp zuordnen, scrollen Sie im Bildschirm „Standard-Apps" ganz nach unten und klicken Sie auf „Standard-Apps nach Dateityp auswählen".

Premium, Professional und Ultimate sowie von Windows 8/8.1 mit Media Center. Falls Sie das Upgrade auf Windows 10 von einer Windows-Version mit Media Center durchgeführt haben, wird der Windows DVD-Player laut Microsoft automatisch über ein reguläres Update installiert.

Allerdings raten wir nach dem derzeitigen Stand der Dinge vom Kauf des DVD-Players ab. Die Nutzerrezensionen im Store sind in der Mehrheit vernichtend, außerdem gibt es genügend kostenlose Alternativen im Netz. Ein Allround-Videoplayer, der die meisten Ihrer Ansprüche an eine solche Software befriedigen dürfte, ist der VLC-Player, der auch selbst gebrannte CDs und DVDs oder Inhalte von USB-Sticks abspielt. Die deutschsprachige Version können Sie unter www.videolan.org/vlc kostenlos herunterladen.

Kostenlose Media-Player gibt es im Internet

Klicken Sie nach der Installation des VLC-Players mit der rechten Maustaste auf ein Medium und wählen Sie im Kontextmenü über „Öffnen mit" den Eintrag „VLC media player".

Alternativ klicken Sie direkt im Player oben links auf den Menü-Button und wählen Sie die Videodatei oder das Laufwerk, in das Sie Ihren Datenträger eingelegt haben, aus. Während der Wiedergabe können Sie die Abspielfunktionen über das Benutzerinterface steuern, das eingeblendet wird, sobald sie die Maus bewegen. Oder Sie klicken mit rechts irgendwo auf das Bild und steuern die Wiedergabefunktionen über das erscheinende Kontextmenü.

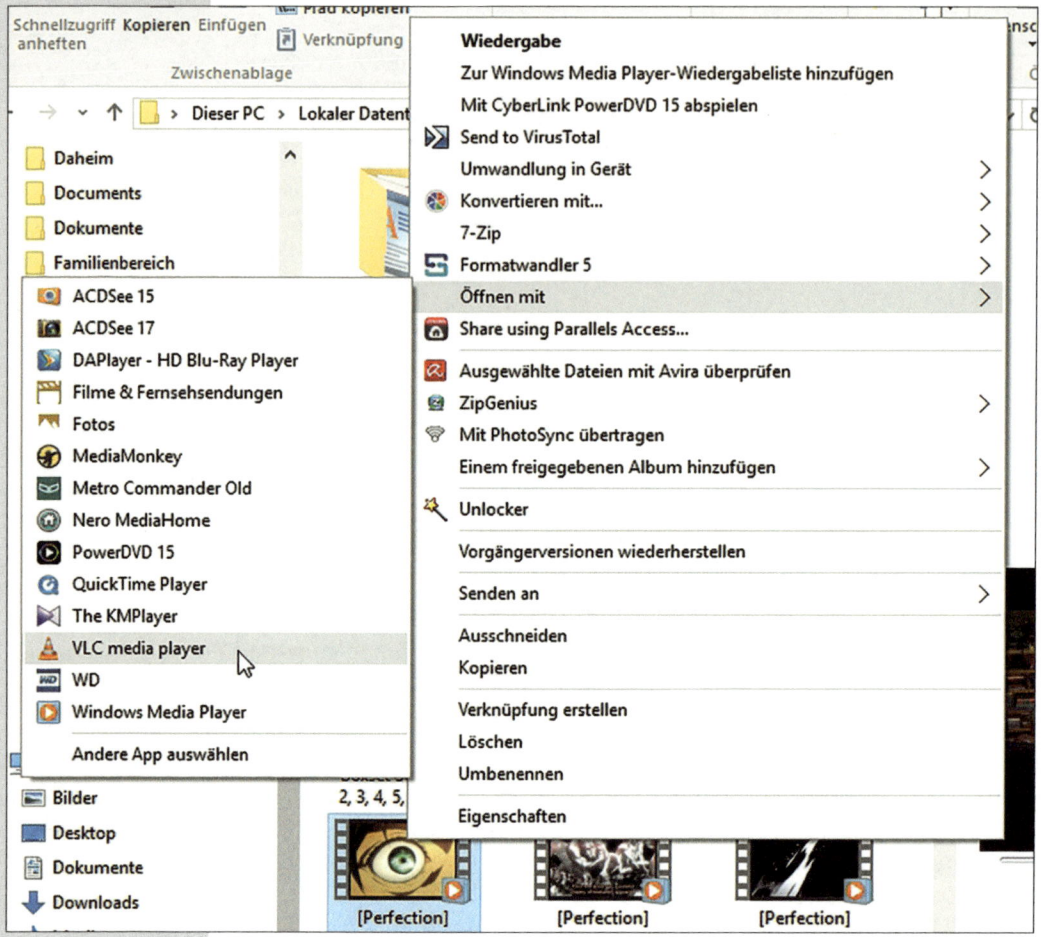

Wer auf seinem PC auch Blu-rays schauen möchte (und ein solches Lauf-werk besitzt), kommt mit dem VLC-Player leider nicht weit. Um den PC als Medienzentrale inklusive der Blaulaser-Scheiben zu nutzen, ist man auf kostenpflichtige Lösungen angewiesen. „Es gibt zwar mehrere Anbieter von BD-Software, doch wer immer die aktuellen Streifen abspielen will, kommt de facto kaum an CyberLink PowerDVD vorbei", schreibt ein renommiertes Fachmagazin. Die beiden Blu-ray-fähigen Versionen, Pro

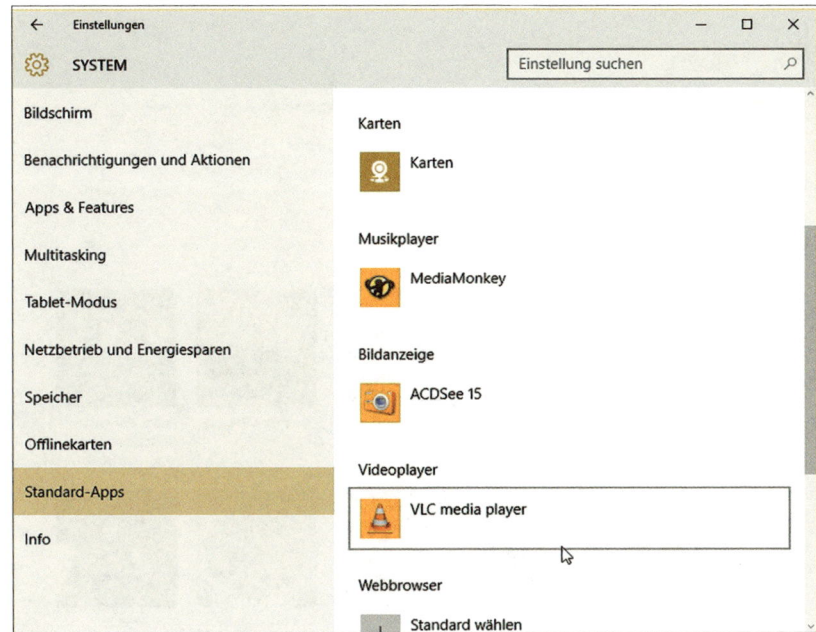

Das Menü zum
Festlegen von
Standard-Apps
(▶ Seite 109)

und Ultra, sind mit rund 70 und 85 Euro zwar recht teuer. Doch die Software arbeitet perfekt mit Windows 10 zusammen und bietet genau die Multimedia-Abspielstation für Filme, Videos, Fotos, Musik und Streaming, die man im Betriebssystem schmerzlich vermisst.

Die Musik-App

Musik-Streaming-Dienste wie Deezer oder Spotify haben die Musikbranche umgekrempelt. Mit Apple Music hat auch Microsofts Erzkonkurrent mittlerweile einen Dienst gestartet, der die Massen mit Klängen aller Art beglücken will. „Groove-Musik" ist als App-Kachel in Windows 10 vorinstalliert. Die App ist vielseitiger als man zunächst denken mag. Beim ersten Start sammelt sie schon fleißig Musikdateien ein, die sich auf der Festplatte befinden.

Mit „Groove-Musik" steigt Microsoft ins Musikgeschäft ein

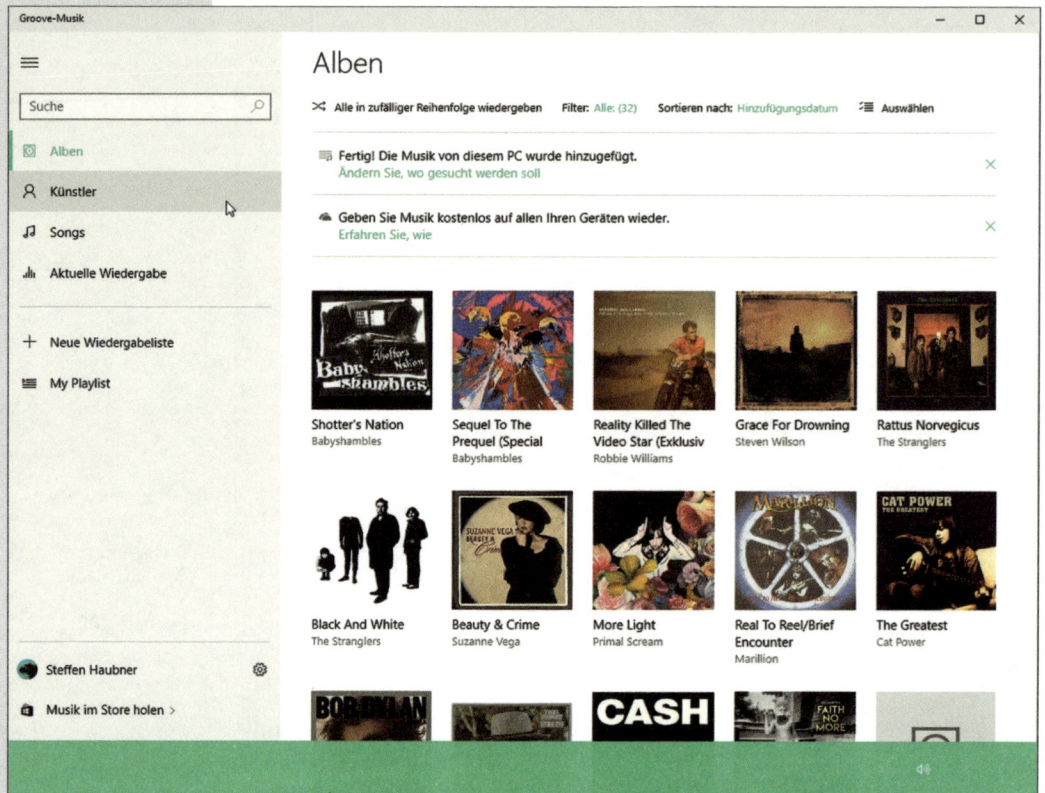

Verzeichnisse, die Groove-Musik nicht findet, können Sie selbst manuell hinzufügen. Klicken Sie dazu unten im Menü auf der linken Seite auf das Zahnrad-Symbol. Unter „Musik auf diesem PC" klicken Sie auf den Link „Legen Sie fest, wo nach Musik gesucht werden soll". In der Übersicht der bereits in Ihre Groove-Sammlung integrierten Ordner klicken Sie auf die leere Kachel mit dem + und wählen im nächsten Fenster das Laufwerk aus, auf dem Sie Musik gespeichert haben. Das kann auch eine externe Festplatte oder ein NAS-Server sein, der mit Ihrem Netzwerk verbunden ist. Klicken Sie dann unten rechts auf „Diesen Ordner zu Musik hinzufügen" und danach in der Groove-Musik-Übersicht auf „Fertig".

Wenn Sie unten im Groove-Musik-Menü auf „Musik einkaufen" klicken, gelangen Sie direkt zum Windows-Store. Ebenso gut können Sie

auch umgekehrt den Windows-Store aufrufen, Musik einkaufen und dann zur Musik-App wechseln. Sie können gezielt nach Interpreten, Alben, Songs oder Musikgenres suchen. Klicken Sie auf das Angebot Ihrer Wahl und dann auf die Schaltfläche mit dem Kaufpreis, um zur Kasse zu gehen. Sie können unten auch einzelne Songs kaufen, die meist für relativ teure 1,99 Euro zu haben sind. Danach müssen Sie zur Bestätigung nochmals Ihr Microsoft-Kennwort eingeben. Bezahlen können Sie über ein PayPal-Konto oder per Kreditkarte. Es verwundert, dass man die fälligen Beträge nicht direkt über das Microsoft-Konto abrechnen kann – aber auch das kommt vielleicht noch.

Aus Ihrer Musiksammlung können Sie auf recht einfache Weise Wiedergabelisten (engl. Playlists) zusammenstellen. Klicken Sie dazu einfach links im Menü auf „+ Neue Wiedergabeliste" und geben Sie einen Namen dafür ein. Danach können Sie von der rechten Seite per Drag & Drop Songs in die Wiedergabeliste ziehen.

Stellen Sie Ihre eigenen Wiedergabelisten zusammen

Über das Menü der Playliste und „Mehr" können Sie die ganze Playliste praktischerweise als Kachel an das Start-Menü anheften: Dann bedarf es nur noch eines Klicks oder eines Fingertipps, um jederzeit Ihre aktuellen Lieblingssongs abzuspielen.

Wenn Sie gleich das volle Programm haben wollen, können Sie auch Microsofts eigenen Streaming-Dienst abonnieren. Der heißt „Groove Music Pass" und ist ebenfalls über den Windows-Store erhältlich. Nach einer 30tägigen Testphase kostet das Abonnement 9,99 Euro pro Monat.

Der Windows Media Player

Auch der Windows Media Player ist bei Windows 10 noch mit an Bord, allerdings etwas versteckt. Sie finden ihn über das Start-Menü unter „Alle Apps".

Der große Vorteil ist, dass Sie mit dem Windows Media Player unterschiedliche Arten von Medien verwalten und abspielen können, ohne von App zu App zu wechseln. Auch hier haben Sie die Möglichkeit, externe Speicher wie NAS-Server einzubinden. Sie werden links im Verzeichnisbaum unter „Andere Medienbibliotheken" angezeigt.

Tipp: Findet sich ein Medienserver nicht im Verzeichnis, gehen Sie in der Menüleiste auf „Organisieren" und „Navigationsbereich anpassen" und wählen Sie oben im Aufklappmenü „Andere Medienbibliotheken". Dort sollte nun Ihr Medienserver aufgeführt werden. Klicken Sie ihn an, um ihn zum Verzeichnisbaum des Windows Media Player hinzuzufügen.

Eigene Medien ohne Brennsoftware erstellen

Mit dem Windows Media Player können Sie auch CDs und DVDs brennen und Mediendateien auf andere Geräte übertragen. Wechseln Sie dazu oben rechts vom Register „Wiedergabe" ins Register „Brennen" beziehungsweise „Synchronisieren". Die zu übertragenden Mediendateien können Sie in den leeren Bereich darunter per Drag & Drop hinzufügen.

Die Fotos-App

Man muss es so klar sagen: Mit einem vollwertigen Bildbearbeitungsprogramm kann die in Windows 10 vorinstallierte Fotos-App nicht mithalten.
Doch für die schnelle Verwaltung Ihrer Aufnahmen ist das schlicht gehaltene Programm perfekt, die integrierte Auto-Optimierung macht ihre Sache ausgezeichnet und verwandelt selbst fade Schnappschüsse in kleine Kunstwerke.

Beim ersten Öffnen der Fotos-App werden alle Fotos aus sämtlichen verfügbaren Quellen – Laufwerken, Verzeichnissen und Speicherkarten – zusammengetragen. Sobald Sie unten links auf „Anmelden" klicken und sich mit Ihrem Microsoft-Konto anmelden, werden auch Ihre OneDrive-Ordner hinzugefügt. Nun haben sie alle Ihre Bilddateien zentral und übersichtlich an einem Ort versammelt. Sortiert werden alle Aufnahmen nach Monat und Aufnahmedatum, über die beiden Schaltflächen an der linken Seite kann man sie wahlweise als komplette Sammlung oder in Form von Alben anzeigen lassen.

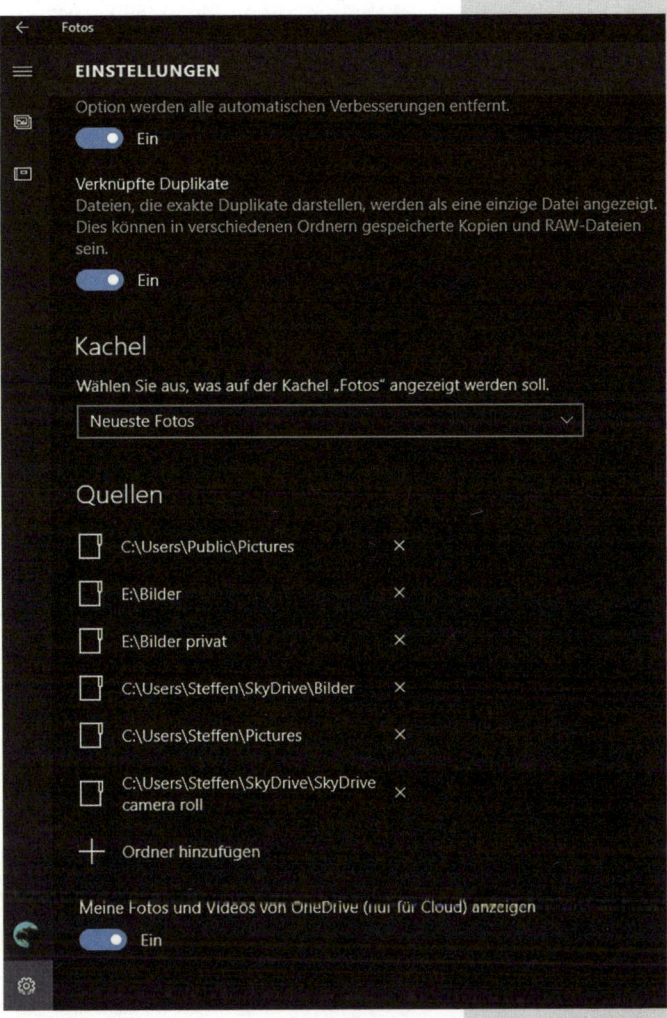

Wurde ein Ordner nicht in Ihre Sammlung integriert, können Sie ihn nachträglich hinzufügen. Klicken Sie dazu in der Sammlungsansicht (also der allgemeinen Übersicht, die beim Öffnen der App angezeigt wird) unten links unter Ihrem Profilbild auf das Zahnrad-Symbol. Sie können dort unter „Quellen" Ordner hinzufügen oder aus der Sammlung entfernen. Im gleichen Menü können Sie auch die Auto-Optimierung ganz ausschalten, wenn Sie diese Funktion stört.

Klicken Sie in der Ordneransicht auf eine Ordner-Kachel, wird der Inhalt in Form von kleinen Vorschaubildern als Übersicht angezeigt, durch die Sie per Mausrad oder Fingerstreich blättern können. Um ein Bild in der Einzelansicht anzuzeigen, genügt es, es anzuklicken oder anzutippen. Sie können auch weiterhin durch den Ordnerinhalt navigieren, ohne die Ansicht verlassen zu müssen. Alternativ können Sie in der Sammlungsansicht auf ein einzelnes Bild klicken, um die Ordneransicht zu über-

springen und direkt zur Einzelansicht zu gelangen. Über den kleinen Pfeil oben links kehren Sie jeweils zur vorigen Ansicht zurück.

In der Einzelansicht finden Sie am oberen Bildschirmrand ein kleines Menü, mit dem Sie das Bild (allerdings in recht eng gesteckten Grenzen) manuell bearbeiten können, Sie können es drehen (Pfeil-Symbol), Licht, Farbe, Kontrast anpassen sowie diverse Filter darüberlegen (Stift-Symbol), die Auto-Optimierung rückgängig machen (Zauberstab-Symbol) oder löschen (Mülltonnen-Symbol). Ganz links finden Sie außerdem die Teilen-Funktion, über die Sie das betreffende Bild anderen über Facebook, Twitter oder E-Mail zugänglich machen oder in anderen Apps öffnen können.

Die wichtigsten Optimierungsfunktionen sind vorhanden

Tipp: Beim Blättern durch den Ordner verschwindet das Bearbeitungsmenü (es würde beim Betrachten der Bilder ja auch stören). Klicken Sie einfach auf das Bild (oder tippen Sie darauf), um das Bearbeitungsmenü wieder einzublenden.

Sie können den Inhalt eines Ordners natürlich auch selbst anpassen. Scrollen Sie dazu in der Ordneransicht ganz nach unten und klicken/tippen Sie dann auf die Schaltfläche „Fotos hinzufügen oder entfernen". Nachdem Sie den Inhalt angepasst haben, klicken Sie oben auf das Stift-Symbol. Sie können nun das Titelbild des Albums austauschen und den Titel nach Belieben ändern. Entspricht das neu erstellte Album Ihren Vorstellungen, öffnen Sie eine einzelne Aufnahme des Albums und klicken Sie oben auf das Diashow-Symbol. Mit wenigen Handgriffen haben Sie innerhalb von ein paar Minuten eine komplette Diashow erstellt. Diese Funktion ist ebenso einfach wie praktisch – z.B., wenn Sie im Urlaub sind und abends auf einem Tablet-PC noch einmal die Höhepunkte des Tages zusammenfassen wollen, um sie Ihren Mitreisenden in gemütlicher Runde in der Hotelbar vorzuführen.

Stellen Sie eigene Alben zusammen und wählen Sie ein eigenes Titelbild

Achtung: Ähnlich wie bei den Bibliotheken des Datei-Explorers (siehe „Arbeiten mit Bibliotheken", ▶ Seite 140) sind diese Foto-Ordner und Diashows virtuell – die Aufnahmen verbleiben an ihrem ursprünglichen Speicherplatz. Um sie dauerhaft zu verschieben, müssen Sie mit dem Datei-Explorer (siehe „Der Datei-Explorer", ▶ Seite 132) arbeiten.

Klicken Sie in der Einzelansicht auf das „Mehr"-Symbol (drei Punkte) ganz rechts. In dem sich öffnenden Menü können Sie ganz unten nähere Informationen zur jeweiligen Aufnahme aufrufen. Dazu gehören das Aufnahmedatum, die Größe und die Abmessungen. Ganz unten

Foto als Hintergrund festlegen

Klicken Sie in der Einzelansicht auf das „Mehr"-Symbol (drei Punkte) ganz rechts. In dem sich öffnenden Menü können Sie das aktuell angezeigte Foto als Sperrbildschirm, Hintergrund oder Fotokachel festlegen, um Ihr Windows-10-Gerät zu personalisieren.

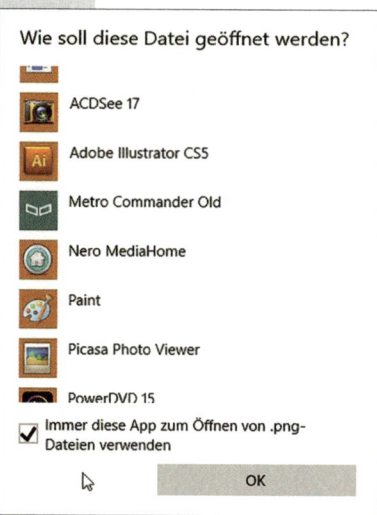

finden Sie außerdem den Dateipfad und die Quelle. Das ist hilfreich, wenn Sie sich nicht sicher sind, wo die Datei ursprünglich abgelegt worden ist. Sie finden außerdem eine Drucken-Funktion zur Ausgabe auf Ihrem Standarddrucker. Möchten Sie das Foto mit einer anderen Anwendung anzeigen, beispielsweise einem alternativen Bildbetrachter oder Bearbeitungsprogramm (siehe die nachstehende Abschnitte), können Sie dies über „Öffnen mit" tun. Wenn Sie in dem unteren Kästchen einen Haken setzen, wird der Dateityp, zu dem dieses Fotos gehört, fortan immer automatisch mit dieser Anwendung geöffnet.

Gratis-Alternativen zur Fotos-App und für die Bildbearbeitung

Wie bringt man Ordnung in Tausende von Aufnahmen, die auf der Festplatte schlummern? XnView bietet sich als Bildbetrachter und Verwaltungsprogramm alternativ zur funktional limitierten Fotos-App an und beinhaltet zusätzliche Bearbeitungsoptionen wie die Anpassung von Helligkeit und Kontrast. Für die private Nutzung ist XnView kostenlos und steht unter www.xnview.com/de/xnview zum Download bereit. Geöffnete Bilder werden wie Webseiten im Browser als Registerkarten angezeigt, was für mehr Übersicht sorgt. Die Fotos können in Kategorien eingeordnet, bewertet und mit Kennzeichnungen versehen werden,

damit man sie schnell wiederfindet. Weitere interessante Funktionen sind das Erstellen von Diashows und das Suchen von Doubletten.

Auch für eine professionelle Bildbearbeitungssoftware muss man heutzutage keine dreistelligen Beträge mehr ausgeben, mitunter gibt es sie sogar ganz umsonst. Gimp ist ein kostenloses und dennoch sehr komplexes Bildbearbeitungsprogramm, das selbst mit teurer Profi-Software wie Photoshop mithalten kann. Seinen Ursprung hat Gimp im alternativen Betriebssystem Linux, ist aber auch für Windows verfügbar. Das Programm steht auf der offiziellen Seite unter www.gimp.org unter „Downloads" bereit. Während der Installation sollte man, falls man sich für eine nutzerdefinierte Installation entscheidet, die „Full Installation" auswählen oder einen Haken bei „Translations" setzen. Dann lässt sich die Software später auf die deutsche Sprachversion umstellen. Die bei Reaktionsschluss dieses Buches aktuelle Version war Gimp 2.8. Für Einsteiger ungewohnt ist die Aufteilung der Benutzeroberfläche in mehrere Fenster. Seit neuestem kann man über die Option „Fenster" aber auch in den Einzelfenster-Modus wechseln. Bilder werden im eigenen XCF-Format gespeichert. Wer ein anderes Bildformat bevorzugt, kann über „Exportieren als" klassische Formate wie JPG oder TIFF wählen. Wer sich weiter in die Materie einarbeiten will, findet unter www.gimp-werkstatt. de zahlreiche Anleitungen, Tipps und eine umtriebige Nutzer-Community.

Nach der Installation lässt sich „Gimp" auf die deutsche Sprachversion umstellen

Exkurs: Fotoschätze bewahren

Digitale Daten sind platzsparend, einfach zu kopieren, aber leider auch schnell zerstört. Handelsüblichen Festplatten räumen Experten eine Haltbarkeit von nur etwa fünf Jahren ein. „Solid State Drives" (SSD), die mit Speicherchips und ohne bewegliche Bauteile arbeiten, bringen es auf die doppelte Lebensdauer. Dafür sind sie in der Anschaffung noch sehr teuer. Flash-Speicher, wie er auch in Speicherkarten zum Einsatz kommt, ist theoretisch sehr haltbar. Ständiges Wiederbeschreiben zerstört ihn aber nach und nach. Eine schreibgeschützte Speicherung mit WORM („Write Once Read Many", d.h. „Schreibe einmal, lies häufig") schafft Abhilfe. WORM-Medien sind aber noch kaum verbreitet. Bleibt die Archivierung auf Discs. DVDs halten – im Optimalfall und bei lichtgeschützter, trockener Lagerung – bis zu 20, Blu-ray-Discs sogar 30 Jahre. Die Blaulaser-Scheiben speichern mit 25 GByte pro Schicht auch deutlich mehr Daten. Geradezu Revolutionäres versprechen „M-Discs": Die Daten werden in eine anorganische, steinartige Schicht eingraviert und damit für rund 1.000 Jahre konserviert. M-Discs sind für rund vier Euro als DVD und 20 Euro als Blu-ray erhältlich und können von fast allen herkömmlichen Abspielgeräten gelesen werden. Zum Beschreiben benötigt man einen M-Disc-fähigen Brenner. So oder so ist es sinnvoll, die Daten mehrfach auf verschiedenen Datenträgern zu sichern und auch regelmäßig zu kontrollieren, ob noch alle lesbar sind.

Wie lange halten Ihre Datenträger?

PC vernetzen und mit dem Internet verbinden

Auffahrten zur Datenautobahn gibt es überall: Ob übers heimische WLAN-Netz, öffentliche Hotspots oder per Mobilfunkverbindung – mit den nötigen Grundkenntnissen ist man im Handumdrehen im Netz. Und richtig eingebundene Geräte sind die Voraussetzung für ein funktionierendes Netzwerk.

Verbinden mit dem Internet

Abseits der Datenautobahn geht heute nichts mehr: Ohne eine funktionierende Internetverbindung können Sie keine E-Mails abrufen, nicht auf Ihren Cloud-Speicher zugreifen, keine Treiber herunterladen und natürlich auch nicht die unerschöpfliche Informationsquelle des World Wide Web nutzen. Einer der ersten Schritte unter Windows 10 wird es deshalb sein, Ihr Gerät mit einem Netzwerk zu verbinden. Falls Sie ein Upgrade von Windows 7 oder 8.1 gemacht haben, stehen die Chancen gut, dass Sie immer noch mit dem Internet verbunden sind. Falls nicht, müssen Sie folgende Schritte durchführen, um wieder online zu gehen:

- Schließen Sie einen WLAN-Adapter an Ihr Gerät an. Dabei kann es sich beispielsweise um einen USB-Stick handeln, der sich drahtlos in ein WLAN-Netzwerk einbinden lässt. Viele PCs und Notebooks besitzen aber ohnehin eine integrierte Netzwerkkarte, die dieselbe Funktion übernimmt. Dann müssen Sie im Grunde nur darauf achten, dass die WLAN-Funktionalität bei Ihrem Gerät auch aktiviert ist. Falls Sie eine direkte Verbindung zum Router über ein Ethernet-Kabel oder ein Powerline-Netzwerk haben (die Daten werden dabei über das Stromnetz geleitet und über einen speziellen Adapter über die Steckdosen abgerufen), wird die Netzwerkverbindung automatisch hergestellt. Klicken Sie in diesem Fall unten rechts in der Taskleiste auf das Netzwerk-Symbol, um die Verbindung zu überprüfen. Besteht derzeit keine Verbindung ins Netzwerk, wird über dem Netzwerk-Symbol automatisch ein oranges Warnsignal eingeblendet.
- Unter „Start", „Einstellungen", „Geräte", „Angeschlossene Geräte" können Sie überprüfen, ob der WLAN-Adapter korrekt erkannt wurde. Windows 10 bringt eine Reihe von Gerätetreibern für gängige Marken und Produkte mit und installiert sie automatisch sobald ein Gerät erkannt wird. Erscheint stattdessen die Meldung „Treiber nicht verfügbar", müssen Sie diesen manuell installieren. Eventuell hat der Hersteller eine CD mit der notwendigen Software mitgeliefert. Falls das nicht der Fall ist, müssen Sie auf der Herstellerseite unter „Support" und „Down-

Verschlüsselte Netzwerke

WLAN-Netzwerke sind in der Regel vor unbefugtem Zugriff geschützt. In diesem Fall müssen Sie ein Kennwort eingeben, um eine Verbindung mit dem jeweiligen Netzwerk herzustellen. Die verwendeten Sicherheitsprotokolle sind WPA2, WPA und WEP. Um eine Verbindung zu einem geschlossenen Netzwerk herzustellen, müssen Sie wissen, welches dieser Sicherheitsprotokolle verwendet wird. Ihr Smartphone kann außerdem eine Verbindung zu „offenen Netzwerken", die kein Kennwort benötigen, herstellen. Solche Netzwerke finden Sie an öffentlichen Orten wie Flughäfen und bei Veranstaltungen wie Kongressen oder Messen.

loads" danach suchen. Tun Sie das bei einem Freund oder Nachbarn, falls Sie sonst keine Möglichkeit haben, ins Internet zu kommen. Falls es noch keinen Windows-10-Treiber für Ihr Gerät gibt, suchen Sie die jeweils neueste Version. Häufig läuft die Hardware auch unter Windows 10 mit einem Treiber für Windows 7 oder 8.1. Sollte auch das nicht der Fall sein, müssen Sie sich direkt an den Hersteller des Adapters wenden (Im schlimmsten Fall hilft nur ein Neukauf). Falls Sie einen geeigneten Treiber gefunden haben, laden Sie ihn auf einen externen Datenträger (z.B. einen USB-Stick) herunter, um ihn zu Hause auf Ihrem PC zu installieren.

- Sobald der WLAN-Adapter von Windows 10 korrekt erkannt wurde, erscheint er in der Liste „Angeschlossene Geräte", der Name wird automatisch angezeigt.
- Klicken Sie auf das Netzwerk-Symbol in der Taskleiste. Dort werden verfügbare Netzwerke angezeigt. Wählen Sie Ihr Netzwerk aus. Wenn Ihr WLAN-Netzwerk geschützt ist (was es auch unbedingt sein sollte), dann müssen Sie nun Ihren persönlichen Netzwerkschlüssel eingeben, der Ihnen von Ihrem Internet-Provider mitgeteilt wurde. Häufig finden Sie den Netzwerkschlüssel auch auf der Unter- oder Rückseite des Routers. **Tipp:** Falls der Netzwerkschlüssel tatsächlich auf dem Gerät angegeben ist, sollten Sie ihn im Konfigurationsmenü des Routers aus Sicherheitsgründen schnell ändern. Denn sonst kann sich jeder, der einmal Gelegenheit hatte, auf die Rückseite des Routers zu schauen, in Ihr WLAN einwählen.

Ihr persönlicher Netzwerkschlüssel gehört nicht in fremde Hände!

Router-Konfiguration

Sobald Ihr Windows PC – ob über Kabel, Powerline-Adapter oder WLAN – mit dem Router verbunden ist, können Sie auf dessen Konfigurationsmenü zugreifen. Das funktioniert über einen beliebigen Internetbrowser. Geben Sie einfach die Adresse des Routers in die Adresszeile ein. Sie sollten sie im Handbuch oder, falls nicht vorhanden, nach einer kurzen Recherche im Internet finden. Bei der bekannten FritzBox lautet sie z.B. „http://fritz.box", üblich sind sonst Zahlenkombinationen nach dem Muster „192.168.1.1". Danach müssen Sie in der Regel noch ein Gerätepasswort eingeben, das bei der ersten Einrichtung vergeben wurde. Ab Werk ist das Passwort häufig „0000" oder „admin", was Sie bei nächster Gelegenheit ebenfalls rasch ändern sollten.

> **Der Router kann über alle gängigen Internet-Browser angesteuert werden**

Sollten Sie die IP-Adresse Ihres Routers nicht kennen, lässt sie sich unter Windows recht einfach herausfinden. Dazu starten Sie die so genannte Eingabekonsole. Geben Sie in das Suchfeld der Taskleiste die Buchstabenkombination „cmd" ein. Klicken Sie mit der rechten Maustaste auf das Suchergebnis „Eingabekonsole" und wählen Sie im Kontextmenü „Als Administrator ausführen". In dem sich daraufhin öffnenden Fenster geben Sie am Ende der Befehlszeile „ipconfig" ein und drücken die Enter-Taste. In der nun angezeigten Übersicht finden Sie die IP-Adresse Ihres Routers unter „Standardgateway".

Exkurs: Router und IP-Adressen

Jedes Gerät innerhalb eines Netzwerkes verfügt über eine unverwechselbare IP-Adresse (IP steht für „Internet-Protokoll") zur Identifizierung. Sie ermöglicht die Kommunikation mit Geräten, die im gleichen Netzwerk angeschlossen sind, und den Austausch von Daten zwischen Netzwerken, also etwa zwischen Ihrem Heimnetz und dem Internet. Ihre IP-Adresse ist sozusagen die Postanschrift Ihres Netzwerkes, die aus einem Netzwerkteil und einem Geräteteil besteht. Letzterer verweist auf ein konkretes Gerät. IP-Adressen, die mit „192.168" beginnen, finden sich oft bei DSL-Routern. Sie dienen unter anderem dazu, mehreren Geräten den Zugang zum Internet über eine einzige Leitung zu ermöglichen. Der Router fungiert also als zentrales Postamt in Ihrem Netzwerk. In seinem Inneren stecken zwei Netzwerkkarten: eine für die Verbindung mit dem Internet, die andere für die Verbindung zwischen dem Router und den Geräten in Ihrem lokalen Heimnetz (also z.B. PC, Mobiltelefon, Spielekonsole). Der Router hat innerhalb des lokalen Netzwerkes eine spezielle IP-Adresse, die allen verbundenen Geräten bekannt sein muss. Wenn Sie z.B. von einem der angeschlossenen PCs Daten an den Router senden, leitet dieser sie an den Empfänger weiter. Auch dessen Antwort wird wieder über den Router an den PC weitergeleitet. Voneinander getrennte Netzwerke können die gleiche Router-Adresse verwenden, wie das bei Routern gleichen Fabrikats ja auch der Fall ist. Ihr PC hat wiederum eine eigene IP-Adresse. Wollen Sie nun ein Datenpaket von Ihrem Rechner ins Internet schicken, übernimmt der Router diese mit der ersten Netzwerkkarte und leitet sie an die zweite Netzwerkkarte weiter. Diese verfügt ebenfalls über eine eigene, weltweit nur einmal vorhandene IP-Adresse, die der Kommunikation mit anderen Geräten über das Internet dient. Diese IP-Adresse ist der Absender der von Ihnen versendeten Daten. Aus Sicherheitsgründen können Sie zwischen beiden Netzwerkkarten eine Firewall errichten, die ein- und ausgehende Datenpakete überprüft und falls nötig blockiert.

Der Router ist das Postamt Ihres Netzwerkes

Eine Firewall schützt Ihr Netzwerk

Verbindung zu Geräten im Netzwerk herstellen

Wenn Sie einen neuen Drucker oder Scanner in das Netzwerk einbinden wollen, mit dem Ihr Windows-10-PC verbunden ist, gehen Sie über „Einstellungen" und „Geräte". Unter „Drucker und Scanner" finden Sie alle Geräte, die bereits mit Ihrem PC verbunden sind. Moderne Geräte erfordern in aller Regel keinerlei Installationsaufwand, Sie müssen sie lediglich per USB-Kabel an Ihren PC anschließen und sie werden automatisch erkannt. Ist das nicht der Fall oder funktioniert das Gerät nicht richtig, fehlt Windows der richtige Treiber und Sie müssen ihn mittels der mitgelieferten CD oder dem von der Herstellerseite heruntergeladenen Treiber installieren.

Ist der Drucker oder Scanner nicht direkt mit Ihrem PC, sondern mit Ihrem Netzwerk verbunden, klicken Sie auf „Drucker oder Scanner hinzufügen" und folgen Sie den Anweisungen auf dem Bildschirm. Alternativ können Sie Geräte auch über die klassische Systemsteuerung hinzufügen. Gehen Sie dazu über „Hardware und Sound" zu „Geräte und Drucker" und wählen Sie „Gerät hinzufügen".

Hinweis: Möchten Sie einen Drucker oder Scanner mit Ihrem Router verbinden, um ihn danach mit Ihrem PC zu vernetzen, überprüfen Sie zunächst im Konfigurationsmenü Ihres Routers, ob sich neue Geräte einwählen und mit anderen Geräten im Netzwerk kommunizieren dürfen. Im Falle der FritzBox finden Sie diese Angabe unter „WLAN" und „Funknetz". Die Optionen „Alle neuen WLAN-Geräte zulassen" und „Alle angezeigten WLAN-Geräte dürfen untereinander kommunizieren" sollten aktiviert sein.

Standarddrucker festlegen

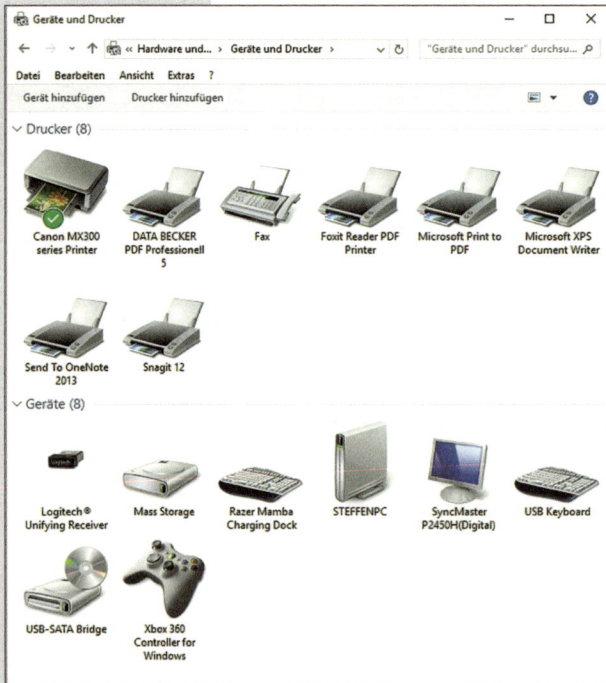

Wenn Sie in Programmen wie Word oder einem PDF-Reader auf „Drucken" klicken, wird das jeweilige Dokument in der Regel sofort auf dem Standarddrucker ausgegeben. Wenn Sie wissen möchten, welches Ihrer Geräte als Standarddrucker eingerichtet ist, gehen Sie in der Systemsteuerung auf „Hardware und Sound" und „Geräte und Drucker anzeigen". Der Standarddrucker ist mit einem grünen Häkchen-Symbol gekennzeichnet. Wollen Sie ein anderes Gerät als Standarddrucker festlegen, klicken Sie mit rechts auf dessen Symbol und wählen Sie im Kontextmenü „Als Standarddrucker festlegen".

PDFs und Screenshots erstellen

Unter „Drucker" finden Sie sicher auch einige Einträge, die zwar ein Druckersymbol zeigen, aber eigentlich gar kein Gerät darstellen. Diese „Drucker" symbolisieren Funktion von installierten Programmen, die den Druckertreiber mitbenutzen. Dabei handelt es sich unter anderem um PDF-Programme, den „Microsoft XPS Document Writer" oder „Send to One Note". Der „Ausdruck" besteht dabei aber nicht aus einem gedruckten Dokument, sondern aus einer Datei, die Sie für diverse andere Zwecke verwenden können.

Um ein Bildschirmfoto, einen so genannten Screenshot zu erstellen, genügt es, auf Ihrer Tastatur die „Drucken"-Taste zu betätigen und den so erstellten Screenshot beispielsweise über Rechtsklick in eine Word-Datei einzufügen. Die meisten Screenshot-Programme und -Editoren benutzen ebenfalls den Druckertreiber zum Erstellen von Bildschirmfotos.

Der Druckertreiber wird nicht nur zum Drucken benutzt

Druckaufträge und Druckeinstellungen verwalten

Druckaufträge werden über „Drucken" aus dem jeweiligen Programm heraus gestartet und an den Drucker gesendet. Dieser arbeitet sie nach und nach ab. Um alle derzeit laufenden Druckaufträge anzuzeigen, gehen Sie abermals in der Systemsteuerung auf „Hardware und Sound" und „Geräte und Drucker anzeigen". Klicken Sie mit rechts auf den Standarddrucker und wählen Sie ganz oben „Druckaufträge anzeigen". Zum Löschen eines Druckauftrags klicken Sie mit der rechten Maustaste auf das betreffende Dokument und wählen „Abbrechen" oder „Anhalten", um ihn vorübergehend zu stoppen und später fortzusetzen.

Druckaufträge lassen sich anzeigen, pausieren oder abbrechen

Tipp: Wenn es schneller gehen soll, beispielsweise weil eine Störung vorliegt, erreichen Sie das Drucker-Menü der Systemsteuerung auch über die Taskleiste. Dort erscheint bei laufenden Druckaufträgen ein kleines Druckersymbol. Doppelklicken Sie darauf, um direkt zu den aktuellen Druckaufträgen zu gelangen.

Auf dem gleichen Weg über das Kontextmenü gelangen Sie zu den Dialogfenstern „Druckeinstellungen" und „Druckereigenschaften". Ob-

Netzwerkdaten ermitteln

Möchten Sie technische Informationen zu Ihren aktuellen Netzwerkver-
bindungen ermitteln, gehen Sie über „Systemsteuerung", „Netzwerk und
Internet" zu „Netzwerkverbindungen". Klicken Sie danach auf „WiFi" und
„Details" in der angezeigten Dialogbox.

wohl sich beides ganz ähnlich anhört, sind doch sehr unterschiedliche
Funktionen damit verbunden. In den „Druckeinstellungen" können Sie
diverse Standardeinstellungen für Druckaufträge festlegen, beispielsweise die Papierausrichtung. In den „Druckereigenschaften" kontrollieren Sie dagegen die Druckerfreigabe im Netzwerk, die Farb- und Ener-
gieverwaltung etc.

Exkurs: Welche Verbindungsarten gibt es?

Falls Sie Windows 10 auf einem mobilen Gerät wie einem Smartphone
oder Tablet benutzen, haben Sie unterschiedliche Möglichkeiten, sich in
Netzwerke einzuwählen.

Das Internet kommt auf unterschiedlichen Wegen auf Ihr Gerät

Mobilfunkverbindungen. Diese Verbindungsart wird verwendet, wenn
Sie Anrufe tätigen oder empfangen. Auch Textnachrichten (SMS) werden
über die Mobilfunkverbindung verschickt.

Datenverbindungen. Wenn Sie im Internet surfen, E-Mails senden und
empfangen oder Apps benutzen, die Informationen mit dem Internet austauschen, sendet und empfängt das Handy Daten über eine WLAN- oder
Datenverbindung. Stehen beide Möglichkeiten zur Verfügung, verwendet
das Gerät automatisch die WLAN-Verbindung. **Tipp:** Vergewissern Sie
sich unbedingt, ob der Datentransfer außerhalb eines WLANs von Ihrem
Mobilfunkvertrag abgedeckt wird. Sonst kann es für Sie unter Umständen
teuer werden.

WLAN-Verbindungen. WLANs sind in der Regel schneller als Mobilfunk-
datenverbindungen. Wenn Sie sich in Reichweite eines Netzes befinden,

wird es in der Liste angezeigt, die Sie über das Netzwerk-Icon unten rechts in der Statusleiste öffnen können. Tippen Sie auf den gewünschten Eintrag, um das Netz auszuwählen. Wenn ein WLAN-Netzwerk, mit dem Sie schon einmal eine Verbindung hergestellt haben, in Reichweite ist, verbindet sich Ihr Windows Phone automatisch. **Tipp:** Wenn diese Benachrichtigungen nicht angezeigt werden sollen, können Sie sie in „Einstellungen", „WLAN", „Erweitert" deaktivieren.

Bluetooth-Verbindungen. Diese Verbindungsart dient zum Koppeln Ihres Mobiltelefons mit Bluetooth-Zubehör wie einem Headset oder einer Auto-Freisprecheinrichtung. Außerdem können über Bluetooth Mobiltelefone miteinander kommunizieren, um Dokumente, Kontakte, Musik und Bilder auszutauschen. Auf dem Windows Phone ist Bluetooth standardmäßig deaktiviert.

Beheben von Netzwerkproblemen

Wenn Sie trotz korrekt eingegebener Verbindungsdaten keinen Zugang zum Internet herstellen können, überprüfen Sie zunächst, ob der Netzwerkstecker (Ethernet) richtig eingesteckt ist. Auch defekte Kabel sind nicht selten die Ursache für Netzwerkprobleme. Bei drahtlos verbundenen Geräten schauen Sie, ob die WLAN-Funktion eingeschaltet ist.

Klicken Sie dann mit der rechten Maustaste auf das Netzwerksymbol in der Aktivitätsleiste und klicken dann mit links auf „Problembehandlung". Um eine eingehendere Überprüfung Ihrer Netzwerkverbindungen durchzuführen, klicken Sie abermals mit rechts auf das Netzwerksymbol in der Aktivitätsleiste und wählen dann „Netzwerk- und Freigabecenter öffnen". Unter „Netzwerkeinstellungen ändern" können Sie

- eine neue Verbindung oder ein neues Netzwerk einrichten oder
- über „Probleme beheben" Netzwerkprobleme diagnostizieren und gegebenenfalls reparieren.

Klicken Sie links auf „Adaptereinstellungen ändern", um Ihre bereits eingerichteten Netzwerkverbindungen anzuzeigen. Klicken Sie mit der rechten Maustaste auf den Netzwerkadapter, über den Sie eine Verbindung herstellen wollen, und dann im Kontextmenü auf „Diagnose", um den Adapter auf fehlerhafte Einstellungen hin zu überprüfen.

Tipp: Alternativ erreichen Sie das Netzwerk- und Freigabecenter, indem Sie im Datei-Explorer (►Seite 132ff) im Verzeichnisbaum mit rechts auf „Netzwerk" klicken und „Eigenschaften" wählen.

Arbeiten mit Dateien und Ordnern

Alle Inhalte, Dokumente und Medien auf Ihrem PC
werden als Dateien und in Ordnern organisiert.
Das Verständnis dieser Grundstruktur ist wesentlich
für die Arbeit unter Windows.

Der Datei-Explorer (Windows-Explorer)

Der Datei-Explorer, auch als „Windows-Explorer" bekannt, ist die zentrale Steuerungszentrale von Windows, wenn es um das Verwalten von Dateien und Ordnern geht. Es ist deshalb wichtig, dass Sie sich mit seiner Funktionsweise vertraut machen, damit Sie sich auf Ihrer Festplatte orientieren können und keine Daten verlieren, weil Sie sie nicht wiederfinden oder versehentlich löschen. Wir werden den Datei-Explorer oder Windows-Explorer im Folgenden der Einfachheit halber nur Explorer nennen – eine Verwechslung mit dem Internet Explorer ist ja zum Glück kaum noch zu befürchten, da dieser durch den neuen Browser Edge ersetzt wurde. Um zum Explorer zu gelangen, gibt es mehrere Wege:

- Geben Sie „Explorer" (meist reicht auch nur „ex") in das Suchfeld der Taskleiste ein und klicken Sie auf das oberste Suchergebnis, „Explorer Desktop App".
- Klicken Sie auf das kleine Explorer-Symbol (eine stilisierte Registermappe) in der Taskleiste.
- Drücken Sie die Tastenkombination „Windows + E" auf Ihrer Tastatur.

Das Rückgrat des Explorers ist der Verzeichnisbaum (dieser Teil des Explorers wird häufig auch „Navigationsbereich" genannt) auf der linken Seite. Unter Windows 10 wird Ihnen dort als Erstes der „Schnellzugriff" angezeigt. Darin erscheinen die von Ihnen häufig verwendeten Ordner und die zuletzt verwendeten Dateien – eben um Ihnen einen „Schnellzugriff" darauf zu ermöglichen. Sie können alle unter „Schnellzugriff" angezeigten Einträge ausblenden, indem Sie auf den kleinen Pfeil links davon klicken (er erscheint, wenn Sie mit dem Mauszeiger darüberfahren) und auf dieselbe Art wieder einblenden. Manche Einträge sind fest an den Schnellzugriff angeheftet. Sie erkennen Sie an dem Pin-Symbol ganz rechts. Sie können diese Einträge aus dem Schnellzugriff entfernen. Klicken Sie dazu mit der rechten Maustaste auf den Eintrag „Von Schnellzugriff lösen". Ebenso können Sie Ordner und Programme, die links im Verzeichnisbaum angezeigt werden, dem Schnellzugriff hinzufügen, indem Sie mit rechts darauf klicken und „An Schnellzugriff anheften" wählen.

Grundsätzlich ist Ihr PC folgendermaßen aufgebaut: „Dateien" nennt man alle Arten von Inhalten wie Textdokumente, Tabellen, Fotos, Videos oder Systemdateien. Sie sind wiederum auf „Ordner" verteilt, die man sich wie Schubladen vorstellen kann. „Bibliotheken" wiederum nennt Windows Gruppen bestimmter Dateitypen, z.B. Musikdateien oder Videos. Ordner, in denen Sie Ihre persönlichen Dateien organisieren, müssen Sie selbst erstellen – im Gegensatz zu System- und Programmordnern, die von Windows und installierten Programmen selbst angelegt werden und die Sie nicht verändern sollten. Ordner können beliebig viele Unterordner enthalten, ganz wie bei einer russischen Matrjoschka-Puppe. Bibliotheken dagegen legt Windows selbst an und ordnet ihnen automatisch Dateitypen zu, die in eine Bibliothek passen. Sie können aber auch selbst Bibliotheken erstellen (mehr dazu ▶ Seite 140ff). Die Ordner wiederum liegen auf „Partitionen" (auch „Laufwerke" oder „Lokale Datenträger" genannt). Das sind die Bereiche, in die Ihre Festplatte der Übersichtlichkeit halber unterteilt ist. Diesen Partitionen sind „Laufwerksbuchstaben" zugeordnet, damit man sie identifizieren kann: „C:" ist bei Windows stets die Systempartition, das heißt, das Laufwerk, auf dem Windows Installiert ist. Die anderen Partitionen („D:", „E:" und so weiter) wurden beim Einrichten Ihres PCs angelegt. Es gibt aber auch PCs, die nur mit einer „C:"-Partition eingerichtet wurden. Das ist nicht ganz ideal, weil man System- und Programmordner weniger gut von privaten Ordnern unterscheiden kann, aber grundsätzlich auch kein Beinbruch.

Die Festplatte ist in „Partitionen" unterteilt

Dieser Aufbau spiegelt sich im Verzeichnisbaum des Explorers wider. Klicken Sie einmal auf einen Eintrag (oder „Verzeichnis"), wird Ihnen auf der rechten Seite der Inhalt des Laufwerks, des Ordners oder der Bibliothek angezeigt. Klicken Sie zweimal darauf, wird der Inhalt im Verzeichnisbaum nach unten „ausgeklappt", sodass Sie den Inhalt nun auch dort sehen können. Alternativ können Sie Verzeichnisse auch mit dem Pfeil auf der linken Seite ein- oder ausklappen, der erscheint, wenn Sie mit dem Mauszeiger darüberfahren.

Herzstück des Verzeichnisbaums ist „Dieser PC" (bei Windows 8 erschien er deshalb noch an erster Stelle im Explorer). Neben den Bibliotheken-Ordnern finden Sie hier Ihre Laufwerke (Partitionen) und angeschlossenen Geräte, wie beispielsweise CD- und DVD-Brenner und externe (also per USB angeschlossene) Festplatten, die ebenfalls als „Laufwerke" angezeigt werden und folgerichtig von Windows auch einen Laufwerksbuchstaben zugeteilt bekommen.

Noch ein Stückchen weiter unten im Verzeichnisbaum folgen die Bibliotheken und der Eintrag „Netzwerk" (siehe „PC vernetzen und mit dem Internet verbinden", ▶ Seite 121ff). Außerdem sind im Verzeichnisbaum noch Cloud-Speicher wie OneDrive oder Dropbox integriert – vorausgesetzt, Sie haben sie auf Ihrem PC installiert. Eine funktionierende Internetverbindung vorausgesetzt, können Sie diese Internet-Speicher benutzen wie ein gewöhnliches Laufwerk auf Ihrer Festplatte und Inhalte dorthin oder von dort verschieben und kopieren. In diese Ordner verschobene Dateien werden synchronisiert, wenn der PC mit dem Internet verbunden ist.

Installieren Sie die vom Hersteller bereitgestellte Windows-Software, um Online-Speicher in den Verzeichnisbaum zu integrieren

Jede Partition, jeder Ordner und jedes Verzeichnis lässt sich – ob auf der linken oder auf der rechten Seite der Explorer-Anzeige – immer mit einem Doppelklick öffnen.

Sind Sie bei der Dateiebene angelangt, also bei den kleinsten Inhalten der Ordnerstruktur, zeigt der Explorer, falls möglich, eine kleine Vorschau an. Ein Doppelklick führt zum Öffnen dieser Datei in dem jeweiligen Programm, das diesem Dateityp zugeordnet ist: Doppelklicken Sie auf eine Bilddatei, wird sich ein Bildbetrachter öffnen, doppelklicken Sie auf ein Word-Dokument, wird die Textverarbeitung Word gestartet – vorausgesetzt natürlich, diese ist auch auf Ihrem PC installiert und dem Dateityp zugeordnet (siehe dazu „Standard-Apps festlegen", ▶ Seite 109). Fehlt ein geeignetes Programm oder kann Windows die Datei keinem Programm zuordnen, werden Sie automatisch gefragt, wie mit der Datei weiter verfahren und mit welchem Programm sie geöffnet werden soll.

Tipp: Bei ausführbaren Dateien führt ein Doppelklick zum Start der jeweiligen Anwendung. Sie sind meist mit dem Kürzel .exe gekennzeichnet. Sie sollten hier gut aufpassen und nur .exe-Dateien starten, von denen Sie wissen, worum es sich handelt und woher sie kommen. Denn dahinter können sich auch unbemerkt heruntergeladene Schadprogramme verbergen, die Sie im Ernstfall in Teufels Küche bringen können.

Wenn Sie die Datei mit einem bestimmten Programm öffnen wollen, klicken Sie mit rechts darauf, gehen zu „Öffnen mit" und klicken im rechts erscheinenden Fenster auf den gewünschten Eintrag. Das Kontextmenü, das sich beim Rechtsklick öffnet,

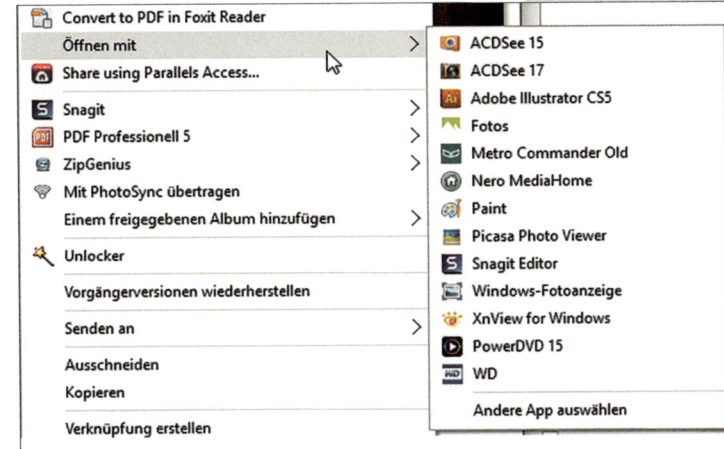

ist umso umfangreicher, je mehr Programme Sie installiert haben – denn mit der Anzahl der installierten Programme steigen natürlich auch die Möglichkeiten.

Folgende Einträge sind dagegen immer vorhanden:

- **Senden an.** Hier werden Ihnen unterschiedliche Möglichkeiten angeboten, die Datei weiterzuleiten – z.B. an einen Online-Speicher, an eine bestimmte Mail-Adresse oder ein Faxgerät. Auch hier steigen die Möglichkeiten mit der Anzahl der installierten Programme.
- **Ausschneiden.** Die Datei wird aus dem Verzeichnis entfernt und im Zwischenspeicher abgelegt. Gehen Sie dann beispielsweise in ein Word-Dokument, machen Sie einen Rechtsklick und wählen Sie „Einfügen", um die Datei einzufügen.
- **Kopieren**. Die Kopie wird ebenfalls im Zwischenspeicher abgelegt und kann an einem beliebigen Ort eingefügt werden, bleibt im Originalordner aber erhalten.
- **Löschen.** Die Datei wird in den Papierkorb verschoben.
- **Umbenennen.** Sie können einen anderen Namen für die Datei eingeben.
- **Eigenschaften.** Schauen Sie sich an, welcher Art und wie groß die Datei ist, wann sie erstellt wurde und einiges mehr.

Standard-funktionen des Kontextmenüs

Ganz ähnlich verhält es sich mit dem Kontextmenü von Ordnern und anderen Verzeichnissen: Auch hier werden Ihnen alle verfügbaren Optionen angezeigt, wenn Sie mit rechts darauf klicken. Welche genau das sind, hängt von den auf Ihrem PC installierten Programmen und der Art des Verzeichnisses ab.

Drag & Drop

Die meisten Elemente, die im Verzeichnisbaum angezeigt werden, können in vertikale Richtung (von Verzeichnis zu Verzeichnis) oder horizontale Richtung (von der linken in die rechte Spalte oder umgekehrt) verschoben werden. Klicken Sie z.B. einen Ordner, der sich auf Laufwerk E: befindet, in der rechten Spalte an, halten Sie die linke Maustaste gedrückt, ziehen Sie ihn in die linke Spalte auf Laufwerk H: (z.B. eine externe Festplatte) und lassen Sie die Maustaste los. Das so genannte „Drag & Drop" (deutsch: Ziehen & Fallenlassen) ist ein bequemer Weg, um Inhalte zu verschieben. Leider aber auch ein ziemlich tückischer. Denn es passiert sehr schnell, dass man mit dem Finger von der Maustaste rutscht und einen Ordner irgendwo über dem Verzeichnisbaum fallen lässt. Ihn danach wiederzufinden, stellt sich nicht selten als recht schwierig heraus. Wenn man versehentlich einen Programmordner verschiebt, kann das zudem die Folge haben, dass das betreffende Programm hinterher nicht mehr funktioniert. Sie sollten diese Methode also mit der entsprechenden Vorsicht anwenden oder stattdessen das Menüband des Explorers benutzen, das Sie im folgenden Abschnitt besser kennen lernen.

Praktisch, aber mit Vorsicht zu genießen

Irrtum rückgängig machen

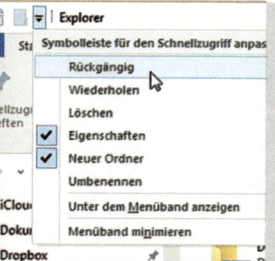

Eine Chance, einen am Computer begangenen Irrtum unmittelbar rückgängig zu machen, gibt es, indem Sie nämlich die Tastenkombination „Strg + Z" drücken. Zudem bieten viele Programme über das Menü oder die Symbolleiste eine „Rückgängig"-Option an. Im Explorer können Sie das entsprechende Symbol (einen blauen, seine Richtung ändernden Pfeil) dauerhaft einblenden, indem Sie ganz oben links auf das schwarze, nach unten weisende Dreieck klicken und danach den Menüeintrag „Rückgängig" markieren.

Navigieren mit dem Menüband

Das Menüband wurde von Microsoft erstmals in Office 2007 verwendet, auch Windows-8-Nutzer kennen es. Alle Funktionen sind auf die Register-karten „Datei", „Start", „Freigeben", „Ansicht" und „Verwalten" (er-scheint nur, wenn Sie im Verzeichnisbaum ein Laufwerk markiert haben) verteilt.

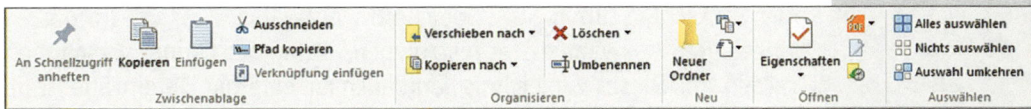

„Datei" können wir an dieser Stelle vernachlässigen. Interessant sind hier allenfalls die „Ordneroptionen" unter „Optionen". Unter „Allgemein" können Sie beispielsweise festlegen, dass die zuletzt benutzten Dateien nicht im Schnellzugriff angezeigt werden – z.B., wenn Sie den PC mit anderen gemeinsam benutzen und der Ansicht sind, dass es niemanden etwas angeht, mit welchem Ordner Sie zuletzt gearbeitet haben. Unter „Ansicht" können Sie Ordner und Dateien, die Windows standardmäßig aus Sicherheitsgründen versteckt, sichtbar machen. Das sollten Sie aber nur tun, wenn Sie sich zu den versierteren Nutzern zählen. An Letztere wenden sich auch die „Eingabeaufforderung" (► Seite 79f) und „Win-dows PowerShell" im Datei-Menü.

Das Menüband wird auch mit dem englischen Begriff „Ribbon" bezeichnet

Die anderen Registerkarten sind da schon wesentlich interessanter. Die darin enthaltenen Funktionen beziehen sich immer auf das Ver-zeichnis, den Ordner oder die Datei, die im Verzeichnisbaum gerade mar-kiert und blau unterlegt sind.

„Start" enthält alle Funktionen rund um Ordner und Dateien: Kopieren, Löschen, Verschieben, neue Ordner erstellen, Dateien umbenennen und Eigenschaften anzeigen. Es sind immer nur die Funktionen anwählbar, die aktuell für diesen Verzeichnis-, Ordner- oder Dateityp verfügbar sind, die anderen sind ausgegraut. Klicken Sie beispielsweise auf ein Laufwerk oder einen Ordner, dann auf „Start" und „Neuer Ordner", um einen neuen Ordner auf dem markierten Laufwerk oder einen Unterordner in dem markierten Ordner anzulegen.

Wichtig für Ihre Arbeit mit Dateien und Ordnern sind vor allem die Punkte unter „Organisieren".

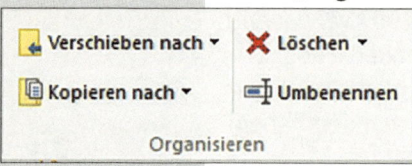

Sie können einzelne Dateien oder ganze Ordner löschen, kopieren oder verschieben. Markieren Sie z.B. einen Ordner, indem Sie ihn anklicken und gehen Sie auf Start und „Verschieben nach". In dem nun angezeigten Ausklappmenü erscheinen mögliche, von Ihnen zuletzt genutzte Speicherorte. Wählen Sie einen davon aus oder klicken Sie unten auf „Speicherort auswählen…", um im darauf angezeigten Auswahlfenster festzulegen, wohin der Ordner verschoben werden soll. Dieses Verzeichnis kann auch ein externer Datenträger sein, etwa ein USB-Stick oder ein Cloud-Speicher, falls diese im Verzeichnisbaum aufgeführt werden. Wollen Sie, dass der Ordner zusätzlich im ursprünglichen Verzeichnis erhalten bleibt, dann wählen Sie stattdessen „Kopieren nach".

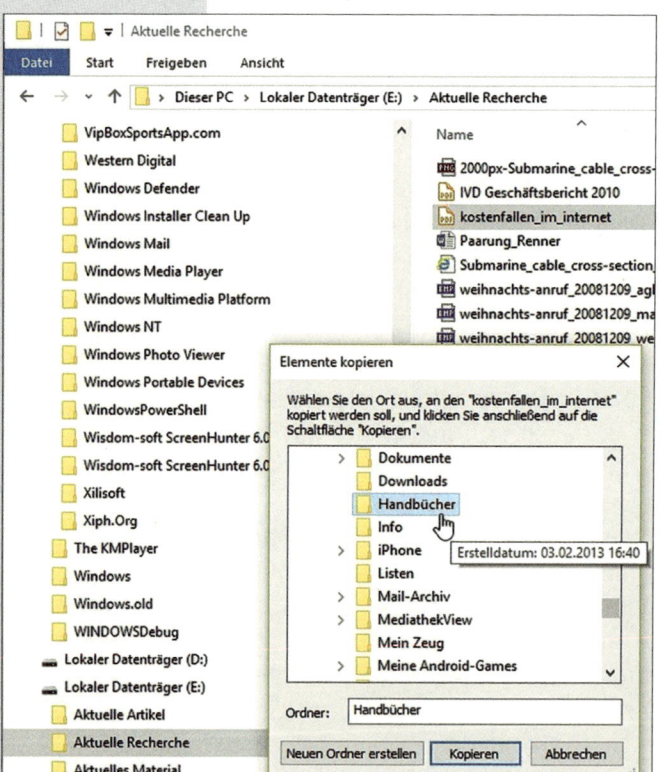

Die Registerkarte „Freigabe" kommt zum Einsatz, wenn Sie Dateien oder Ordner mit anderen teilen wollen. Hier gibt es Funktionsbuttons für die Freigabe von Daten innerhalb des Netzwerkes, zum Versand via E-Mail oder zum Brennen auf CD oder DVD. Dokumente können Sie darüber direkt ausdrucken, wenn Ihr PC mit einem Drucker verbunden ist.

Über „Ansicht" können Sie das Erscheinungsbild des Explorers bestimmen. Sie können die Größe der Symbole ändern oder die Kriterien anpassen, nach denen Inhalte sortiert werden. Experimentieren Sie ruhig etwas damit, denn jede Einstellung lässt sich wieder rückgängig machen.

Tipp: Das Menüband ist eine praktische Sache, wenn es Sie aber dennoch stört, können Sie es einfach ausblenden. Klicken Sie in der oberen rechten Ecke neben dem Fragezeichen auf den Umschaltpfeil oder drücken Sie die Tastenkombination „Strg + F1". Klicken Sie bei verborgenem Menüband auf einen Reiter, wird es temporär eingeblendet.

Alternative FreeCommander

Die kostenlose Alternative zum Datei-Explorer heißt Free Commander. Beim Explorer muss man die Suchoptionen immer erst umständlich im Menü anpassen. Der Free Commander öffnet nach dem Start der Suche ein Dialogfenster, in dem Sie genau spezifizieren können, wonach Sie wo suchen möchten. Während der Windows Explorer für eine Volltextsuche (also nach einzelnen Stichwörtern in den Dokumenten) Ewigkeiten

Dateiverwaltung ohne Windows-Explorer

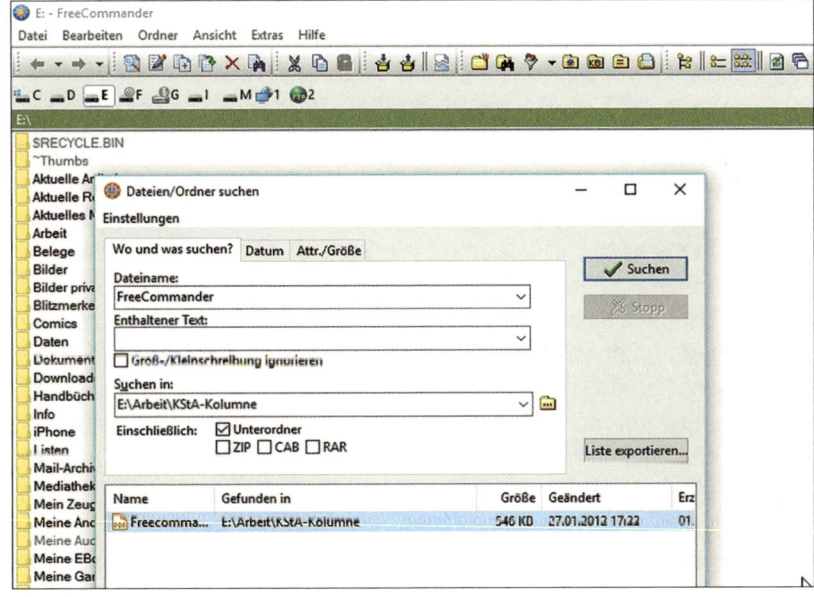

braucht, erledigt das der Free Commander in wenigen Sekunden. Es klingt paradox, aber im Gegensatz zu Windows geizt der Free Commander nicht mit Fenstern. Beim Verschieben von Ordnern oder dem Vergleichen ihrer Inhalte ist es praktisch, Quell- und Zielverzeichnis nebeneinander zu haben und die Ordner blitzschnell wechseln zu können. Sehr zeitgemäß sieht die Benutzeroberfläche des Free Commanders allerdings nicht aus. Manchen Nutzer schreckt er mit seiner überfrachteten Symbolleiste erst einmal ab. Das liegt an der Fülle von Möglichkeiten, von der Ermittlung von Verzeichnisgrößen bis hin zum Komprimieren, Entpacken und endgültigen Löschen von Dateien. Wer die Übersicht über seine Festplatteninhalte zu verlieren droht (wenn er sie denn überhaupt jemals hatte), wird aber bald nicht mehr darauf verzichten wollen. Download unter http://freecommander.com/de/downloads-2 (Vorsicht! Nicht auf die groß eingeblendete Werbung klicken, sondern auf den in der kleinsten Schrift gehaltenen Link zur Zip-Datei – wahlweise mit oder ohne inkludierte Hilfe-Datei. Die 64-bit-Version gibt es derzeit nur gegen Spende, aber auch die 32-bit-Version läuft problemlos unter Windows 10).

Komprimieren von Ordnern schafft Platz auf der Festplatte

Arbeiten mit Bibliotheken

Die mit Windows 7 eingeführten „Bibliotheken" fristen meist ein Schattendasein. Dabei ist dieses Werkzeug ein sehr brauchbares Mittel, dem Wust an Daten und Dateien beizukommen, die sich im Laufe der Zeit auf einem Rechner ansammeln. Die meisten Nutzer haben heute nicht nur eine in mehrere Partitionen (also etwa C, D, E) unterteilte Festplatte. Meist kommen auch noch externe Datenträger oder andere PCs innerhalb eines Netzwerkes hinzu. Da wird es immer schwieriger, die Informationen zu finden, die man gerade braucht. Manch einer behilft sich damit, alle aktuell benötigten Dateien in Ordnern auf dem Desktop abzulegen – bis dann irgendwann nichts mehr geht. Hier wird der Begriff „Schreibtisch" allzu wörtlich genommen. In Bibliotheken sammelt man Dokumente, Ordner, Fotos und andere Inhalte unter einem gemeinsamen Namen, um sie so jederzeit schnell wiederzufinden. Die Originaldateien bleiben dabei an ihren unterschiedlichen Speicherorten. Die sie zusammenfassende

Dokumente, Dateien und Fotos immer griffbereit

Bibliothek ist im Grunde ein virtueller Ordner. Alle Inhalte können also in mehreren Bibliotheken zugleich enthalten sein, ohne dass Sie sie kopieren oder unterschiedliche Versionen miteinander abgleichen müssen. Denn Veränderungen, die Sie in der Bibliothek an einer Datei vornehmen, wirken sich auch auf die Originaldatei aus. Sie ersparen sich also das mühsame Suchen und Hin- und Herschieben und können projektbezogen mit Ihren Inhalten arbeiten. Außerdem lassen sich über diverse Speichermedien verstreute Dateien so intelligent organisieren.

Standardbibliotheken

Windows 7 und Windows 8 bringen jeweils vier Standardbibliotheken mit: Dokumente, Musik, Bilder und Videos. Sie finden sie in der linken Spalte im Windows-Explorer. Bibliotheken funktionieren genau wie gewöhnliche Verzeichnisse. Mit einem Rechtsklick auf die Bibliothek können Sie neue Ordner anlegen. Neue Inhalte fügen Sie hinzu, indem Sie sie auf den Eintrag im Windows Explorers ziehen. Oder Sie klicken mit rechts auf die Bibliothek und wählen im Kontextmenü „Eigenschaften". Auf diesem Weg können Sie einzelne Dateien oder ganze Ordner hinzufügen. Über „Freigeben für" lassen sich Bibliotheken für andere Nutzer des gleichen oder eines anderen PCs in einer Heimnetzgruppe freigeben, wenn man gemeinsam an Projekten arbeiten will. Bibliotheken machen auch das Öffnen und Sichern von Dateien merklich einfacher, weil Sie sich keinen

Bibliotheken für andere Nutzer freigeben

Dateinamenerweiterungen einblenden

Dateinamen verraten einiges über die Dateien, die sie tragen. So lässt sich über die Endung feststellen, ob es sich um ein PDF (.pdf), ein Textdokument (.doc), ein Foto (.jpg) oder eine ausführbare Datei (.exe) handelt. Damit tragen vollständig angezeigte Dateinamen dazu bei, dass man sich selbst schützen kann, indem man verdächtig aussehenden Dateien mit Misstrauen begegnet. Seit Windows 8 können Sie sich die vollständigen Dateinamen wesentlich einfacher anzeigen lassen. Klicken Sie dazu im Menüband des Explorers auf „Ansicht" und setzen Sie im Abschnitt „Ein-/ausblenden" ein Häkchen vor „Dateinamenerweiterungen".

Pfad innerhalb einer komplexen Ordnerstruktur mehr merken müssen. Um von einer Bibliothek direkt zur Originaldatei zu gelangen, klicken Sie einfach mit rechts darauf und danach auf „Ordnerpfad öffnen" bzw. „Dateipfad öffnen". Zugegeben: Das Ganze erfordert eine gewisse Eingewöhnung. Sie werden aber sehr schnell merken, dass Sie sich das Leben so sehr viel leichter machen – leichter jedenfalls, als alle Arbeitsprojekte auf dem Desktop anzuhäufen.

Windows 10 online

Mehr und mehr Funktionen des Betriebssystems werden
ins Internet ausgelagert. Dateien online speichern und
verwalten, mit dem neuen Edge-Browser surfen und Online-
Dienste nutzen – in diesem Kapitel erfahren Sie, wie es geht.

Live.com

Wenn Sie Windows 10 mit einem Microsoft-Konto nutzen (siehe „Mit oder ohne Microsoft-Konto?", ▶ Seite 42f), ist die Webadresse https://login.live.com Ihre zentrale Anlaufstelle im Internet. Sie haben dort Zugriff auf alle von Ihnen genutzten Microsoft-Dienste unter Windows wie Outlook, OneNote sowie Kalender und Kontakte. Von dort haben Sie auch Zugang zu den Online-Versionen der Office-Programme Word, Excel und PowerPoint. Außerdem können Sie direkt auf Ihren OneDrive-Speicher zugreifen und Ihre Dateien verwalten – sehr praktisch, wenn Sie unterwegs sind und bestimmte Dokumente brauchen. Die Zeiten, in denen man seine Fotos und Unterlagen auf einem USB-Stick umhertragen musste, sind endgültig vorbei.

Melden Sie sich zunächst unter https://login.live.com an. Als erstes gelangen Sie ins Postfach Ihres Outlook-Mail-Kontos. Klicken Sie oben in der linken Ecke auf das Menü-Symbol, um zu anderen Diensten zu wechseln.

Klicken Sie auf Ihr Profilbild ganz rechts auf der anderen Seite und dann auf „Kontoeinstellungen". Hier können Sie sämtliche Einstellungen für Ihr Microsoft-Konto anpassen, wie Dienste und Abonnements verwalten, Ihre Abrechnungen einsehen, Zahlungsoptionen bearbeiten und eine Übersicht Ihrer Windows-Geräte abrufen.

Tipp: Für mobile Geräte nützlich ist die Option „Mein Handy finden" unter „Geräte". Wenn Sie diese Funktion einrichten, können Sie Ihr Mobilgerät orten, wenn es einmal verloren gegangen ist.

OneDrive

Als eine wichtige künftige Einnahmequelle sieht Microsoft seinen Cloud-Speicher OneDrive, der früher unter dem Namen SkyDrive angeboten wurde. Aus diesem Grund wurde der Dienst in den vergangenen Jahren kontinuierlich ausgebaut. In Windows 10 ist OneDrive-Ordner bereits vorinstalliert. Sie finden ihn im Datei-Explorer in Form eines eigenen Laufwerks im Verzeichnisbaum auf der linken Seite. Sie können Dateien und Ordner wie im Kapitel „Arbeiten mit Dateien und Ordnern" beschrieben (▶ Seite 131), einfach in diesen Ordner ziehen, kopieren oder verschieben, und Sie können den Speicher als Ablage für Ihre Daten oder als Sicherungsort für die wichtigsten Dokumente nutzen.

Ist der PC mit dem Internet verbunden, werden die von Ihnen bestimmten Inhalte automatisch synchronisiert. Ihre Daten werden also parallel zur lokalen Speicherung auf der Festplatte in der Cloud abgelegt und Sie können sie bei Bedarf online abrufen, z.B., wenn Sie gerade keinen Zugriff auf Ihren PC haben. Wenn Sie OneDrive zum ersten Mal auf Ihrem PC starten, werden Sie aufgefordert, OneDrive einzurichten. Standardmäßig sind bei OneDrive folgende Einstellungen aktiviert:

- Fotos, die Sie mit Ihrem Windows-10-Gerät aufnehmen (sofern es über eine Kamera verfügt), werden im Ordner mit den eigenen Aufnahmen gespeichert. Eine Kopie des Fotos mit niedrigerer Auflösung wird automatisch auf OneDrive abgelegt.
- Beim Speichern von Dokumenten wird OneDrive als Standardspeicherort ausgewählt. Sie können jedoch jederzeit auch einen anderen Speicherort für ein Dokument auswählen.
- Windows 10 speichert automatisch eine Sicherungskopie Ihrer PC-Einstellungen auf OneDrive. Falls Ihr PC verloren geht oder irreparabel beschädigt ist, können Sie Ihre Einstellungen also einfach auf einen neuen PC übertragen.

Standard-Einstellungen von OneDrive

Voraussetzung für die Nutzung von OneDrive ist wie so oft ein Microsoft-Konto. Sie müssen mit einem Microsoft-Konto angemeldet sein, um den Online-Speicher zu konfigurieren und zu nutzen.

Speicher und Preise

15 Gigabtye Speicherplatz bekommt jeder Nutzer kostenlos. Wenn Sie die Sicherung eigener Aufnahmen aktivieren, um beispielsweise mit Ihrem Smartphone geschossene Fotos direkt in die Cloud hochzuladen, erhalten Sie weitere 15 GB. Für jede erfolgreiche Empfehlung von OneDrive an einen Freund gibt es weitere 5 GB dazu. Sie können auch Speicherplatz hinzukaufen. 100 GB gibt es für 1,99 Euro, 200 GB für 3,99 Euro im Monat. Haben Sie Office 365 abonniert, bekommen Sie für 7 Euro im Monat gleich ein ganzes Terabyte (= 1.000 GB) Speicherplatz dazu.

Tipp: Sie können Dokumente aus der Cloud auch mit anderen Geräten synchronisieren. Zu diesem Zweck bietet Microsoft Apps für Android, iOS, Windows Phone, Windows 10 for Mobile und sogar für Mac OS X an. Sie können mit OneDrive also nicht nur Ihren Windows-PC auf dem Laufenden halten, sondern auch viele andere Geräte, die Sie einsetzen.

Status online überprüfen

Überprüfen Sie zunächst, wie viel Speicherplatz Ihnen derzeit zur Verfügung steht. Melden Sie sich dazu unter https://login.live.com an. Über „Dienste und Abonnements" gelangen Sie zu einer Liste, die zumindest Ihren OneDrive umfasst. Unter „OneDrive-Einstellungen" erfahren Sie Näheres über den verfügbaren kostenlosen Speicherplatz sowie die Möglichkeiten, zusätzlichen Speicher zu erwerben.

Mit mehreren Geräten auf One-Drive zugreifen

Auf der OneDrive-Webseite sehen Sie außerdem, welche Ihrer Geräte Zugriff auf den OneDrive-Speicher haben. Geräte, die Sie nicht mehr benötigen, sollten Sie entfernen. Insbesondere Geräte, die Sie an andere weitergegeben haben, sollten Sie hier unbedingt löschen, damit keine Unbefugten Zugriff auf Ihre persönlichen Daten erhalten. Klicken Sie den PC oder das mobile Gerät an, das Sie löschen wollen, und wählen danach die Option „xy entfernen". Über die Einstellungen (das Zahnrad-Symbol oben rechts) und „Optionen" sehen Sie die bereits angelegten Gerätesicherungen. Entfernen Sie alle nicht mehr benötigten PCs und deren Sicherung, indem Sie auf „Löschen" klicken.

Datensicherheit in der Cloud

Mit der Auslagerung persönlicher Dokumente in die Internet-Cloud stellt sich auch die Frage nach der Datensicherheit. Microsofts Server stehen vor allem im irischen Dublin, wo sie europäischer Gerichtsbarkeit unterliegen, leider aber auch auf Servern in den USA. Spätestens seit der NSA-Affäre weiß man, was amerikanische Behörden vom Datenschutz halten: gar nichts. Inwieweit Microsoft ihnen Zugriff auf die Online-Speicher seiner Nutzer gewährt, weiß niemand genau. Offenkundig ist allerdings, dass der Konzern selbst alle Inhalte auf strafrechtlich relevantes Material scannt. Dies geschieht über einen Algorithmus: Vermutlich schaut also kein Mitarbeiter aus Fleisch und Blut auf Ihre Inhalte, sondern eine Spezialsoftware. Die hat es vor allem auf nackte Haut abgesehen. So berichten Nutzer immer wieder über Abmahnungen, die sie wegen vermeintlicher Kinderpornographie bekommen haben – auch wenn es sich in Wirklichkeit um (zumindest aus europäischer Sicht) harmlose Aufnahmen der eigenen Kinder am Strand handelte. Eine Gegenmaßnahme gegen jede Art von Schnüffelei ist die Verschlüsselung von Online-Speichern, die wir auf ► Seite 153 erklären.

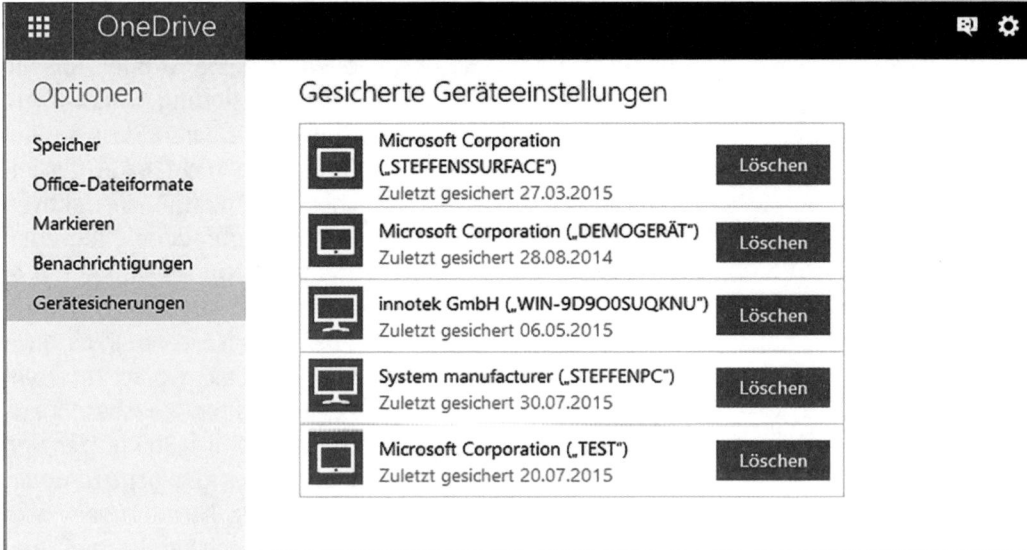

Gesicherte Geräte
unter OneDrive

OneDrive einrichten

1. Den ersten Zugang zu OneDrive stellen Sie über den Verzeichnisbaum (Navigationsbereich) des Explorers her. Standardmäßig finden Sie dort

das OneDrive-Symbol. Sobald Sie das erste Mal darauf klicken, erscheint der Einrichtungs-Assistent (falls Sie die Einrichtung nicht schon bei der Installation von Windows 10 durchgeführt haben). Unter Umständen müssen Sie sich zur Einrichtung der Synchronisierung noch einmal mit Ihrem Microsoft-Konto anmelden. Verwenden Sie dafür am besten das Konto, mit dem Sie sich auch bei Windows 10 anmelden.

2. Nun können Sie das Verzeichnis auswählen, das Sie für die lokale Speicherung benutzen wollen. Standardmäßig verwendet der Assistent das Verzeichnis „OneDrive" im Benutzerprofil, also C:\Users\<Benutzername>.

3. Anschließend legen Sie fest, welche OneDrive-Inhalte Sie mit dem lokalen Rechner synchronisieren wollen. Sie können den kompletten Cloudspeicher synchronisieren oder einzelne Ordner für die Synchronisierung auswählen. Denken Sie daran, dass Sie auf Daten, die nicht lokal gespeichert sind, nur mit einer aktiven Internetverbindung zugreifen können, denn sie sind ja nur in der Cloud abgelegt. Andererseits sollten Sie natürlich auch mit dem Speicherplatz auf Ihrem PC haushalten – insbesondere, wenn Sie Office 365 nutzen und Ihnen damit die nicht zu unterschätzende Menge von einem Terabyte Speicherplatz auf OneDrive zur Verfügung steht.

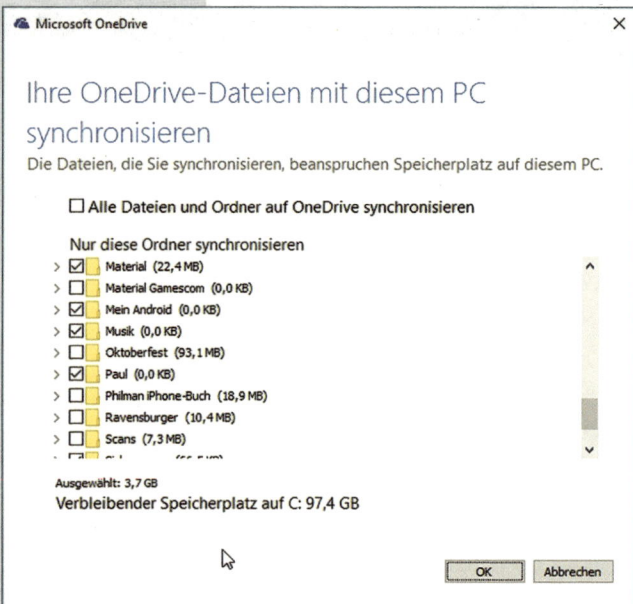

Gefahr der Überfüllung

Wie auf ▶ Seite 133 erläutert, benutzt Windows das Laufwerk C: als Systempartition (= Bereich der Festplatte, auf dem Windows installiert ist). Das ist
im Grunde kein Problem, allerdings kann es dazu kommen, wenn Sie zu
viele Daten im OneDrive-Ordner ablegen und Windows nicht mehr genug
Platz für seine Arbeit hat. Das gilt insbesondere dann, wenn Windows,
wie das mittlerweile bei vielen Komplettsystemen der Fall ist, auf einer
SSD-Festplatte installiert ist. Denn hier ist der Speicherplatz in aller Regel
sehr begrenzt. Es empfiehlt sich also, ein anderes lokales Laufwerk für die
Synchronisierung zu verwenden. Das gilt selbstverständlich nur dann, wenn
Ihre Festplatte mehr als nur eine Partition aufweist.

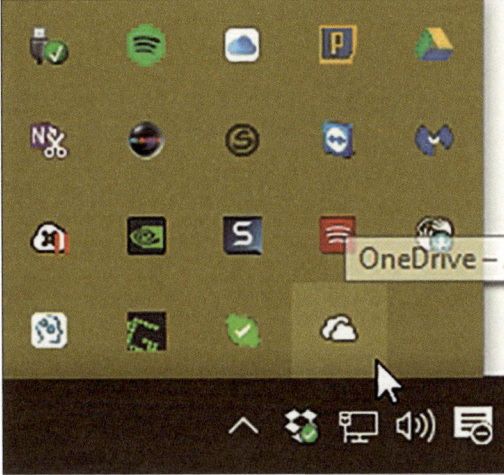

4. Sobald Sie die Einrichtung abgeschlossen
haben, erhalten Sie eine Meldung vom Info-
Center in Windows 10. Rechts in der Taskleiste , genauer gesagt in der Aktivitätsleiste,
erscheint ein neues Icon für OneDrive. Aus
Platzgründen befindet es sich eventuell unter
den „Ausgeblendeten Symbolen", die Sie
mit einem Klick auf den Pfeil ganz links einblenden. Wird OneDrive gerade synchronisiert, wird ein blauer Kreis mit weißen Pfeilen
dargestellt. Gibt es Probleme, erscheint ein
rot unterlegtes X. Klicken Sie auf das Icon,
erhalten Sie einen Status der Synchronisie-
rung und gelangen über den Link „OneDrive-Ordner öffnen" direkt ins
OneDrive-Verzeichnis im Datei-Explorer.

5. Auch im OneDrive-Verzeichnis des Datei-Explorers wird der Status der
synchronisierten Ordner angezeigt. Bereits synchronisierte Ordner tragen
einen grünen Kreis mit weißem Haken, zu synchronisierende Verzeichnisse einen weißen Kreis mit blauen Pfeilen. Lassen sich Dateien in einem
Verzeichnis nicht synchronisieren, wird dieses Verzeichnis durch ein Feh-
lersymbol markiert. Sie können einzelne Dateien oder ganze Ordner auch
einfach per Drag & Drop auf das OneDrive-Verzeichnis (oder einen dort

angezeigten Ordner) ziehen oder über das Menüband verschieben oder kopieren. Alle Dateien, die Sie in das OneDrive-Verzeichnis oder einen seiner Unterordner kopieren oder verschieben, werden automatisch mit der Cloud synchronisiert. Sie können diese Daten auch von anderen Rechnern aus synchronisieren lassen. Auch hier können Sie wieder Verzeichnisse zur Synchronisierung auszuwählen.

Einstellungs-optionen im Kontextmenü

6. Die beim Einrichten festgelegten Einstellungen lassen sich auch später noch jederzeit anpassen. Klicken Sie mit der rechten Maustaste auf das Icon in der Taskleiste. Über das Kontextmenü können Sie Probleme mit der Synchronisierung anzeigen und die Einstellungsoptionen aufrufen. Hier legen Sie unter anderem auch fest, ob OneDrive mit Windows starten soll oder ob Sie die aktuelle Verknüpfung mit OneDrive beenden wollen. Ändern Sie bei Bedarf den Speicherort für OneDrive-Ordner oder verschieben Sie bereits gespeicherte Daten. Hier sollten Sie auf jeden Fall genau prüfen, welche Optionen am besten zu Ihrem Speicherverhalten passen. **Tipp:** Finden Sie das Icon nicht in der Taskleiste, wurde die One-Drive-App eventuell noch nicht gestartet. In diesem Fall suchen Sie im Start-Menü nach „OneDrive" und starten die App.

Online Office-Dokumente erstellen

7. Wenn Sie über ein OneDrive-Konto verfügen, können Sie online Office-Dokumente erstellen und zusammen mit anderen Anwendern bearbeiten. Melden Sie sich dazu auf der OneDrive-Seite an und klicken Sie auf „Neu". Auf die gleiche Weise erstellen Sie auch neue Ordner. Sie haben die Wahl zwischen unterschiedlichen Dokument-Typen wie Word oder Excel. Geben Sie einen Namen für das erstellte Dokument ein. Der Bearbeitungsmodus startet über eine „Office-Web-App", eine Office-Anwendung in der Cloud, die nicht auf Ihrem PC installiert sein muss, mit der Sie aber wie gewohnt arbeiten können.

8. Die obere Menüleiste erscheint mit allen Optionen, sobald Sie einen oder mehrere Ordner oder Dateien mit einem Linksklick markiert haben. Danach können Sie die markierten Inhalte verschieben oder löschen. Sie können Inhalte in den Cloud-Speicher hochladen oder aus OneDrive auf Ihre Festplatte herunterladen. Diese Optionen werden Ihnen auch angezeigt, wenn Sie mit der rechten Maustaste auf einen Ordner klicken.

9. In der oberen Menüleiste wie im Kontextmenü finden Sie auch die Option „Freigeben". Darüber können Sie die Ordner (ganz ähnlich wie im Datei-Explorer) für andere Nutzer freigeben. Tragen Sie die E-Mail-Adressen derjenigen, mit denen Sie einen Inhalt teilen wollen in das obere Eingabefeld des „Teilen"-Dialogs ein. OneDrive benutzt die in Ihrem Microsoft-Konto hinterlegten Adressen, um Ihre Eingabe zu vervollständigen. Sie können mehrere Personen in das Feld eintragen und die Einladung mit einer kurzen Textnachricht versehen. Sie können dem Empfänger eine E-Mail mit dem Link zur Bearbeitung senden oder einen Link erstellen, den Sie mit einem E-Mail-Programm versenden. Wenn Sie vorher auf „Link kürzen" klicken, wird der Link etwas „handlicher". Außerdem legen Sie über das Ausklappmenü fest, ob die eingeladenen Nutzer die Inhalte nur betrachten oder auch bearbeiten können. Sie können außerdem über das zweite Ausklappmenü festlegen, dass die Empfänger selbst kein Microsoft-Konto brauchen, um auf die Inhalte zuzugreifen.

Inhalte mit anderen teilen

Tipp 1: Unter Windows 10 können Sie OneDrive auch zum Datenaustausch großer Dateien verwenden. Laden Sie dazu eine Datei in OneDrive, erstellen einen Link für den Datenaustausch und schicken diesen an einen oder mehrere Empfänger, die Zugriff darauf erhalten sollen. Die Empfänger müssen sich für den Download der Datei nicht persönlich anmelden.

Die besten Tipps für OneDrive

Tipp 2: Haben Sie versehentlich Inhalte gelöscht, klicken Sie auf der linken Seite im Navigationsbereich auf „Papierkorb". Hier sind alle gelöschten Dateien zu finden. Markieren Sie eine oder mehrere und klicken Sie danach oben auf „Wiederherstellen". Sie können auch auf „Löschen" klicken, um den Inhalt endgültig zu entfernen. Beide Befehle erreichen Sie auch über das Kontextmenü.

Tipp 3: Synchronisierungsoptionen unter Windows 10: Rufen Sie über das Start-Menü die Einstellungen von Windows 10 auf. Unter „Konten" und „Einstellungen" können Sie diverse Anpassungen bezüglich der Synchronisierung von Daten und Einstellungen vornehmen und festlegen, welche Einstellungen Sie zwischen Ihren PCs synchronisieren wollen.

Dropbox

Schon seit einiger Zeit ist zu beobachten, dass sich Microsoft anderen Anbietern und Diensten öffnet. Zu den jüngsten Coups gehört eine Kooperation des Konzerns mit dem Online-Speicher Dropbox. So lassen sich Office-Dokumente nun direkt in Dropbox bearbeiten. Der Verlockung, den weltweit 300 Millionen Dropbox-Nutzern eine Möglichkeit zu eröffnen, Microsofts Bürosoftware online zu nutzen, konnte man wohl nicht widerstehen. Voraussetzung ist ein Dropbox-Konto, das es kostenlos inklusive zwei Gigabyte Speicher gibt – deutlich weniger als bei OneDrive, aber doch genug Platz für eine ganze Menge Texte und Tabellen. Hat man eine Word- oder Excel-Datei in Dropbox abgelegt, klickt man einfach oben rechts auf „Öffnen". Es erscheint ein entsprechender Hinweis, und schon wird Office Online geöffnet und mit Dropbox verknüpft.

Umgekehrt können mit Office erstellte Dokumente direkt in Dropbox gespeichert werden. Laden Sie dazu unter www.dropbox.com/de/downloading die Dropbox-Software für Windows herunter und installieren Sie sie. Im Explorer wird dabei oben im Verzeichnisbaum auf der linken Seite automatisch ein Dropbox-Ordner angelegt – in direkter Nachbarschaft zu OneDrive.

Arbeiten Sie an einem Office-Dokument, klicken Sie einfach oben links auf „Datei" und „Speichern unter" und wählen Sie über „Durchsuchen"

Ungehinderter Austausch

Die Nutzung von Office Online (https://products.office.com/de-AT/home) ist kostenlos. Für Vollversion und Nutzung auf Smartphones und Tablets braucht man allerdings ein Office 365-Abonnement. So lassen sich unter anderem auch die Office-Apps für iOS und Android direkt mit Dropbox verknüpfen. Tippen Sie beim Öffnen oder Speichern einer Datei auf „+ Ort hinzufügen" und wählen Sie den dortigen Dropbox-Eintrag aus. Geben Sie Ihre Anmeldedaten ein und erlauben Sie den Zugriff auf Ihre Office-Dateien. Nun lassen sich alle Dokumente munter zwischen Internet, stationären und mobilen Geräten sowie zwischen Dropbox und OneDrive hin und her schieben – alles ist jederzeit und überall verfügbar. Vorausgesetzt, man hat sich gemerkt, wo man es abgelegt hat.

den Dropbox-Ordner an. Direkten Zugriff auf Ordner und Einstellungen hat man auch über das Dropbox-Symbol unten rechts in der Windows-Taskleiste. Im Datei-Explorer können Sie Dateien und ganze Ordner auch direkt im Explorer per Drag & Drop in den Online-Speicher verschieben. Im Großen und Ganzen funktioniert die Nutzung von Dropbox also nach dem gleichen Prinzip wie die von OneDrive.

OneDrive & Co. verschlüsseln

So praktisch OneDrive & Co. sein mögen: Wer dort sensible Daten hinterlegt, kann sich nie sicher sein, dass es keine „Mitleser" gibt. Aber es gibt eine einfache Lösung: Verschlüsselung.

Laden Sie unter www.cloudfogger.com/de das einfach zu bedienende, kostenlose und deutschsprachige „Cloudfogger" herunter. Installieren Sie die Software auf Ihrem PC. Beim Öffnen sucht das Programm selbstständig nach ungeschützten Ordnern von Online-Speichern. Die können wahlweise den gesamten Speicherplatz verschlüsseln oder gezielt einzelne Ordner auswählen. Klicken Sie dazu auf die Registerkarte mit dem Wolken-Symbol rechts und dann auf „Weiteren Ordner verschlüsseln". Im Browser sieht man danach nur noch den Namen der verschlüsselten Verzeichnisse, der Inhalt bleibt verborgen. Nur auf dem eigenen Rechner können Fotos und Dokumente wieder sichtbar gemacht werden.

Dem gleichen Zweck dient Boxcryptor. Eine für die private Nutzung kostenlose Version können Sie unter www.boxcryptor.com/de/download herunterladen. Boxcryptor erstellt einen verschlüsselten Ordner auf Ihrem PC. Diesen können Sie mit Ihrem Cloud-Speicher verknüpfen, um Ihre online gestellten Inhalte für Unbefugte unlesbar zu machen. Danach müssen Sie die betroffenen Dateien oder Ordner nur noch auf das Boxcryptor-Verzeichnis ziehen, um sie in verschlüsselter Form ins Internet hochzuladen.

Man muss allerdings dazusagen, dass die kostenlosen Versionen von Cloudfogger und Boxcryptor im Funktionsumfang stark eingeschränkt sind. Wer umfangreichere Serviceleistungen benötigt, muss dafür be-zahlen.

Edge & Bing

Wollte man sarkastisch sein, könnte man den Namen des neuen Microsofts-Browsers wörtlich übersetzen und so deuten, dass die Surf-Software noch voller Ecken und Kanten ist. Doch das wäre nicht ganz fair, denn Edge ist ein Riesenschritt gegenüber dem zuletzt immer unflexibleren und sperrigen Internet Explorer. Von dem steckt in Edge noch einiges, doch Microsoft hat radikal ausgemistet und aus der neuen Nummer eins ein schnittiges, modern und aufgeräumt wirkendes Programm gemacht.

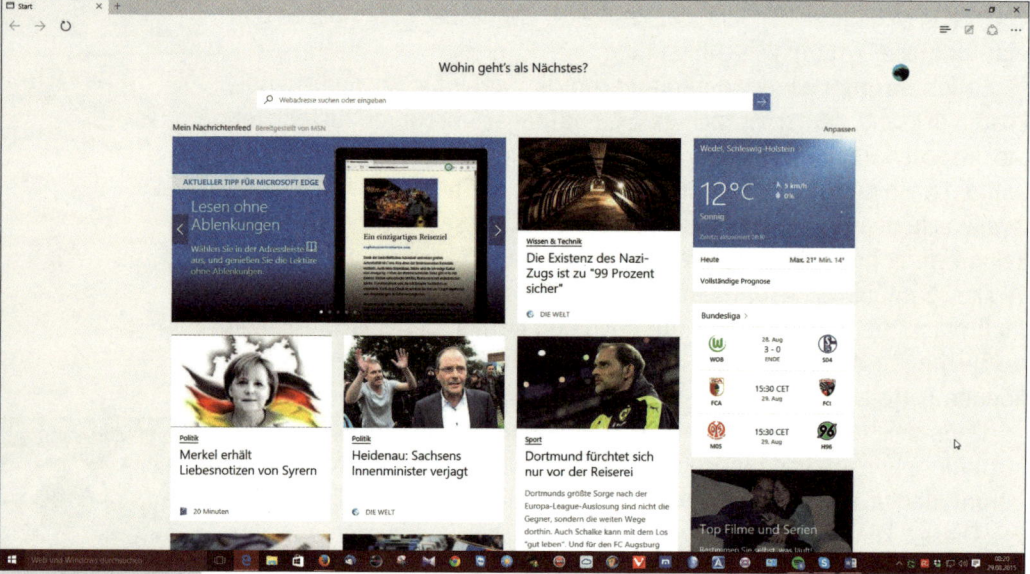

Unübersehbar in der Mitte der Seite befindet sich das Eingabefeld für Adressen und Suchbegriffe. Sie können hier Ihnen bekannte Webadressen, einzelne Stichwörter oder ganz Fragen eingeben. Drücken Sie die Enter-Taste oder tippen oder klicken Sie auf den weißen Pfeil auf blauem Grund rechts neben dem Eingabefeld, um Ihre Suche zu starten.

Einer der größten Vorzüge von Edge ist die Einbindung der neuen Sprachsteuerung unter Windows 10 (Näheres dazu auf ► Seite 72 und 170). Wenn Sie Cortana bei Ihrer Websuche unterstützen soll, klicken Sie auf das Mikrofon rechts im Suchfeld der Windows-10-Suchleiste und sagen Sie, wohin Sie Ihre Reise durchs Netz führen soll.

Tipp: Falls die sprachgesteuerte Suche nicht funktioniert, sollten Sie überprüfen, ob Ihr Mikrofon eingeschaltet ist. Eventuell müssen Sie Cortana auch zuerst zuschalten. Klicken Sie dazu in Edge ganz oben rechts auf das „Mehr"-Symbol (drei Punkte), dann auf „Einstellungen" und „Erweiterte Einstellungen anzeigen". Scrollen Sie etwas nach unten und stellen Sie den Schalter „Cortana soll mich bei Microsoft Edge unterstützen" auf „Ein".

Standardsuchmaschine ändern

Die Websuche in Edge läuft standardmäßig über Microsofts Suchmaschine „Bing". Wenn Sie damit nicht einverstanden sind, gehen Sie wiederum über „Einstellungen" und „Erweiterte Einstellungen anzeigen". Klicken Sie unter „In Adressleiste suchen mit" auf den Standardeintrag „Bing", dann auf

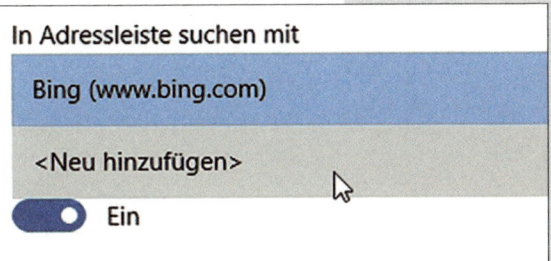

das sich öffnende Eingabefeld „Neu hinzufügen", danach geben Sie die Suchmaschine Ihrer Wahl an und wählen Sie die Option „Als Standard hinzufügen".

Exkurs: Alternative Suchmaschinen

Google ist der unbestrittene Marktführer, daran konnte auch Bing bisher nichts ändern. Und auch Microsoft wird wohl kaum zugunsten des Datenschutzes auf lukrative Einnahmequellen verzichten. Doch es gibt durchaus Ansätze, den Nutzern werbefreie und vor allem diskrete Suchmöglichkeiten anzubieten. Einen völlig eigenständigen Suchindex verwendet etwa die deutschsprachige, durch Spenden finanzierte Such-maschine Acoon (www.acoon.de). Der Umfang der erfassten Daten kann nicht mit Google mithalten, doch der Betreiber legt Wert darauf, „dem rein amerikanischen Blick auf die Welt eine eigene Sichtweise entgegen-zusetzen." „Nicht eine für alle, aber alle für eine." Mit diesem Slogan wirbt die Metasuchmaschine MetaGer.de (www.metager.de) für sich. Um zu relevanteren Resultaten zu kommen, bündelt sie viele kleine Informa-tionsquellen. Die Nutzer können per Voreinstellung selbst entscheiden, welche davon in die Ergebnisse einfließen sollen und welche nicht. Yacy (http://yacy.net) benutzt dagegen das Peer-to-Peer-Prinzip: Die Daten laufen nicht über einen zentralen Server, sondern über ein Netzwerk von gleichberechtigten Rechnern. DuckDuckGo (https://duckduckgo.com) ist

eine Suchmaschine, die ganz auf die Erhebung von Nutzerdaten und das Nachvollziehen Ihres Weges durch das Internet („Tracking") verzichtet. Ebenso anonym gestaltet sich die Suche mit Ixquick (https://ixquick.com) sowie deren Ableger Startpage (https://startpage.com). Der Unter-schied besteht darin, dass sich Startpage der Google-Suche bedient, ohne allerdings Nutzungsdaten an Google weiterzugeben.

Auf der DuckDuckGo-Startseite können Sie „die Suchmaschine, die Sie nicht verfolgt" als Standardsuch-maschine festlegen

Tabbed Browsing

Edge setzt – wie mittlerweile so gut wie jeder Browser – auf das so genann-te Tabbed Browsing. Geöffnete Webseiten werden dabei über Register-karten („Tabs") organisiert. Klicken Sie auf die beschrifteten „Reiter" am oberen Bildschirmrand, um zwischen den geöffneten Tabs zu wechseln. Über die beiden Pfeile links darunter können Sie innerhalb eines Tabs vor- und zurückblättern. Klicken Sie auf das + neben den bestehenden Reitern, um einen neuen Tab zu öffnen. Klicken Sie mit rechts auf einen beliebigen Link auf einer Seite und wählen Sie im Kontextmenü „In neuem Tab" öffnen, um den Link in einem neuen Tab anzuzeigen – der Tab, auf dem Sie den Link angeklickt haben, bleibt dann erhalten und Sie können jederzeit dorthin zurückkehren.

Startseite ändern und Grundeinstellungen anpassen

Ohne Ihr Zutun wird auf der Edge-Startseite eine Nachrichtenübersicht („Nachrichten-Feed") angezeigt. Sie wird von „MSN", Microsofts Webportal, bereitgestellt und lässt sich über den Link „Anpassen" oben rechts nach persönlichen Interessen gestalten. Natürlich können Sie auch Ihre eigene Startseite festlegen. Klicken Sie dazu oben rechts auf das „Mehr"-Symbol und dann auf „Einstellungen". Unter „Öffnen mit" setzen Sie einen Haken vor „Bestimmte Seite(n)" und wählen „Benutzerdefiniert".

In das sich öffnende Eingabefeld geben Sie nun eine beliebige Adresse ein. Diese wird sich fortan immer öffnen, wenn Sie Edge starten.

Direkt darunter können Sie auch festlegen, was angezeigt werden soll, wenn Sie einen neuen Tab öffnen. Zur Auswahl stehen „Beste Websites und empfohlener Inhalt", „Beste Websites" und „Leere Seite". Welche genau diese „Besten Websites" sind, lässt sich innerhalb sehr enger Grenzen anpassen, wenn Sie in einem neu geöffneten Tab rechts oberhalb der Auswahl auf „Anpassen" klicken. Sehr flexibel ist das nicht, und es ist zu hoffen, dass Microsoft hier bald noch etwas nachbessert.

Hub, Favoriten und Leseliste

Klicken Sie auf einer Webseite auf den leeren Stern rechts oben, wird die gerade geöffnete Seite Ihren Favoriten hinzugefügt. Über das sich dabei automatisch öffnende Menü können Sie neue Ordner erstellen, um Ihre Favoriten thematisch zu ordnen. Bereits den Favoriten hinzugefügte Webseiten tragen einen blau ausgefüllten Stern. Klicken Sie abermals darauf, wenn Sie die Seite aus Ihren Favoriten entfernen wollen.

Der so genannte Hub (gesprochen: „habb" = zentrale Stelle) soll Ihnen dabei helfen, Ihre persönlichen Webinhalte zu organisieren. Klicken Sie in der Funktionsleiste oben rechts auf das Hub-Symbol (drei unter-

Speichern Sie Ihre Lieblingswebseiten als „Favoriten"

schiedliche lange Linien). Im Hub finden Sie von links nach rechts die folgenden Einträge:

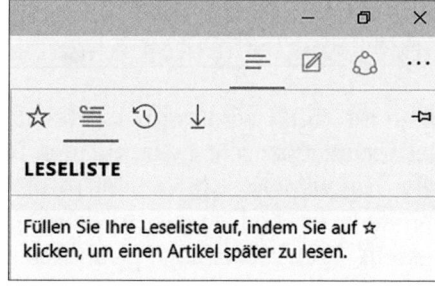

LESELISTE

Füllen Sie Ihre Leseliste auf, indem Sie auf ☆ klicken, um einen Artikel später zu lesen.

- Ihre Favoritenliste und erstellten Favoritenordner.
- Die Leseliste, die dazu dienen soll, als Favoriten gekennzeichnete Seiten später auch ohne aktive Internetverbindung lesen zu können. Sie können sie über die Leseliste-App von Windows 10 aufrufen. Leider funktionierte diese Funktion noch nicht richtig, als dieses Buch entstand. Auch hier sollte Microsoft nachbessern, da die Leseliste sonst nichts weiter als eine andere Form der Favoritenliste ist.
- Den Verlauf, also die zuletzt von Ihnen besuchten Webseiten.
- Die Downloads, also Inhalte, die Sie heruntergeladen haben.

Über den „Teilen"-Button können Sie Webseiten mit anderen teilen, beispielsweise über ein soziales Netzwerk wie Facebook oder Twitter. Mit dem gleichen Button können Sie Webseiten in OneNote speichern und der Leselisten-App hinzufügen.

„Clean Reading" und „Web Notes"

Rechts neben den Favoriten sehen Sie ein kleines stilisiertes Buch. Wenn Sie es anklicken, wechselt die Anzeige zum „Lesemodus". Webseiten werden dabei nur mit Text und Bildern angezeigt – ganz so wie in einem Magazin oder Buch. Das erleichtert das Lesen ungemein und ist besonders bei Tablet-PCs und Smartphones nützlich. Das Lesemodus-Symbol ist nur aktiviert, wenn die geöffnete Webseite diese Darstellungsart zulässt.

Die Web Notes sind eine spannende Neuerung und verdanken sich der Verbindung von Edge mit OneNote. Wenn Sie auf den kleinen Notizzettel mit Bleistift klicken (auch dieser Button funktioniert nur, wenn die geöffnete Webseite diese Anwendung zulässt), öffnet sich oben rechts ein kleines Bearbeitungsmenü.

Damit können Sie Teile der Webseite ausschneiden, Text markieren oder eigene Notizen hinzufügen. Das funktioniert besonders gut bei Tablet-PCs mit

Stifteingabe wie Microsofts Surface (► Seite 30ff). Bearbeitete Seiten können Sie in der Leseliste oder als Screenshot in OneNote abspeichern, indem Sie auf „Teilen" klicken. Auch diese Funktion ist derzeit noch recht fehlerhaftet und stürzt mitunter ab. Microsoft sollte aber auf jeden Fall an dieser ausgesprochen praktischen Idee festhalten und sie weiter verbessern.

Datenschutz und Privatsphäre

Wenn Sie Ihr Windows-10-Gerät mit anderen gemeinsam nutzen, sollten Sie es Ihren Mitnutzern nicht so leicht machen, Ihre Browserdaten einzusehen. Klicken Sie auf das „Mehr"-Symbol, dann auf „Einstellungen" und klicken Sie unter „Browserdaten löschen" auf „Zu löschendes Element auswählen". Hier können Sie unter anderem Ihren Verlauf, Ihre Downloads und Ihre gespeicherten Passwörter löschen. Wenn Sie von vornherein verhindern wollen, dass diese Daten aufgezeichnet werden, klicken Sie auf „Mehr" und „Neues InPrivate-Fenster öffnen". Sobald Sie dieses Fenster nach einer Sitzung schließen, verschwinden damit auch alle Ihre Daten. Wenn Sie an einem fremden oder gar öffentlichen PC arbeiten, sollten Sie diese Option auf jeden Fall nutzen. Aber Vorsicht: Das Surfen in einem „InPrivate"-Fenster garantiert nicht, dass Ihre Daten nicht von Dritten, also beispielsweise Microsoft, Ihrem Internetprovider oder den Betreibern der besuchten Seiten aufgezeichnet werden können.

Unter „Cookies", ebenfalls in den erweiterten Einstellungen zu finden, sollten Sie zumindest die Cookies von Drittanbietern blockieren. Dabei handelt es sich um kleine, von den meisten Webseiten hinterlassene Markierungen, die auf von Ihnen besuchte Seiten hinweisen. Damit sind auch nützliche Funktionen verbunden, beispielsweise das farbliche Unterlegen von Links, die Sie schon einmal aufgerufen haben. Viele Webseiten setzen das Zulassen eigener Cookies voraus, um die volle Funktionalität bieten zu können, nicht aber das von Drittanbieter-Cookies.

Browser sammeln viele persönliche Informationen über Sie

Virtual Private Networks

Ob Edge oder nicht: Im Internet wird man auf Schritt und Tritt verfolgt. Wer die eigenen Spuren verwischen – oder es den Schnüfflern zumindest etwas schwerer machen will, ihnen zu folgen – kann das mit „Virtual Private Networks", zu Deutsch „virtuelle private Netzwerke", kurz VPN, tun. Das ist beispielsweise dann nützlich, wenn man in einem öffentlichen Netzwerk surft. Passwörter und sensible Daten bleiben dann in einer Art Tunnel verborgen, die so genannte IP-Adresse, mit der der Nutzer identifizierbar ist, wird durch eine ausländische Kennzahl ersetzt. Damit werden auch Datensammler ausgebremst, die den Weg des Nutzers durch das Netz nachverfolgen und diese Informationen an Dritte weitergeben, also auch an die NSA. Eine solche Lösung bietet „Hotspot Shield". Unter der Adresse www.hsselite.com gibt es eine kostenlose Version, in der man allerdings Werbeeinblendungen in Kauf nehmen muss. Die kostenpflichtige Variante kostet derzeit rund 30 US-Dollar im Jahr oder knapp drei Dollar im Monat und wartet mit erweiterten Funktionen und höherer Surfgeschwindigkeit auf. Nach Download und Installation kann „Hotspot Shield" auf die deutsche Sprachversion umgestellt werden. Die Benutzeroberfläche wird unter Windows über die Taskleiste am unteren Bildschirmrand geöffnet. Hier lassen sich alle Einstellungen vornehmen und „Hotspot Shield" kann nach Bedarf ein- und ausgeschaltet werden. Ein netter Nebeneffekt ist die Tatsache, dass man mit einer amerikanischen IP-Adresse auch Inhalte aufrufen kann, die für europäische Nutzer normalerweise gesperrt sind. Vergleichbare Services sind www.cyberghostvpn.com, http://hidemyass.com, http://hola.org, www.anonym-surfen.de und www.privatetunnel.com.

Verräterisches „Tracking"

Viele Webseiten bedienen sich des „Trackings", das heißt, sie heften sich nach Ihrem Besuch auf einer Seite an Ihre Fersen. Die daraus erhobenen Daten sind besonders wertvoll, weil sich damit ein detailliertes Nutzerprofil anlegen lässt. In Edge können Sie unter „Einstellungen", „Erweiterte Einstellungen" und „Datenschutz und Dienste" unter anderem die „Do Not Track"-Anforderungen einschalten.

Das heißt konkret: Webseitenbetreiber werden aufgefordert, Ihren Weg durch das Netz nicht aufzuzeichnen. Allerdings sind sie leider nicht dazu verpflichtet, sich auch daran zu halten. Auch das Blockieren von Cookies bietet keinen hundertprozentigen Schutz. Wenn Sie das Tracken unterbinden wollen, müssen Sie eine externe Schutzsoftware nutzen oder über ein „Virtual Private Network" surfen (▶ Seite 160).

Sollte Ihr Gerät für Dritte zugänglich sein, ist es außerdem ratsam, auf den Komfort gespeicherter Kennwörter und der mit Ihren persönlichen Daten vorausgefüllten Webformulare zu verzichten und die entsprechenden Optionen zu deaktivieren.

Office online nutzen

Wie bereits erwähnt, können Sie über Live.com die Office-Programme Word, Excel, PowerPoint und OneNote online nutzen – Voraussetzung ist allerdings ein Microsoft-Konto. Zu diesen „Web-Apps" gehört seit neuestem auch Sway, eine Software zum Erstellen multimedialer Präsentationen, Berichte, Newsletter und vielem mehr. Sie können die Office-Web-Apps über das Menü oben links auf Outlook.com oder über die die Adresse https://www.office.com direkt aufrufen. Dort finden Sie auch einen Kachellink zu Docs.com. Über diesen Microsoft-Dienst können Sie Office-Dokumente, PDFs oder Sway-Dokumente veröffentlichen und mit anderen teilen. Klicken Sie einfach auf „Veröffentlichen" und ziehen Sie eine Datei per Drag & Drop direkt von Ihrer Festplatte auf das Upload-Fenster oder importieren Sie sie über eine der Schaltflächen auf der rechten Seite, z.B. direkt aus Ihrem OneDrive-Ordner. Registrieren müssen Sie sich nicht – Sie sind ja schon über Ihr Microsoft-Konto angemeldet.

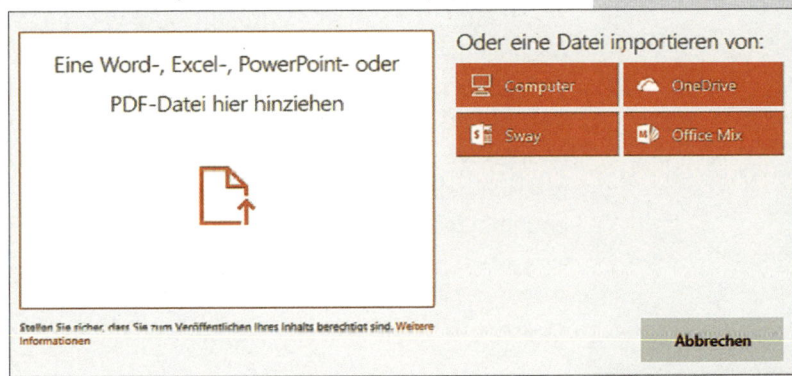

Für unterwegs mögen die Online-Apps ausreichen – für professionelles Arbeiten benötigt man aber schon den vollen Funktionsumfang von Office. Seit einiger Zeit vertreibt Microsoft seine Bürosoftware unter dem Namen Office 365 als Abonnement, das auch online über den Microsoft-Store erhältlich ist. Zehn Euro pro Monat oder 99 Euro pro Jahr kostet die Lizenz für fünf PCs inklusive einem Terabyte (= 1.000 Gigabyte) One-Drive-Speicher und 60 Freiminuten pro Monat beim Webtelefonie-Dienst Skype. Im Gegensatz zur Desktop-Version (erkennbar an der Jahreszahl, etwa bei „Office 2016") ist Office 365 auf insgesamt 5 PCs, Tablets oder Smartphones nutzbar und wird stets automatisch auf die neueste Programmversion mit neuen Funktionen aktualisiert.

Tipp: Das Limit von fünf Geräten ist unabhängig vom Microsoft-Konto. Sie können Ihre Lizenzen also auch mit Familienmitgliedern, Freunden und Bekannten teilen, die sich jeweils über ihr eigenes Microsoft-Konto anmelden. Alternativ dazu ist eine preisgünstigere Einzelplatzversion (für einen PC oder Mac) erhältlich.

Laut Microsoft trägt man damit der Tatsache Rechnung, dass die Anwender heute zumeist mehrere Endgeräte benutzen. Dem Anwender sollen überall die gewohnten Funktionen und Einstellungen zur Verfügung stehen, ebenso wie seine in OneDrive abgelegten Dokumente. Office merkt sich, woran man zuletzt gearbeitet hat und lässt einen genau dort weitermachen. Auch das gemeinsame Arbeiten an freigegebenen Dokumenten ist möglich.

Nach der Anmeldung über ein Microsoft-Konto startet die Installation. Der Clou: Bereits nach zwei bis drei Minuten kann man anfangen zu arbeiten. Office 365 „streamt" die wichtigsten Funktionen auf den Rechner, der Rest wird unbemerkt im Hintergrund installiert. Nach dem gleichen Prinzip funktioniert das auch, wenn man an einem fremden Rechner arbeitet. Sie melden sich einfach mit Ihren Nutzerdaten an und können wie gewohnt arbeiten. Beim Abmelden wird Office wieder automatisch gelöscht, wenn der PC nicht zu den für die dauerhafte Nutzung angemeldeten PCs gehört.

Sicherheit und Tuning

Die Bereiche, die man am wenigsten vernachlässigen sollte, sind die Abwehr von Schädlingen und das Vorbeugen von Datenverlust. In diesem Kapitel erfahren Sie alles, was Sie darüber wissen müssen.

Der Windows Defender

Seit Windows 7 liefert Microsoft sein Betriebssystem mit einem einge-
bauten Anti-Viren-Programm aus. Die gesondert zu installierenden „Security Essentials" wurden mittlerweile durch den Windows Defender
ersetzt. Um ihn zu nutzen, müssen Sie nichts tun, er übernimmt standardmäßig die Rolle des Bodyguards für Ihr System. Es sei denn, Sie
haben eine eigene Schutzsoftware installiert. Dann wird der Defender
automatisch ausgeschaltet.

Sie können den Windows Defender über „Einstellungen" und „Update und Sicherheit" oder alternativ über das Mauer-Symbol in der Taskleiste aufrufen.

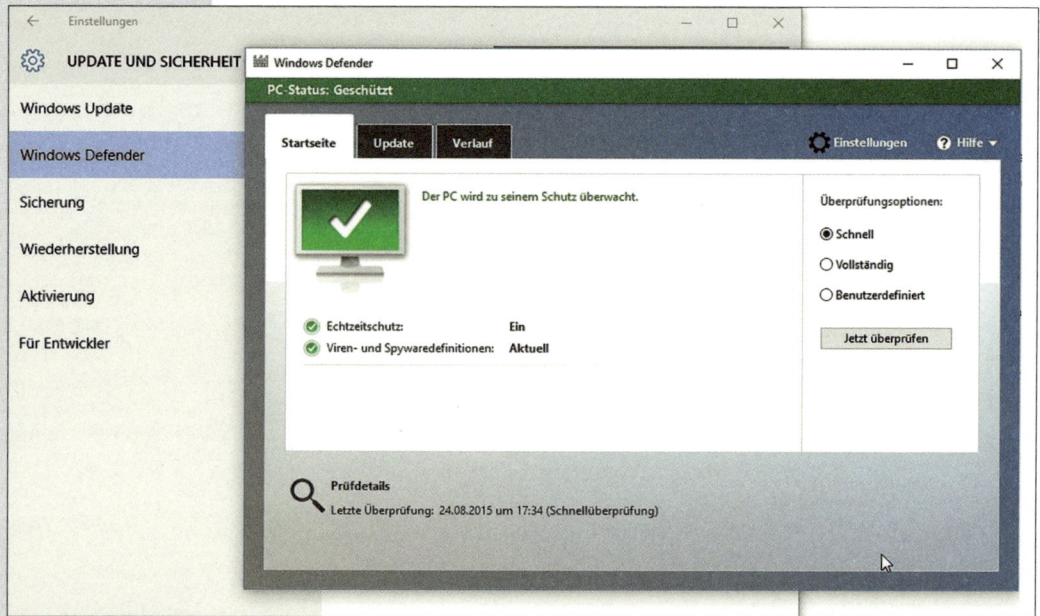

Über die Schaltfläche „Jetzt überprüfen" können Sie manuell einen Kom-
plettscan durchführen oder einzelne Ordner auf Schädlinge überprüfen.
Um Letzteres zu tun, klicken Sie statt auf „Schnell" oder „Vollständig"

auf „Benutzerdefiniert" und wählen in dem sich öffnenden Fenster das Laufwerk, den Ordner oder die Datei aus, die Sie überprüfen möchten. Klicken Sie danach auf „Jetzt überprüfen". In der Regel ist aber auch hier kein Eingreifen nötig, wenn der „Echtzeitschutz" aktiviert ist, was ebenfalls standardmäßig und ohne Ihr Zutun der Fall ist.

Im Register „Update" können Sie online nach neuen Virendefinitionen suchen. Denn nur ein regelmäßig aktualisierter Virenschutz bietet wirklich Sicherheit, da Hacker jeden Tag neue Wege ersinnen, in Systeme einzudringen. Auch diese Aufgabe erledigt der Defender normalerweise automatisch.

Nur ein aktualisierter Virenscanner bietet ausreichend Sicherheit

Unter „Verlauf" gibt der Defender einen Überblick über eventuelle Maßnahmen wie beispielsweise gestoppte Prozesse, hinter denen ein Angriff vermutet wurde.

Nun kommt es vor, dass ein Virenscanner ganz harmlose Vorgänge verdächtig findet und blockiert. Wenn Sie das Ausführen bestimmter Programme oder bestimmte Ordner von der Überprüfung durch den Defender ausnehmen wollen, klicken Sie oben rechts auf „Einstellungen".

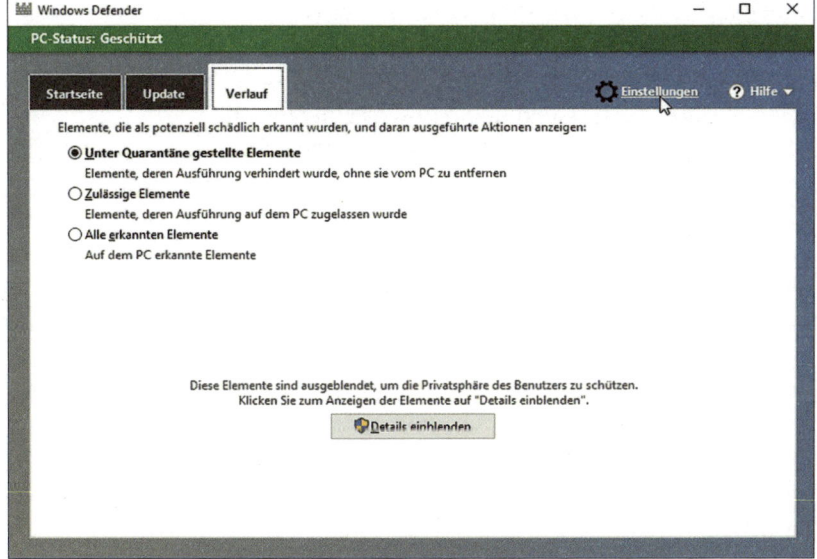

Im „Verlauf" überprüfen Sie, welche Vorgänge der Defender blockiert hat. Klicken Sie auf „Details einblenden", um Näheres zu erfahren

Scrollen Sie nach unten und wählen Sie „Ausschluss hinzufügen". Sie können nun über das jeweilige +-Symbol eine bestimmte Datei, einen Ordner, bestimmte Dateitypen oder Prozesse ausschließen. Sie sollten das aber nur vorübergehend tun, etwa um ein Programm zu installieren, von dessen Harmlosigkeit Sie überzeugt sind. Denken Sie daran, dass auch Software aus vermeintlich sicherer Quelle mit Schädlingen verseucht sein kann. Wenn Sie ausführbare Dateien (etwa mit der Dateiendung .exe) dauerhaft von der Überprüfung ausschließen, ist der Schutz Ihres Systems nicht gewährleistet.

Wenn Sie den Datenstrom in Richtung Microsoft reduzieren möchten, dann können Sie in den „Einstellungen" sowohl unter „Cloudbasierter Schutz" als auch unter „Übermittlung von Beispielen" die Schalter auf „Aus" stellen. Die grundsätzlichen Funktionen des Programms leiden darunter nicht.

Schützt der Windows Defender ausreichend?

Diese Frage lässt sich mit einem klaren Nein beantworten. Laut Microsoft hat sich die Sicherheit unter Windows 10 deutlich erhöht. Die Aussage – man mag sie glauben oder nicht – bezieht sich allerdings auf das System insgesamt, nicht unbedingt auf den integrierten Virenschutz. In unabhängigen Tests schneidet der Windows Defender unter allen getesteten Schutzprogrammen regelmäßig am schlechtesten ab.

Kostenpflichtige Programme bieten mehr Sicherheit

Damit keine Missverständnisse aufkommen: Es ist durchaus lobenswert, dass Microsoft sein Betriebssystem nicht wie früher komplett ungeschützt auf die Menschheit loslässt. Ein unzureichender Schutz ist immerhin besser als gar keiner. Sie sollten sich deshalb aber besser früher als später mit dem Gedanken anfreunden, sich zumindest ein Anti-Viren-Programm zu besorgen. Viele Anbieter stellen diese als Gratis-Versionen zum Download ins Netz. Diese sind grundsätzlich besser als der Windows Defender. Einen umfangreicheren Schutz mit Zusatzfunktionen, wie Phishingschutz, Jugendschutzeinstellungen, Fernortung und Fernlöschen im Falle mobiler Geräte, besserer Bedienbarkeit und Kundendienst bieten aber nur die kostenpflichtigen Internet-Schutzpakete (auch: Internet Security).

Den Windows Defender deaktivieren

Haben Sie eine Anti-Viren Software installiert, schaltet sich der Defender automatisch ab. Sie sollten das aber sicherheitshalber überprüfen und gegebenenfalls manuell eingreifen. Denn Virenprogramme stören sich in der Regel gegenseitig und können zu schwerwiegenden Problemen führen. Unter Windows 10 deaktivieren Sie den Defender folgendermaßen:

Zwei Schutzprogramme bieten keineswegs doppelten Schutz

- Öffnen Sie das Start-Menü und klicken Sie dort auf „Einstellungen".
- Wählen Sie oben die Kategorie „Update und Sicherheit" und klicken Sie auf „Windows Defender".
- Falls notwendig, stellen Sie alle verfügbaren Optionen auf „Aus", der Defender wird komplett deaktiviert.
- Sind alle Schalter „ausgegraut" und lassen sich nicht betätigen, wurde der Defender automatisch ausgeschaltet.
- Das Mauersymbol in der Taskleiste wird dann mit einem weißen X auf rotem Grund versehen, der PC-Status auf „Risiko" geschaltet. Das sollte Sie nicht weiter beunruhigen – sofern Sie ein Schutzprogramm verwenden und regelmäßig aktualisieren.

Nach Malware suchen

Wo eine Elefantenherde einmal drüber getrampelt ist, da wächst kein Unkraut mehr. Das ist offenbar der metaphorische Grundgedanke von „herdProtect", der die sonst eher freundlichen Dickhäuter als Markenzeichen verwendet. Die „Herde" besteht in diesem Fall aus 68 Virenscannern, die auf Windows-PCs für Angst und Schrecken unter digitalen Schmarotzern sorgen sollen. Auf einem System darf man ja nie mehrere Schädlingsbekämpfer gleichzeitig einsetzen, da diese sich gegenseitig schachmatt setzen würden. Doch was der eine als PC-Zecke einordnet, winkt ein anderer möglicherweise großzügig durch. In dieser Nische lebt es sich offenbar ganz komfortabel. So genannte Adware oder PUPs („Potentially

Unwanted Programs", „potenziell unerwünschte Programme") etwa, die man sich unbemerkt zusammen mit Freeware herunterlädt, werden oft nicht erkannt, weil sie im eigentlichen Sinne keine Schädlinge, sondern einfach „nur" lästig sind.

Hier setzt „herdProtect" an. Die kostenlose Software erstellt ein, wie der Anbieter versichert, anonymisiertes und von persönlichen Daten befreites Abbild des PCs und schickt es verschlüsselt in die Internet-Cloud. Dort werden die Daten mit den Verzeichnissen renommierter Schutzprogramme verglichen. Nach wenigen Minuten erhält man eine Liste, welche Software von welchen Scannern als Fremdköper identifiziert wurde. Das Gros davon dürfte der Kategorie Adware/PUP angehören. Danach folgen „malware" und „unclassified malware", also bekannte und nicht näher identifizierte Schädlinge, die man sich so oder so besser vom Hals schaffen sollte. Unter „inconclusive" finden sich schließlich Programme, an denen wenige oder auch nur ein Scanner etwas auszusetzen hatten. Hier ist der Nutzer selbst gefordert, eine Entscheidung über Löschen oder Nichtlöschen zu treffen. Ist man sicher, dass der Eindringling nichts auf der Festplatte zu suchen hat, klickt man darauf und danach auf „Remove". Dass die intuitiv bedienbare Software leider nur in englischer Sprache verfügbar ist, sollte Sie nicht abschrecken. Seit neuestem gibt es sogar eine mobile Version, die sich auf einem USB-Stick installieren lässt. Die Elefantenherde sollte man aber immer erst dann von der Kette lassen, wenn man zuvor in der Systemsteuerung einen Wiederherstellungspunkt gesetzt hat.

So suchen Sie online nach auf Ihrer Festplatte verborgenen Schädlingen

Dateien, Mails und Webseiten online überprüfen

Man muss es leider so deutlich sagen: Das Internet ist eine Schlangengrube. Mitunter reicht schon der Besuch einer Seite aus, um sich einen Virus einzufangen. Nicht viel anders sieht es mit E-Mails aus. Es wird immer schwerer zu beurteilen, ob angefügte Dateien nur ein harmloses Dokument oder aber einen tückischen Schädling enthalten. Was kann man tun, wenn man nicht weiß, ob man eine Seite ruhigen Gewissens besuchen oder einen Anhang ohne Bedenken öffnen kann? Dafür gibt es die Seite Virustotal.com (www.virustotal.com). Viele Schädlinge werden erst dann aktiv, wenn man die kontaminierte Datei ausführt, etwa mit einem Doppelklick. Das sollten Sie deshalb grundsätzlich erst tun, nachdem Sie sie überprüft haben. Klicken Sie dazu auf den Reiter „Datei" und die Schaltfläche „Wählen Sie eine" neben dem Eingabefeld. Nun können Sie angeben, welche Datei auf Ihrer Festplatte Sie genauer unter die Lupe nehmen möchten. Die Größe ist auf 64 MB begrenzt, was in den meisten Fällen ausreichen dürfte. Klicken Sie danach auf das blaue Feld „Scannen". Das verdächtige Objekt wird nun mit den Datenbanken mehrerer Dutzend Anti-Viren-Programme und Webscanner verglichen. Schlägt einer davon Alarm, sollten Sie die betreffende Datei schnell löschen, also in den Papierkorb verschieben und nicht vergessen, diesen umgehend zu leeren.

> Ist dieser Link wirklich sicher? So finden Sie es heraus

Um eine Webseite zu überprüfen, gehen Sie auf den Reiter „Adresse (URL)". Tippen Sie die fragliche Webadresse ein oder markieren Sie sie, klicken Sie mit rechts darauf und wählen Sie „Kopieren". Klicken Sie dann wiederum mit rechts auf das Eingabefeld und wählen Sie „Einfügen". Danach verfahren Sie wie oben am Beispiel des Datei-Scans beschrieben.

Tipps zum Datenschutz unter Windows 10

In den vorangegangenen Kapiteln ist das Thema Datenschutz schon häufiger zur Sprache gekommen. Mit den folgenden Tipps möchten wir Ihnen einige weitere Möglichkeiten aufzeigen, Ihre Daten und Ihre Privatsphäre besser zu schützen. Als Preis dafür müssen Sie unter Umständen auf Komfort und einige Funktionen von Windows 10 verzichten – z.B. wenn Sie statt eines Microsoft-Kontos ein lokales Nutzerkonto verwenden. Welche Risiken oder Einschränkungen Sie bereit sind in Kauf zu nehmen, ist letztlich immer eine Sache der persönlichen Abwägung.

Cortana abschalten. Die Sprachassistentin Cortana (▶ Seite 72, 155) ist eine der zentralen Neuerungen von Windows 10. Ähnlich wie Siri auf Mac-PCs und anderen Apple-Geräten und Google Now auf Android-Geräten steht sie Ihnen in jeder Situation mit Rat und Tat zur Seite. Um das zu ermöglichen, kommen elektronische Lernverfahren zum Einsatz. Das heißt konkret: Cortana sammelt Daten über Sie und lernt Sie nach und nach besser kennen. Man muss kein Experte sein, um zu erkennen, dass Cortana damit tief in Ihre Privatsphäre eingreift – inklusive des Zugriffs auf Ihre E-Mails, persönlichen Kontakte und viele andere Informationen. Wenn Sie das nicht möchten und deshalb lieber auf Cortana verzichten, können Sie sie direkt nach der Installation von Windows 10 über „Einstellungen", „Datenschutz" und „Spracherkennung, Freihand und Eingabe" deaktivieren, indem Sie auf die Schaltfläche „Kennenlernen beenden" klicken.

Reporting- und Diagnose-Tools anpassen. Um Windows 10 weiter zu verbessern und Fehler auszumerzen, ist Microsoft auf das Feedback der Nutzer angewiesen. Leider können diese sich nur bedingt dagegen zur Wehr setzen, dass Ausfallberichte, Diagnose- und Nutzungsdaten regelmäßig an den Windows-Hersteller geschickt werden. Diese können unter Umständen auch Rückschlüsse auf personenbezogene Daten ermöglichen. Über „Einstellungen", „Datenschutz", „Feedback & Diagnose" können Sie die Menge der übermittelten Daten immerhin einschränken, indem Sie die Einstellung auf „Allgemein" setzen.

Kontoinformationen schützen. Windows 10 erlaubt einigen Apps Zugriff auf Ihre persönlichen Daten wie Benutzerbild, Namen und Kontakte. Sie können diese automatische Weitergabe aber verhindern. Gehen Sie über „Einstellungen" zum Bereich „Datenschutz" und klicken dort auf „Kontoinformationen". Setzen Sie den Schalter unter „Apps den Zugriff auf meinen Namen, mein Bild und andere Kontoinfos erlauben" auf „Aus". Manche Apps funktionieren allerdings nicht richtig, wenn Sie nicht auf

Ihre persönlichen Daten sind für die Industrie von großem Interesse

Kontoinformationen

Apps den Zugriff auf meinen Namen, mein Bild und andere Kontoinfos erlauben

 Aus

bestimmte Informationen zugreifen können. Unter „Apps auswählen, die Zugriff auf die Kontoinformationen haben", können Sie einzelnen Apps gestatten, solche Informationen zu nutzen. Auf diese Weise haben Sie eine bessere Kontrolle über Ihre Daten.

Peer-to-Peer-Updates deaktivieren. Peer-to-Peer-Networks (deutsch etwa: „Nutzer-zu-Nutzer-Netzwerke") kennt man in negativem Sinn von illegalen File-Sharing Netzen wie BitTorrent. In der dezentralen Weitergabe von Daten wurde von einigen Experten aber auch schon die Zukunft des Datenverkehrs gesehen. Informationen werden dabei in kleine Datenpakete zerstückelt und über das Peer-to-Peer-Netz verschickt. Der Empfänger stellt eine Anfrage, die Fragmente werden von PC zu PC weitergegeben und auf der Festplatte des Empfängers wieder zusammengesetzt. Was hat das mit Windows 10 zu tun? Ganz einfach: Für die automatischen Updates wird genau dieses System benutzt. Bisher kamen die Updates direkt vom nächstgelegenen Microsoft-Server auf den Anwender-PC. Jetzt trägt jeder, der das Update bereits heruntergeladen hat, dazu bei, die Daten auf andere Rechner verteilen – und zwar sowohl innerhalb als auch außerhalb Ihres Heimnetzwerkes. Wenn Sie eine Datenflatrate besitzen, schmerzt Sie das nicht weiter. Doch je nach Vertrag können für Sie auch Kosten entstehen. Möglicherweise misstrauen Sie aber auch aus Sicherheitsgründen grundsätzlich dieser Art von Datenaustausch. Um diese Funktion einzuschränken, können Sie festlegen, dass Ihre Update-Daten nur innerhalb Ihres Heimnetzwerkes oder gar nicht zur Verfügung stehen. Gehen Sie dazu über „Einstellungen", „Update und Sicherheit" und „Windows Update". Klicken Sie auf den Link „Erweiterte Optionen" und dann auf den Link „Übermittlung von Updates auswählen". Deaktivieren Sie den Schalter unter „Updates von mehr als einem Ort", wenn Sie keine Update-Daten von anderen PCs empfangen wollen. In diesem Fall werden auch von Ihrem Rechner aus keine Update-Daten weitergegeben. Die Downloadgeschwindigkeit für Updates kann dadurch allerdings vermindert werden. Wenn Sie nur die Weitergabe von Ihrem PC aus nach draußen deaktivieren wollen, lassen Sie den Schalter auf „Ein" und wählen Sie „PCs in meinem lokalen Netzwerk". Damit stellen Sie Update-Daten nur in Ihrem eigenen Netzwerk bereit, nicht aber über das Internet.

Wenn Sie nicht aufpassen, werden Updates auf Ihre Kosten verteilt

Ein lokales Benutzerkonto verwenden. Unter Windows 10 werden Sie auf Schritt und Tritt mit der Aufforderung konfrontiert, ein Microsoft-Konto anzulegen und sich damit anzumelden. Sie können damit beispielsweise Ihr Nutzerprofil ohne großen Aufwand auf andere Geräte übertragen, etwa vom Windows-10-PC auf ein Windows-10-Tablet oder -Smartphone. Die Profildaten werden dazu mit der Microsoft-Cloud (also den Diensten und Servern des Konzerns) abgeglichen. Diese Daten werden auch für die umstrittene WiFi Sense-Funktion genutzt, die mit Windows 10 auf Ihrem PC aktiviert wird. Damit gibt Windows WLAN-Passwörter an alle Ihre Kontakte weiter. Diese müssen sich dann nicht nach einem Passwort erkundigen, sondern können Verbindungen sofort nutzen. Das birgt die Gefahr von Missbrauch. Wenn Sie statt eines Microsoft-Kontos ein lokales Konto nutzen (► Seite 42f), müssen Sie auf einigen Komfort verzichten, tun aber damit auch etwas für den Schutz Ihrer Privatsphäre.

Setzen Sie Malware-Schutz ein. Man kann von Microsoft als Datensammler halten, was man will: Die gefährlichste Bedrohung für Ihre persönlichen Informationen und Ihre Privatsphäre stellen noch immer Schädlinge wie Trojaner, Bot-Netze und Spyware dar. Sparen Sie deshalb nicht an einem Antiviren-Programm, pflegen Sie Ihre Firewall und führen Sie regelmäßig einen Anti-Malware-Scan durch.

Regelmäßige Scans sollten zur Routine werden

Die Windows-Firewall

Anwendern ist der Unterschied zwischen Virenschutz und Firewall oftmals nicht klar. Während ein Virenschutzprogramm nach verdächtigen Vorgängen innerhalb des Systems fahndet, überprüft die Firewall den Verkehr zwischen Ihrem PC und Netzwerken bzw. dem Internet. Man könnte also sagen, eine Firewall ist der Grenzschutz Ihres PCs.

Windows 10 besitzt wie seine Vorgänger eine integrierte Firewall, die den Datenaustausch zwischen PC und Netzwerk überprüft. In der aktuellen Windows-Version wurden jedoch einige Sicherheitsfunktionen hinzugefügt. Neu ist die „Windows-Firewall mit erweiterter Sicherheit". Während die bekannte Windows-Firewall aufpasst, was von draußen kommt, filtert die „erweiterte" Firewall auch ausgehende Datenpakete. Damit soll verhindert werden, dass auf Ihrem PC installierte Anwendungen ohne Ihr Wissen Informationen nach draußen verschicken.

Grundsätzlich unterscheidet Windows zwischen privaten und öffentlichen Netzwerken. Das ist auch gut so, denn ein offenes WLAN in einem Hotel ist natürlich immer viel unsicherer als Ihr eigenes zuhause. Entsprechend haben Sie selbst die Möglichkeit, für öffentliche Netzwerke deutlich strengere Richtlinien festzulegen.

Für Sie ist die Windows-Firewall meist unsichtbar. Sie tritt aber dann in Erscheinung, wenn Sie eine Anwendung starten, die Windows 10 nicht kennt. Gegebenenfalls werden Sie dann durch eine Warneinblendung darauf aufmerksam gemacht, dass Windows einige Funktionen blockiert hat. Wenn Sie die Anwendung trotzdem laufen lassen wollen, müssen Sie den „Zugriff zulassen". Das sollten Sie aber nur dann tun, wenn Sie genau wissen, dass die Anwendung harmlos ist und ihre Ausführung von Ihnen bewusst gestartet wurde. Um es hart zu sagen: Gegen blauäugige Nutzer, die alle Warnungen in den Wind schlagen, ist die beste Firewall machtlos!

Die Windows-Firewall versucht, aus Ihren Entscheidungen zu lernen und merkt sich Ihre Eingaben. Sie können die Firewall aber auch selbst aufrufen und festlegen, wie restriktiv Sie Ihr System schützen wollen. Wie das genau funktioniert, erfahren Sie im Folgenden.

Hinweis: Um Anpassungen an der Firewall vorzunehmen – was wir im Übrigen nur versierteren Nutzern empfehlen –, müssen Sie über Administratorrechte verfügen.

Schritt 1. Um die Firewall aufzurufen, klicken Sie mit der rechten Maustaste auf den Start-Button und rufen Sie die Systemsteuerung auf. Wählen Sie dann die Übersicht „System und Sicherheit" und „Windows-Firewall".

Schritt 2. Klicken Sie links auf „Firewall ein- oder ausschalten", um die Einstellungen für die unterschiedlichen Netzwerktypen zu überprüfen und gegebenenfalls anzupassen. Sie können nun unter anderem festlegen, dass in öffentlichen Netzwerken alle eingehenden Verbindungen blockiert werden sollen. Wenn Sie nicht jedes Mal benachrichtigt werden wollen, wenn die Firewall den Internetzugriff einer Anwendung blockiert,

---

Die Windows-Firewall verrichtet ihren Dienst unauffällig und lernfähig. Hin und wieder sollten Sie sich trotzdem damit befassen

So überprüfen Sie Ihre Firewall

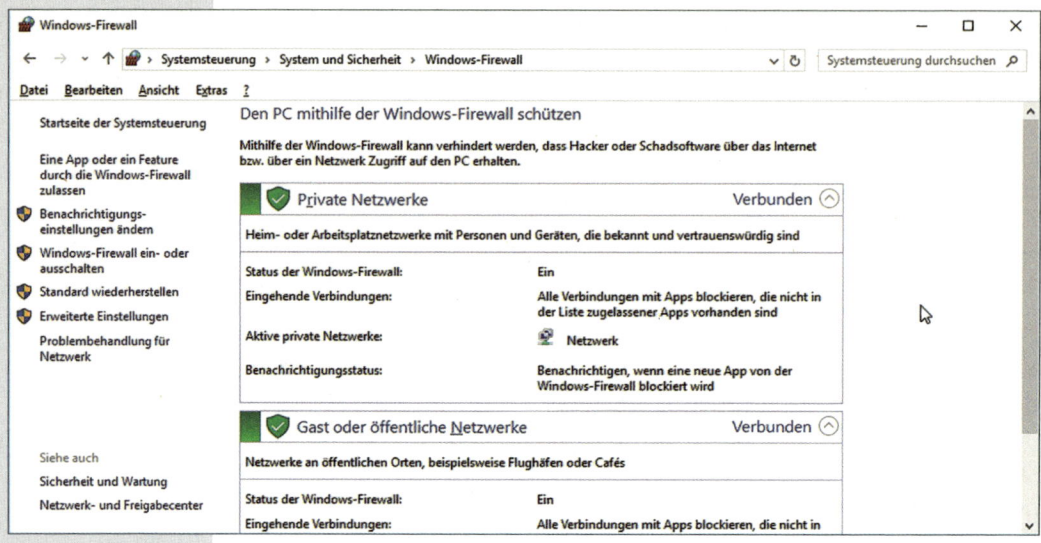

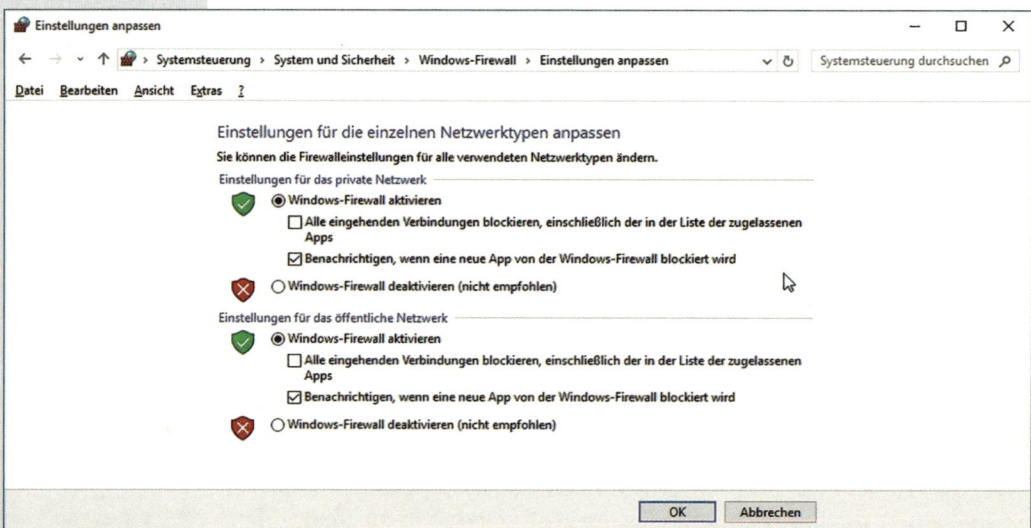

entfernen Sie das Häkchen vor dem Eintrag „Benachrichtigen, wenn …".
Über den Pfeil oben links kehren Sie jeweils zur Hauptseite der Firewall
zurück.

Schritt 3. Wenn Sie festlegen wollen, welche Anwendungen in welcher Art von Netzwerk Verbindung mit dem Internet aufnehmen dürfen, klicken Sie auf der Hauptseite der Firewall auf „Eine App oder ein Feature durch die Windows-Firewall zulassen". Die nun angezeigte Liste ist das Ergebnis Ihrer früheren Entscheidungen, wenn Windows Sie fragte, ob Sie einen Zugriff zulassen wollen oder nicht. Durch das Setzen oder Entfernen von Häkchen können Sie nun genau bestimmen, wie sich die Windows-Firewall in bestimmten Situationen verhalten soll.

Schritt 4. Wenn Sie sich schon etwas näher mit der Funktionsweise der Firewall auseinandergesetzt haben, haben Sie unter „Erweiterte Einstellungen" die Möglichkeit, Regeln für die Firewall zu erstellen. Es gibt „Eingehende Regeln" und „Ausgehende Regeln". Darüber können Sie beispielsweise Datenpakete, die ansonsten geblockt würden, an der Firewall vorbeischleusen.

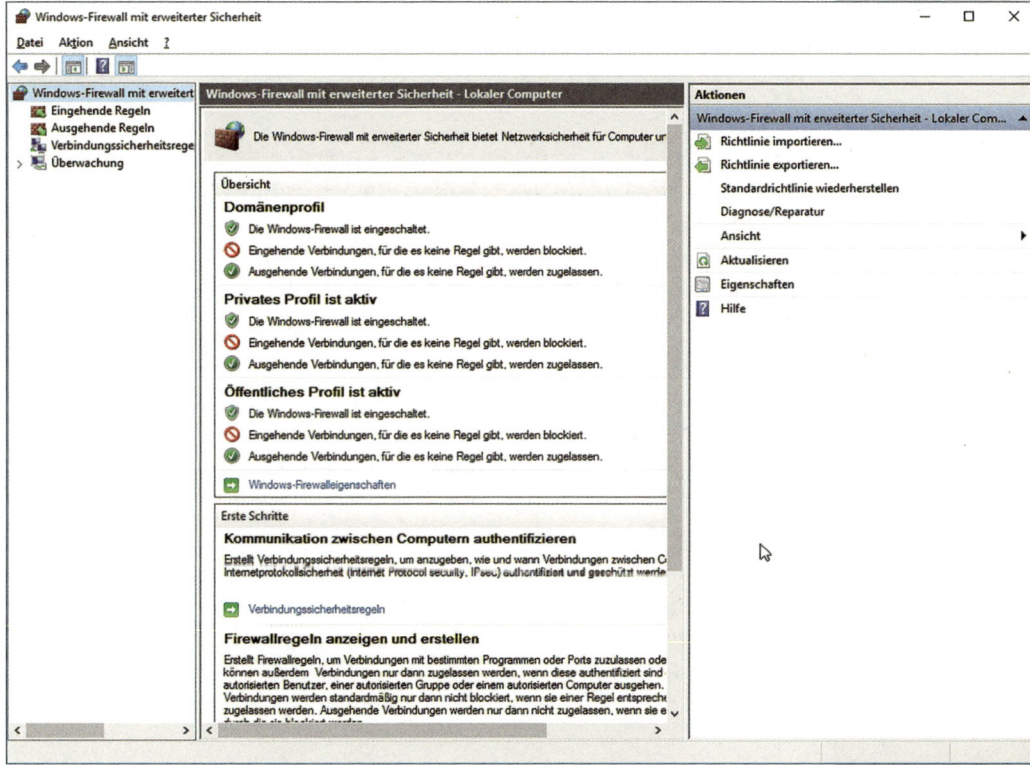

Schritt 5. Klicken Sie im Fenster „Erweiterte Einstellungen" rechts auf „Eigenschaften". Hier finden Sie weitere Konfigurationsmöglichkeiten für das Verhalten der Firewall. Gehen Sie beispielsweise im Register „Privates Profil" (die Optionen hier beziehen sich auf das Verhalten der Firewall in privaten Netzwerken) neben dem Eintrag „Geschützte Netzwerkverbindungen" auf „Anpassen" und entfernen Sie das Häkchen vor „Bluetooth", wenn Sie möchten, dass die Windows-Firewall über Bluetooth versendete Daten von der Überprüfung ausnimmt.

Schritt 6. Sollten Sie sich unsicher sein, ob Sie eventuell ungünstige Einstellungen an der Firewall vorgenommen haben, klicken Sie auf der Hauptseite auf „Standard wiederherstellen" und alles ist wieder beim Alten.

Hinweis: Wenn Sie eine externe Schutzsoftware installiert haben, die eine Firewall enthält, wird die Windows-Firewall automatisch deaktiviert.

Der Task-Manager

Was geht auf Ihrem PC eigentlich vor? Damit Sie sich über laufende Prozesse mehr Transparenz verschaffen können, gibt es den Task-Manager, der von Windows-Version zu Windows-Version immer weiter ausgebaut wurde. Inzwischen haben Sie damit nicht nur ein interessantes Informationstool, sondern auch ein Werkzeug zur Optimierung Ihres PCs an der Hand.

Ein Blick auf im Hintergrund laufende Prozesse

Klicken Sie in der Taskleiste mit rechts auf einen freien Bereich, um den Windows Task-Manager aufzurufen. Alternativ finden Sie ihn im Kontextmenü des Start-Menüs oder rufen ihn über die Shortcuts „Strg + Umschalten + Esc" oder „Strg + Alt + Entf" und dann „Task-Manager" auf. Klicken Sie beim ersten Start auf „Mehr Details", um genauere Informationen zu bekommen.

Der Task-Manager gibt Ihnen einen Überblick über sämtliche gerade aktiven Prozesse, Anwendungen und Dienste und zeigt Ihnen an, wie viele Systemressourcen dadurch jeweils in Anspruch genommen werden. Je dunkler ein Eintrag unterlegt ist, desto höher die durch die Anwendung

Leistungshungrig

Mithilfe des Task-Managers werden Sie möglicherweise feststellen, dass Internet-Browser, die man ja meist nebenbei laufen lässt, leistungshungriger sind, als man sich das gemeinhin vorstellt. Lassen Sie versuchsweise mehrere alternative Browser nebeneinander laufen, um zu sehen, wer mehr Hardwareleistung in Anspruch nimmt.

verursachte Auslastung. Wenn Sie kurzfristig mehr Ressourcen benötigen, klicken Sie einen Eintrag, der viel Leistungsreserven beansprucht an und klicken Sie unten auf „Task beenden".

Im Register „Leistung" wird für die wichtigsten Systemkomponenten aufgeführt, wie stark sie gerade ausgelastet sind. Das dient Ihrer Information und hilft Ihnen, Engpässe zu entdecken. Rangiert beispielsweise

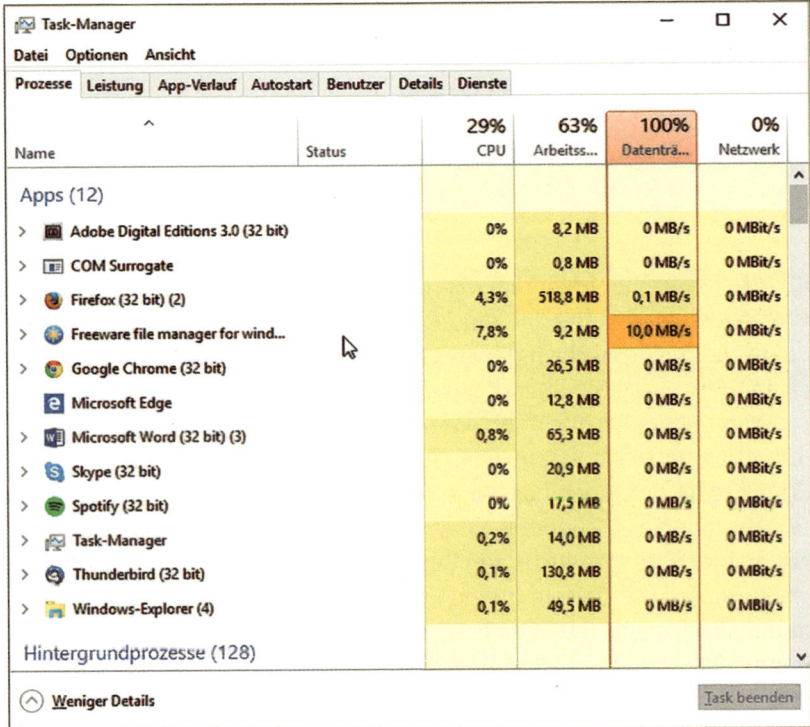

Der Task-Manager verrät, welche Programme und Apps die meisten Leistungsreserven in Beschlag nehmen

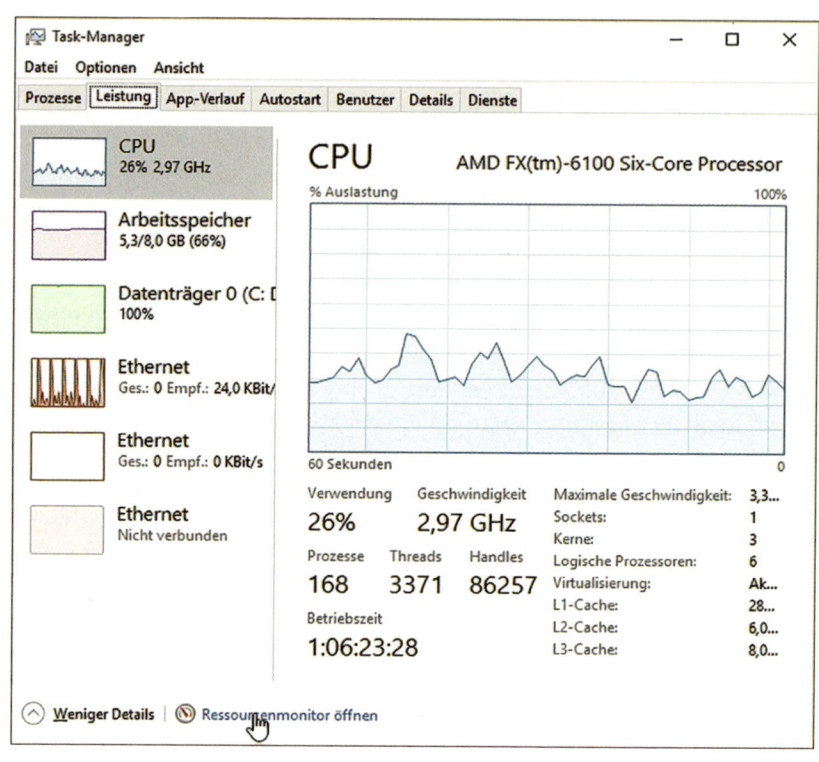

Mehr Arbeits-
speicher macht
den PC schneller

Ihr Arbeitsspeicher immer im oberen Bereich der Auslastung, ist es unter Umständen an der Zeit, ihn mit größeren oder zusätzlichen Speichermodulen zu erweitern. Noch genauere Angaben liefert Ihnen der „Ressourcenmonitor", den Sie über den Link ganz unten aufrufen können.

Wenn Windows hochfährt, werden viele Programme und Dienste automatisch gestartet. Die meisten Anbieter von Apps halten ihre eigenen Produkte für unverzichtbar und stellen diese standardmäßig so ein, dass sie zusammen mit Windows gestartet werden. Dass Ihr PC im Laufe der Zeit immer länger braucht, um Ihre Arbeitsumgebung zu starten, hängt insbesondere mit diesem Phänomen zusammen. Welche Anwendungen automatisch gestartet werden, können Sie im Register „Autostart" überprüfen. Automatisch gestartete Apps sind unter „Status" mit „Aktiviert" gekennzeichnet, rechts daneben sehen Sie, wie stark sich das auf Ihr

Abgestürzt

Wenn eine App abstürzt („sich aufhängt") und sich infolgedessen auch nicht mehr auf normalem Wege beenden lässt, öffnen Sie den Task-Manager mit einem Shortcut, markieren Sie die abgestürzte Anwendung mit der Maus und klicken dann unten rechts auf „Task beenden".

System auswirkt. Auch hier klicken Sie auf eine Anwendung, die Ihnen verzichtbar scheint (die Sie also nicht so dringend brauchen, dass sie zusammen mit Windows hochgefahren werden muss) und klicken Sie unten rechts auf „Deaktivieren". Ein Autostart dieser App sollte danach nicht mehr erfolgen, Sie können die Anwendung aber natürlich weiterhin jederzeit manuell starten.

Nicht jede App, die automatisch gestartet wird, ist auch wirklich nötig

Ganz ähnlich verhält es sich mit den „Diensten". Das sind Prozesse, die automatisch gestartet werden und im Hintergrund ablaufen, während Sie an Ihrem PC arbeiten. Viele der Dienste gehören zu Windows, es gibt aber auch solche, die mit installierten Programmen verknüpft sind. Sie können z.B. dazu dienen, diese Programme automatisch auf dem neuesten Stand zu halten. Klicken Sie auf den Link „Dienste öffnen", um einzelne Dienste zu beenden oder neu zu starten. Das sollten Sie allerdings nur tun, wenn Sie sich schon etwas besser auskennen, denn durch das Ausschalten wichtiger Dienste (wie etwa die zu Windows gehörenden) können Sie die Systemstabilität insgesamt beeinträchtigen.

Dienste nur mit Bedacht abschalten

Interessante Informationen bietet schließlich auch der „App-Verlauf". Hier können Sie genau sehen, wie viel Rechenzeit einzelne Apps in Anspruch genommen haben und wie viel Daten über das Netzwerk geladen wurden.

System-Backups und Sicherungen

Es ist der Albtraum jedes PC-Nutzers: Die Festplatte fängt an zu rattern und versagt schließlich ganz den Dienst. Oder der Rechner lässt sich erst gar nicht mehr hochfahren. Oder ganze Verzeichnisse werden unbeabsichtigt gelöscht. Das Resultat ist jedes Mal das gleiche: Ihr wertvollen

Daten sind unwiederbringlich dahin. Hier erfahren Sie, wie Sie sich davor schützen können.

Windows 10 verfügt über diverse Backupfunktionen, die die Installation zusätzlicher Software im Grunde überflüssig machen. Man findet sie in der Systemsteuerung im Bereich „System und Sicherheit" unter der Option „Sicherung des Computers erstellen". Wenn Sie diese zum ersten Mal ausführen oder neue Speichermedien angeschlossen haben, die Sie zur Sicherung nutzen wollen, klicken Sie auf „Sicherung einrichten". Der PC sucht dann selbstständig nach geeigneten Laufwerken und Speichermedien. Wählen Sie unter „Sicherungsziel" den gewünschten Speicherort aus. Das sollte möglichst ein externer Datenträger sein, da Sie ja auch im Falle eines völligen Systemcrashs wieder auf Ihre Systemkonfiguration und Ihre Daten zugreifen wollen. Achten Sie auch darauf, dass der Datenträger groß genug ist, um alles speichern zu können. Einen Netzwerkspeicher (z.B. einen in Ihr Netzwerk eingebundenen NAS-Server) finden Sie – sofern Sie einen besitzen – unter „In Netzwerk speichern".

Nun erscheint eine Auswahl, in der Sie entscheiden können, ob es Windows überlassen bleiben soll, ein im Notfall wiederherstellbares Systemabbild zu erstellen oder ob sie manuell einzelne Festplattenbereiche (Partitionen) oder Ordner für die Sicherung festlegen wollen. Klicken Sie danach auf „Weiter" und legen Sie fest, wann die Sicherung durchgeführt werden soll. Der Assistent kann Sicherungen nämlich regelmäßig automatisch vornehmen. Schließen Sie die Einstellungen ab, indem Sie auf die Schaltfläche unten rechts klicken. Im Falle eines Datenverlustes können Sie auf Ihre Daten zugreifen und gelöschte, beschädigte oder aus Versehen veränderte Dateien wiederherstellen. Über „System und Sicherheit" und „Sicherung und Wiederherstellen" können Sie dann auf ältere Systemkonfigurationen zugreifen oder einzelne Dateien suchen und wiederherstellen.

Eine weitere Sicherungsmöglichkeit ist der „Dateiversionsverlauf", der seit Windows 8 mit an Bord ist. Die Idee dahinter: Windows speichert automatisch ältere Versionen Ihrer Dateien. Geht etwas schief, können Sie sie wiederherstellen. Man muss es jedoch ganz klar so sagen: Diese Funktion ist noch fehlerbehaftet und wenig zuverlässig. Zudem haben Sie nur sehr begrenzt Kontrolle darüber, wann Windows eine Sicherung anlegt und wie lange sie aufbewahrt wird. Für einen wirksamen Schutz

Windows 10 bringt zahlreiche Sicherungsmöglichkeiten mit

Sicherungen können Sie automatisch durchführen lassen

vor Datenverlust ist sie deshalb derzeit keinesfalls zu empfehlen! Setzen Sie dagegen besser auf klassische Backup-Methoden, die Sie ebenfalls mit Bordmitteln durchführen können.

Das sollten Sie bei einem Backup beachten

Der Datenträger. Sichern Sie Ihre Daten auf einer externen Festplatte. Nur so haben Sie die Sicherheit, auch bei einem Defekt der internen Festplatte Ihres PCs noch darauf zugreifen zu können. Auch Netzwerk-Festplatten, so genannte NAS-Laufwerke oder Home Server, sind für Backups sehr gut geeignet. Zudem können Sie darauf auch von unterwegs über das Internet zugreifen.

Gesicherte Daten müssen immer mindestens zweimal an unterschiedlichen Orten gespeichert werden

Das Tool. Irreführenderweise finden Sie die beste Windows-Backup-Funktion unter der Bezeichnung „Windows 7-Dateiwiederherstellung", denn sie wurde bei dieser Windows-Version eingeführt, verrichtet aber auch unter Windows 10 noch zuverlässig ihren Dienst. Geben Sie in der Systemsteuerung in das Suchfeld oben rechts eine „7" ein, um dorthin zu gelangen.

Die Einrichtung. Klicken Sie rechts auf den Link „Sicherung einrichten". Wurde dieser Prozess schon einmal eingeleitet, können Sie mit „Einstellungen ändern" Änderungen vornehmen. Der Assistent bietet Ihnen alle infrage kommenden Laufwerke an, aus denen Sie nun Ihr Sicherungslaufwerk auswählen.

Gehen Sie beim Sichern Ihrer Daten systematisch vor

Die Netzwerksicherung. Wollen Sie Ihre Daten auf einem anderen PC oder einem NAS-Server speichern, klicken Sie auf „In Netzwerk speichern". Geben Sie den Netzwerkpfad zum gewünschten Speicherort sowie die notwendigen Benutzerdaten ein.

Die Dateiauswahl. Statt die Auswahl der zu sichernden Informationen Windows zu überlassen, wählen Sie die Option „Auswahl durch Benutzer" und legen im folgenden Schritt fest, welche Ordner gesichert werden sollen.

Der Zeitplan. Legen Sie nun mit einem Klick auf „Zeitplan ändern" fest, wann und wie oft eine Sicherung durchgeführt werden soll. Klicken Sie danach auf „Einstellungen speichern" und „Sicherung ausführen".

Schritt für Schritt: Ein komplettes Systemabbild erstellen

- Gehen Sie in die Systemsteuerung und geben Sie in das Suchfeld oben rechts die Ziffer „7" ein.
- Klicken Sie auf „Windows 7-Dateiwiederherstellung".
- Klicken Sie in der linken Menüleiste auf „Systemabbild erstellen", um alle Partitionen Ihrer Festplatte zu sichern. Wählen Sie eine angeschlossene externe Festplatte aus und klicken Sie auf „Weiter".
- Wollen Sie einzelne Partitionen oder Bibliotheken sichern, klicken Sie unter „Windows 7-Dateiwiederherstellung" unter „Sichern" auf „Sicherung einrichten". Ist bereits eine Sicherung eingerichtet, klicken Sie auf „Einstellungen ändern".
- Wählen Sie nun die Sicherungsfestplatte aus.
- Wählen Sie „Auswahl durch den Nutzer" und dann diejenigen Bibliotheken und Verzeichnisse aus, die Sie sichern möchten. Klicken Sie danach auf „Weiter".
- Überprüfen Sie Ihre Einstellungen und klicken Sie danach auf „Einstellungen speichern und Sicherung durchführen".

Um gesicherte Dateien wiederherzustellen, gehen Sie folgendermaßen vor:

- Öffnen Sie die „Windows 7-Dateiwiederherstellung".
- Klicken Sie im Bereich „Wiederherstellen" auf die Schaltfläche „Eigene Dateien wiederherstellen".
- Der Assistent bietet Ihnen die letzte Sicherung an. Sie können über „Anderes Datum auswählen" auch eine ältere Sicherung auswählen.
- Wählen Sie die Dateien und Ordner aus, die Sie wiederherstellen wollen.

Mit einem kompletten Systemabbild können Sie einzelne Dateien oder ihren ganzen PC im Notfall wiederherstellen

- Wählen Sie einen Ort aus, an dem die ausgewählten Daten wiederhergestellt werden sollen.
- Klicken Sie auf „Wiederherstellen".

Die Backup-FAQs

Muss der PC zur Sicherung eingeschaltet sein?

Während einer automatisch ausgeführten Datensicherung können Sie wie gewohnt weiterarbeiten. Ist der PC zum Zeitpunkt einer geplanten Sicherung ausgeschaltet, wird der Vorgang beim nächsten Einschalten gestartet. Aktuell geöffnete Dateien werden im Allgemeinen nicht gesichert.

Das müssen Sie zum Thema Backup wissen

Wie viel Platz braucht eine Sicherung?

Das hängt vom Umfang der zu sichernden Dateien ab. Beim ersten Mal erstellt der Assistent eine Komplettsicherung. Bei allen weiteren automatisch ausgeführten Sicherungen werden nur noch jene Daten berücksichtigt, die seit der letzten Sicherung verändert worden sind. Auf dem für das Backup ausgewählten Datenträger finden Sie eine Sicherungsdatei, die den Netzwerknamen des gesicherten PCs trägt: Klicken Sie mit rechts darauf und überprüfen Sie unter „Eigenschaften", wie viel Speicherplatz die Sicherungsdatei belegt.

Kann ich außerhalb des Zeitplans eine Sicherung durchführen?

Ja. Sie können jederzeit über die Schaltfläche „Jetzt sichern" eine Sicherung durchführen. Der zuvor festgelegte Zeitplan bleibt davon unbeeinflusst.

Wie finde ich einzelne Dateien und Ordner wieder?

Klicken Sie in der Dateiwiederherstellung auf „Alle Benutzerdateien wiederherstellen", wenn Sie nach einem kompletten Datenverlust alle Dateien rekonstruieren wollen. Über den Wiederherstellungsdialog können

Sie festlegen, ob die Daten am ursprünglichen oder, etwa nach einem Festplattenschaden, einem anderen Ort wiederhergestellt werden sollen. Um einzelne Dateien zu rekonstruieren, klicken Sie auf die Schaltfläche „Eigene Dateien wiederherstellen". Nun können Sie gezielt nach Dateien oder Ordnern suchen. Haben Sie mehrere Sicherungen angelegt, können Sie unter „Andere Sicherung für Dateiwiederherstellung wählen" festlegen, aus welcher Sicherungsdatei die Daten wiederhergestellt werden sollen.

Wie gelange ich zu den erweiterten Wiederherstellungsoptionen?

Geben Sie in das Suchfeld der Taskleiste „Wiederherstellung" ein und klicken Sie auf „Einstellungen". Sie können hier unter anderem einen Wiederherstellungspunkt oder ein Wiederherstellungslaufwerk erstellen, um Ihr System in einem früheren Zustand wiederherzustellen oder um erste Hilfe einzuleiten, wenn sich der PC nicht mehr starten lässt.

Wiederherstellungspunkte setzen

Kostenlose Backup- und Brennprogramme für alle Windows-Versionen

„TrayBackup" (www.traybackup.de) ist ein kostenloses Backup-Programm für alle Windows-Versionen ab Windows 95. Im Gegensatz zu vielen anderen Freeware-Programmen kann man damit auch Sicherungen des gesamten Systems durchführen. Auch automatische Backups einzelner Bereiche oder Dateien zu vorher festgelegten Zeitpunkten sind möglich. Der Clou des Programms ist, dass es keine Installation benötigt und direkt von USB-Sticks, Wechselfestplatten etc. gestartet werden kann. Laut Anbieter werden keine Veränderungen am System vorgenommen, insbesondere werden keine Dateien in das Systemverzeichnis kopiert. Das Programm ist komplett in deutscher Sprache, setzt aber wegen seines großen Funktionsumfangs eine gewisse Einarbeitungszeit voraus.

Als Alternative bietet sich für eine zuverlässige Datensicherung auch „CobianBackup" (www.cobiansoft.com/cobianbackup.htm) an, das in deutscher Sprache erhältlich und in Programmversion 11 ab Windows XP lauffähig ist.

Neustart

In der englischen Comedy-Serie „The IT-Crowd" melden sich die Angestellten der titelgebenden „Computer-Truppe" am Telefon stets mit dem schönen Satz „Have you tried to turn it off and on again?", „Haben Sie versucht, ihn aus- und wieder einzuschalten?" Dahinter verbirgt sich eine simple, aber äußerst wertvolle Weisheit: Das Aus- und Wiedereinschalten des PCs wirkt oft Wunder. Das ist auch unter Windows 10 nicht anders. Die Mail-App funktioniert nicht? Versuchen Sie es mit diesem Trick: Klicken Sie im Start-Menü auf „Ein/Aus" und danach auf „Neu starten". In den meisten Fällen ist der Fehler danach behoben. Das liegt an den Selbstanalyse- und Optimierungsmechanismen von Windows. Positiver Nebeneffekt: Der Neustart erlaubt ein kurzes Durchatmen, nachdem der erste Ärger über eine widerspenstige Funktion verraucht ist.

Aus- und Einschalten hilft

„CDBurner XP Pro" (http://cdburnerxp.se/) kann CDs und DVDs ebenso wie Blu-Rays brennen. Auch Audio-CDs können in diversen Dateiformaten erstellt werden. Die aktuelle Version 4.3 arbeitet mit allen Windows-Versionen ab Windows 2000 zusammen und ist in einer deutschen Sprachversion verfügbar. Videodateien lassen sich mit diesem einfach und übersichtlich gehaltenen Programm aber nicht bearbeiten.

Erstellen und Verwenden eines Systemreparaturdatenträgers

Wenn nichts mehr geht, Windows nicht mehr startet und Sie keinen Zugriff mehr auf Ihre Dateien haben, ist es zu spät. Besser, Sie bereiten sich frühzeitig auf einen solchen Notfall vor. Wie Sie Sicherungen Ihrer Daten anlegen, haben wir bereits in den vorangegangenen Abschnitten besprochen. Eine weitere vorbeugende Maßnahme ist das seit Windows 7 integrierte Erstellen eines Reparaturdatenträgers. Sie brauchen dazu ein Brennlaufwerk und eine beschreibbare CD oder DVD. Damit haben Sie zumindest eine Chance, Windows beim Auftreten eines schwerwiegenden Fehlers zu reparieren. Bei Hardwaredefekten hilft Ihnen das natürlich

Wichtig: Legen Sie Ihr Notfall-Kit an, bevor Sie es brauchen

nicht weiter. Doch in vielen Fällen ermöglicht Ihnen der Reparaturdatenträger, Schadensbegrenzung zu betreiben.

Tipp: Für die Verwendung der meisten Systemwiederherstellungs-
optionen von Windows benötigen Sie einen Windows-Installationsdatenträger oder Zugriff auf die Wiederherstellungsoptionen Ihres Com-
puterherstellers. Bei Komplett-Systemen sind diese häufig in Form eines
Recovery-Laufwerks vorhanden, zu denen Ihnen das mitgelieferte Handbuch des Herstellers nähere Auskunft geben sollte. Sind Ihnen all diese
Wege verschlossen, können Sie wie in diesem Kapitel beschrieben einen
Systemreparaturdatenträger für den Zugriff auf Systemwiederherstel-
lungsoptionen erstellen.

So erstellen Sie
einen Systemreparaturdatenträger

- Öffnen Sie die Systemsteuerung (Rechtsklick auf Start-Button,
  „Systemwiederherstellung") und danach in der Kategorie
  „System und Sicherheit" den Bereich „Sichern und Wieder-
  herstellen (Windows 7)"

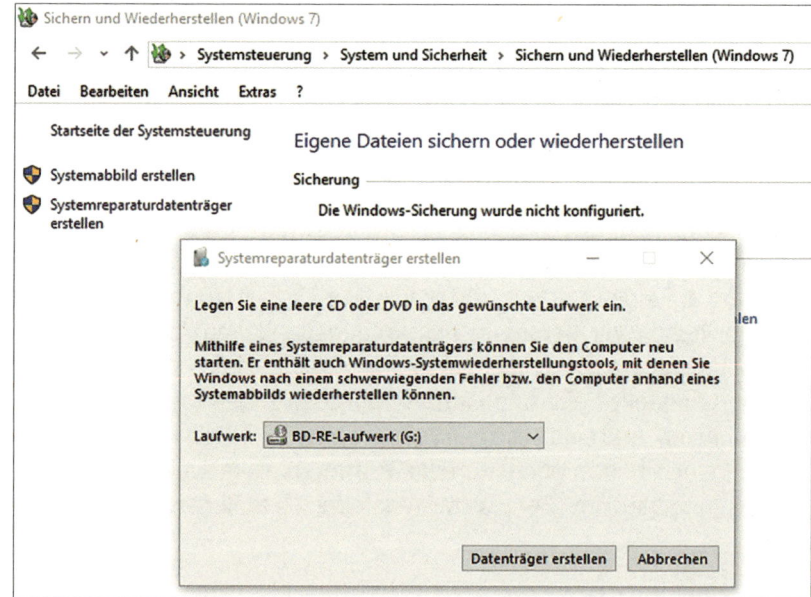

- Klicken Sie links auf „Systemdatenträger erstellen" und wählen Sie im sich öffnenden Fenster das Laufwerk, mit dem Sie den Reparaturdatenträger erstellen möchten. Klicken Sie dann auf „Datenträger erstellen.
- Klicken Sie auf „OK". Beschriften Sie den Datenträger und verwahren Sie ihn an einem sicheren Ort, wo Sie ihn im Notfall wiederfinden.

Ein wertvoller Notanker zum Preis einer DVD

Hinweis: Es kann sein, dass Sie aufgefordert werden, einen Windows-Installationsdatenträger einzulegen. Die zum Erstellen des Systemreparaturdatenträgers erforderlichen Dateien wurden in diesem Fall nicht auf Ihrem PC gefunden.

So verwenden Sie den Systemreparaturdatenträger

- Legen Sie den Systemreparaturdatenträger in das CD- oder DVD-Laufwerk ein.
- Starten Sie den Computer neu, indem Sie den Netzschalter des Computers betätigen.
- Während des Startvorgangs („Hochfahren") werden Sie aufgefordert, eine beliebige Taste zu drücken, um den Computer vom Systemreparaturdatenträger aus zu starten.
- Wählen Sie die Spracheinstellungen aus und klicken Sie auf „Weiter".
- Wählen Sie eine Wiederherstellungsoption aus und klicken Sie auf „Weiter".

Bewahren Sie die Notfall-DVD an einem sicheren Ort auf

Hinweis: Gelingt das Starten von CD oder DVD nicht, ist das System-BIOS möglicherweise falsch konfiguriert. Informationen dazu finden Sie im Handbuch Ihres Rechners. Um die BIOS-Einstellungen anzupassen, werden Sie bei den meisten Systemen während des Hochfahrens aufgefordert, die Entfernen- bzw. Delete-Taste („Entf" oder „Del") für ein erweitertes Setup zu betätigen. Wenn Sie das im richtigen Moment tun (Sie können die Taste auch während es Hochfahrens gedrückt halten), startet das BIOS. Wählen Sie CD oder DVD als „First Boot Device" aus. Wenn sich ein „bootfähiger" Datenträger (wie ein Windows-Installationsdatenträger oder Ihr Reparaturdatenträger) im Laufwerk befindet, startet Windows von dort. Ansonsten fährt Windows ganz normal von der Festplatte aus hoch. Wollen Sie Windows ganz normal starten, müssen Sie den bootfähigen Datenträger also aus dem Laufwerk entfernen.

Der Windows-Werkzeugkasten: Tipps & Tricks

Kein Betriebssystem ist so gut, dass man es nicht noch besser machen kann. Wie Sie ältere Programme zum Laufen bekommen, Ihr System warten und sicherer machen können, erfahren Sie in diesem Kapitel.

Nützliches für den Alltag

Passworteingabe deaktivieren

Bei mobilen PCs oder am Arbeitsplatz mag die Anmeldung per Passworteingabe mehr Sicherheit bieten. Zu Hause oder im Home Office ist sie oft einfach nur lästig. Öffnen Sie den „Ausführen"-Dialog mit der Tastenkombination „Win + R". Geben Sie den Befehl „netplwiz" ein. In der Benutzerkonten-Verwaltung entfernen Sie schließlich das Häkchen vor „Benutzer müssen Benutzernamen und Kennwort eingeben" und bestätigen mit „OK". Danach müssen Sie noch zweimal Ihr Passwort eingeben – was ja auch Sinn macht, da sonst schließlich jeder die Kennwort-Abfrage deaktivieren könnte.

Programme als Administrator starten

Das Kontextmenü hilft hier wie in vielen anderen Fällen weiter

Viele Programme und Befehle setzen voraus, dass Sie mit Administratorrechten arbeiten (siehe dazu auch ► Seite 79ff). Wenn Sie aus Sicherheitsgründen nicht als Administrator angemeldet sind (damit Schadprogramme nicht automatisch mit den gleichen Zugriffsrechten Unheil auf Ihrem PC anrichten können), hilft Ihnen das Kontextmenü weiter. Klicken Sie mit rechts auf eine Programmkachel (im Startbildschirm) oder ein Icon (im Desktop) und wählen Sie die Option „Als Admin ausführen".

Virtuelle Tastatur beim Systemstart öffnen

Sind Sie schon einmal in die Verlegenheit gekommen, Windows ohne Touchscreen, aber auch ohne Tastatur und Maus bedienen zu müssen, z.B., weil gerade keine Tastatur zur Hand war? Gehen Sie in der Systemsteuerung zum „Center für erleichterte Bedienung". Im Untermenü „Computer ohne Maus oder Tastatur bedienen" aktivieren Sie die Option „Bildschirmtastatur verwenden". Die virtuelle Tastatur wird nun immer bereits beim Systemstart geöffnet.

Windows und iOS

Die Microsoft- und die Apple-Welt stehen sich bisher meist unversöhnlich gegenüber. Doch immer öfter setzen sich die Anwender mit ihrem berechtigten Wunsch durch, das Beste aus beiden Welten zu bekommen. Office-Programme für Mac-Rechner sind ein Beispiel für den Brückenschlag. Auch wer die Vorzüge seines iPhones oder iPads schätzt, will deshalb nicht gleich auf Windows verzichten. Das muss er auch nicht, denn Apples Online-Speicher iCloud lässt sich direkt über Windows-PCs verwalten. Neuerdings kann man sogar über den Explorer auf Fotos und andere Daten zugreifen, die von iOS-Geräten auf die Apple-Server verlagert wurden.

Eine Brücke zwischen der Windows- und der Apple-Welt

Laden Sie unter der Adresse www.apple.com/de/icloud/setup/pc.html die neueste iCloud-Version für Windows herunter. Falls Sie iCloud bereits in einer älteren Ausgabe benutzen, müssen Sie diese zunächst deinstallieren. Öffnen Sie dazu iCloud, melden Sie sich ab und entfernen Sie die Software über „Systemsteuerung" und „Programm deinstallieren". Öffnen und installieren Sie danach die heruntergeladene Installationsdatei „iCloudSetup.exe" mit einem Doppelklick. Nach getaner Arbeit und einem Windows-Neustart können Sie sich mit Ihrer Apple-ID und Ihrem Kennwort anmelden. Auf iPhones und iPads können Sie über „Einstellungen" und „iCloud" festlegen, welche Inhalte in Apples Online-Speicher wandern. Das sind typischerweise Ihre mit dem iPhone gemachten Fotos. Tippen Sie auf „iCloud Drive", dann können Sie darüber hinaus festlegen, welche Apps von anderen Anbietern dort Daten speichern dürfen.

Nach der Installation von iCloud können Sie nun über den Explorer direkt darauf zugreifen. Betätigen Sie gleichzeitig die Windows- und die E-Taste, um den Explorer zu öffnen. Die Einträge „iCloud-Photos" und „iCloud-Drive" finden Sie im Verzeichnisbaum unter „Favoriten". Sie können nun etwa einzelne Bilder aus iCloud direkt in einen Ordner auf Ihrem PC ziehen oder umgekehrt einzelne Dokumente oder ganze Ordner aus einem Windows-Verzeichnis in iCloud speichern. Auch der direkte manuelle Austausch zwischen iCloud und anderen Online-Speichern wie Dropbox ist möglich. Und was ist mit Microsofts eigenem Online-Speicher OneDrive? Auch dafür gibt es natürlich eine iOS-App. Falls OneDrive auf Ihrem PC oder Mac fehlt, können Sie die Installationsdatei unter https://onedrive.live.com/about/de-de/download herunterladen.

Der Windows-Schlüsseldienst

Wenn Sie Ihr Passwort zum Anmelden auf Ihrem PC vergessen haben, ist guter Rat teuer. In diesem Fall können Sie die Online-Hilfe von Microsoft unter http://windows.microsoft.com/de-de/windows-live/account-reset-password-forgot-faq verwenden, um Ihr Passwort zurückzusetzen. Um im Notfall Ihre Identität bestätigen zu können, sollten Sie vorher einige Sicherheitseinstellungen zum Schutz Ihres Kontos vornehmen. Melden Sie sich dazu online mit Ihrem Microsoft-Konto an und gehen Sie in der Konto-Verwaltung zur Kategorie „Sicherheit und Datenschutz". Klicken Sie dort auf den Link „Erweiterte Sicherheit verwalten". Nun können Sie unter anderem eine Mobilfunknummer hinterlegen, über die Sie sich per SMS einen Bestätigungscode senden lassen können. So setzen Sie Ihr Kennwort zurück:

Für alle Fälle: Beugen Sie dem Passwortverlust vor

- Rufen Sie die die Windows-Hilfe unter dem oben angegebenen Link auf.
- Geben Sie an, warum Sie Ihr Kennwort zurücksetzen möchten und klicken Sie danach auf „Weiter".
- Geben Sie die E-Mail-Adresse an, die Sie bei der Registrierung Ihres Microsoft-Kontos verwendet haben.
- Geben Sie die auf dem Bildschirm angezeigte Zeichenfolge ein und klicken Sie wieder auf „Weiter". Die Eingabe dient der Sicherheit und soll Hackerprogramme davon abhalten, fremde Passwörter auszuspähen – Algorithmen können solche Piktogramme nämlich nicht lesen.
- Wenn Sie Ihrem Konto wie oben empfohlen Sicherheitsinformationen hinzugefügt haben, sendet Ihnen Microsoft einen Einmalcode an die angegebene alternative Telefonnummer oder E-Mail-Adresse.
- Sobald Sie diesen Code auf dem nächsten Bildschirm eingeben, können Sie online ein neues Kennwort erstellen und sofort verwenden, um sich auf Ihrem PC anzumelden.

Sollten Sie sich mit einem lokalen Konto bei Windows anmelden, fällt die Option des Rücksetzens natürlich aus. In diesem Fall sollten Sie vorsorglich einen Datenträger für das Zurücksetzen des Kennworts für Ihr lokales Windows-Konto anlegen. Sie brauchen dazu eine beschreibbare CD oder einen USB-Stick. Rufen Sie die Systemsteuerung auf und geben Sie in das Feld oben rechts „Kennwort" ein. Auf der linken Seite wählen Sie danach die Option „Kennwortrücksetzdiskette erstellen" aus. (Falls Sie sich über das Wort „Diskette" wundern: Das stammt noch aus Zeiten, als die gerade einmal 1,44 MB fassenden Datenträger noch Standard waren.) Folgen Sie den Anweisungen auf dem Bildschirm, erstellen Sie Ihren Kennwortrücksetzdatenträger und heben Sie ihn an einem sicheren Ort auf. Wenn Sie nun einmal Ihr Windows-Kennwort vergessen haben, tippen Sie beim Anmelden einfach irgendein Fantasiewort ein. Windows verwehrt Ihnen dann zwar den Zugang, doch Sie können auf „Passwort zurücksetzen" direkt unter dem Eingabefeld klicken, Ihre Sicherung von der CD oder dem USB-Stick laden und ein neues Passwort erstellen.

Ihr eigener Windows-Schlüssel

Ein sicheres Passwort hat möglichst viele Buchstaben sowie im Idealfall auch noch ein paar Zahlen und Sonderzeichen. Soweit die Theorie. In der Praxis haben allerdings die wenigsten Lust, sich ewig lange kryptische Passwörter zu merken. Ganz zu schweigen davon, dass man die auch noch bei jedem Systemstart eingeben muss. Falls Sie dieses Problem auch kennen, dann kann Ihnen jetzt geholfen werden. Die kostenlose Windows-App, die Sie dafür brauchen, heißt USBLogon. Es gibt dieses Programm schon länger, es läuft aber bereits auch unter Windows 10. Sie können damit einen ganz gewöhnlichen USB-Stick in einen digitalen Schlüssel für Ihren Rechner verwandeln. Nach dem Hochfahren des Rechners müssen Sie den Stick nur anschließen – schon werden Sie automatisch als Benutzer angemeldet. Wenn Sie wollen, können Sie den USBLogon-Schlüssel auch so konfigurieren, dass Ihr PC nach dem Abziehen des Sticks abgeschlossen wird oder beim Windows-Start gleich ein bestimmtes Programm geöffnet wird. So geht's:

Machen Sie Ihr System sicherer!

- Laden Sie die USBLogon-Software aus dem Internet herunter. Die offizielle Download-Seite finden Sie unter der Adresse www.quadsoft.org/downloads.

- Doppelklicken Sie auf die heruntergeladene Datei (USBLogonSetup.exe), um die Installation zu starten. Bestätigen Sie, dass Sie die Software installieren wollen.
- Wählen Sie einen beliebigen Zielordner auf Ihrer Festplatte. Sie können den Ordner mit „Durchsuchen…" ändern.
- Nach der Installation startet das Programm automatisch. Schließen Sie einen USB-Stick an, wählen Sie es in der Übersicht aus (Linksklick, um den Eintrag blau zu färben) und wählen Sie „Gerät konfigurieren".

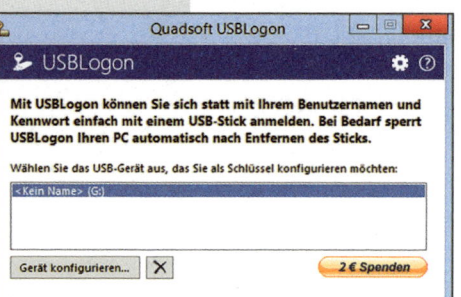

- Sie müssen die Auswahl nochmals mit „Ja" bestätigen. Die auf dem Stick gespeicherten Daten bleiben in der Regel erhalten. Wenn es sich um wichtige Daten handelt, führen Sie dennoch vorsichtshalber eine Sicherung durch.
- Wählen Sie nun ein Passwort aus und bestätigen Sie Ihre Eingabe mit „OK".
- Die Grundfunktionen sind schon in der kleinen Version des Menüs verfügbar. Für weitere Optionen klicken Sie auf „Erweitert".
- Sie können nun unter anderem festlegen, dass die Anmeldung automatisch erfolgen soll, sobald der Stick angeschlossen wird.

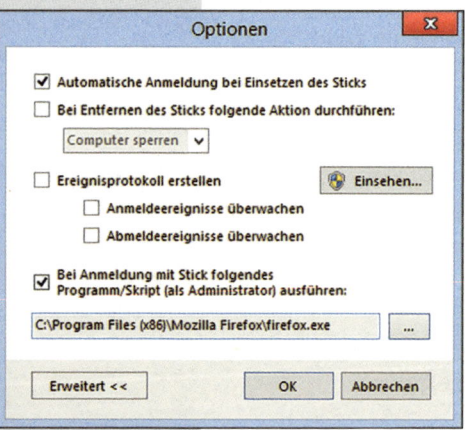

Außerdem können Sie festlegen, dass Ihr PC gesperrt werden soll, wenn Sie den Stick entfernen. USBLogon kann auch ein Ereignisprotokoll erstellen, in dem festgehalten wird, wann ein Benutzer an- oder abgemeldet wurde. Setzen Sie dazu einfach ein Häkchen vor die Option. Auf Wunsch kann auch nach der Anmeldung automatisch ein bestimmtes Programm gestartet werden. Um das Programm auszuwählen, klicken Sie auf „…" und wählen im Explorer das gewünschte auf Ihrer Festplatte installierte Programm aus. Bestätigen Sie mit „OK".

- Das Programm bestätigt Ihnen nun, dass Ihr USB-Stick erfolgreich eingerichtet wurde. Beim nächsten Start von Windows können Sie sich einfach durch Anschließen des Sticks anmelden.
- Sie können Ihre Einstellungen später jederzeit wieder ändern. Starten Sie USBLogon dazu erneut, löschen Sie die vorige Konfiguration und richten den Stick erneut ein. Dank Ihres selbst erstellten PC-Schlüssels müssen Sie bei der Anmeldung an Ihrem PC weder Ihren Benutzernamen noch Ihr Passwort eingeben. Gleichzeitig sind Sie nun noch besser geschützt, da (wenn Sie die entsprechende Einstellung vorgenommen haben) niemand mehr ungefragt Ihren PC hochfahren kann.

Alte Programme zum Laufen bringen

Der Kompatibilitätsmodus

Was tun, wenn alte Software nicht mehr läuft? Programme für Windows 7 oder Windows 8 sollten in den allermeisten Fällen auch noch unter Windows 10 laufen. Mit Software für Vista, XP oder gar Windows 98 wird es schon etwas schwieriger. Unter Umständen bringen Sie Programme, die unter Windows 10 einen Kulturschock erleben, mit dem „Kompatibilitätsmodus" zum Laufen.

> Programme, von denen Sie sich nicht trennen möchten, laufen auch unter Windows 10

Das Ganze funktioniert folgendermaßen: Suchen Sie das betreffende Programm im Explorer. Den Ordner, der das Programm enthält, öffnen Sie per Doppelklick und wählen unter all den Einträgen die eigentliche Anwendung. Sie trägt in den meisten Fällen schlicht den Namen des Programms, in der Spalte „Typ" steht „Anwendung". Klicken Sie mit der rechten Maustaste darauf. Gehen Sie runter zu „Eigenschaften" und klicken Sie mit links darauf. Wählen Sie das Register „Kompatibilität" aus. Setzen Sie ein Häkchen vor „Im Kompatibilitätsmodus ausführen für" und wählen Sie über die Auswahl darunter das Betriebssystem aus, unter dem das Programm vorher problemlos gelaufen ist. Klicken Sie auf „OK".

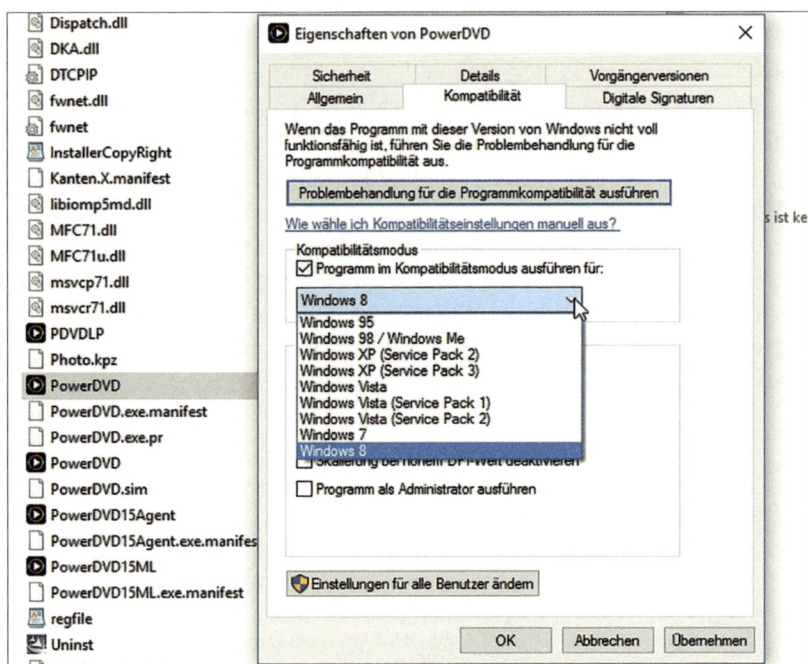

Wenn Sie das betreffende Programm das nächste Mal starten, läuft es im Kompatibilitätsmodus. Windows gaukelt der widerspenstigen Software einfach vor, es handle sich um eine ältere Version.

Ist das Problem die Installation selbst, wird es etwas kniffliger. Suchen Sie auf dem Datenträger (ebenfalls über den Explorer) die Datei, die für die Installation zuständig ist (z.B. „Setup.exe") oder setzen Sie im Zweifel gleich alle Dateien mit der Endung „exe" wie oben beschrieben in den Kompatibilitätsmodus. Versuchen Sie dann, das Programm erneut zu installieren. Leider gibt es keine Garantie, dass die Software danach auch wirklich läuft. Aber immerhin haben Ihre bewährten Programme so noch eine Chance, auch unter dem neuen Betriebssystem erhalten zu bleiben.

XP-Programme unter Windows 10

Eine so genannte virtuelle Maschine, die als unabhängiges System auf Ihrem Computer eingerichtet wird, kann das Weiterleben von unverzichtbaren Windows XP-Programmen sicherstellen – und das sogar kostenlos. Gehen Sie folgendermaßen vor:

- Laden Sie auf www.vmlite.com die unter „Download" verfügbare Datei „VMLiteWorkstationSetup.exe".
- Holen Sie sich von einem der gängigen Freewareanbieter, wie z.B. chip.de (www.chip.de/downloads/XP-Modus-fuer-Windows-7_37537390.html), den XP-Modus für Windows 7. Lassen Sie sich nicht davon irritieren, dass im Programmnamen dezidiert Windows 7 genannt ist.
- Starten Sie durch Doppelklick auf die VMLite-Datei die Installation. In deren weiterer Folge müssen Sie auch der Installation von Gerätesoftware (Treiber) zustimmen, damit später alles reibungslos läuft.
- Sobald die Installation der virtuellen Maschine abgeschlossen ist, erscheint ein weiteres Fenster. Hier suchen Sie unter „Specify the path of the XP mode package or a virtual disk file" den Speicherort der XP-Modus-Datei, markieren diese mittels Rechtsklick und klicken auf „Öffnen" und „Next".
- Während des Installationsvorgangs müssen Sie lediglich ein Administratorpasswort Ihrer Wahl eingeben sowie die Größe des Arbeitsspeichers und die Anzahl der virtuellen Prozessorkerne (CPUs), die Sie dem Gastbetriebssystem zugestehen, definieren. An sich genügen für die meisten XP-Programme 512 MB, maximal 2048 MB sollten Sie XP zunächst einmal zugestehen. Die CPU-Einstellungen belassen Sie auf 1.
- Deaktivieren Sie im nächsten Fenster die automatischen Updates, denn XP wird ohnehin nicht mehr damit versorgt und sollte aus Sicherheitsgründen möglichst keinen Kontakt zum Internet aufnehmen.
- Schließlich sehen Sie – wenn auch (noch) nicht bildschirmfüllend – den bekannten XP-Desktop vor sich. Klicken Sie in der Menüleiste

Für fortgeschrittene Nutzer: virtuelle Maschinen einrichten

der virtuellen Maschine auf „Geräte/Gasterweiterungen installieren". Diese bewirken nicht zuletzt, dass XP in den Vollbildmodus im 16:9-Format wechselt. Allfällige Warnmeldungen zu Sicherheitsbedenken sowie Hinweise, dass sich XP nicht auf dem aktuellen Stand befindet, ignorieren Sie bitte.

In Ihrer virtuellen Maschine lebt XP wieder auf

- Nun ist XP einsatzbereit, Sie können wie gewohnt Programme installieren und über den Explorer unter „host/C/Users/(Benutzername)" auf Dateien zugreifen, die auf dem Gastsystem abgespeichert sind. Möchten Sie Software aus dem Internet unter XP installieren, dann nehmen Sie aus Sicherheitsgründen unbedingt diesen Umweg, d.h. Download unter Windows 10 und dann erst über den Windows-Explorer von XP auf die Installationsdatei zugreifen. Am besten deaktivieren Sie unter XP die automatisch über den Host eingerichtete Internetverbindung: „Start/Systemsteuerung/Netzwerk- und Internetverbindungen/Netzwerkverbindungen/(Rechtsklick auf LAN-Verbindung)/Deaktivieren".
- Vor dem Beenden der virtuellen Maschine fahren Sie XP wie üblich herunter. Möchten Sie es starten, öffnen Sie zunächst die VMLite Workstation und klicken auf den grünen Pfeil. In der VMLite Workstation finden Sie eine Übersicht über das Gastsystem sowie alle Einstellungsmöglichkeiten. Klicken Sie dazu auf die blauen Überschriften. XP muss währenddessen ausgeschaltet sein.
- Das reibungslose Funktionieren einer virtuellen Maschine bzw. eines Gastsystems hängt immer auch von der Hardware des Computers ab. Sollte sich herausstellen, dass XP träge reagiert, können Sie jedenfalls versuchen, in der VMLite Workstation unter „System/Hauptplatine" den Speicher von 2048 auf 4096 MB zu erhöhen.
- Nur wenn Sie computertechnisch bewandert sind – und Ihr Computer dies überhaupt unterstützt –, können Sie außerdem unter „System/Beschleunigung" die „Hardware-Virtualisierung" aktivieren und somit die Rechenprozesse beschleunigen. Bevor Sie in der VMLite Workstation bei VT-x/AMD-V (die Virtualisierungslösungen der beiden Chiphersteller Intel und AMD) den Haken setzen, müssen Sie allerdings eine entsprechende Einstellungsänderung im BIOS Ihres Computers vornehmen. In unserem Fall handelte es sich um ein HP ProBook mit Intel-

Prozessor. Zur VT-x-Aktivierung gelangt man hier während des Neustarts über „ESC/BIOS Setup/Update System BIOS/Advanced/ Device Configurations" – dies ist jedoch von Hersteller zu Hersteller und von Gerät zu Gerät unterschiedlich.

- Nach dem Speichern der Änderungen im BIOS und dem anschließenden Hochfahren des Computers können Sie in der VMLite Workstation die Hardware-Virtualisierung aktivieren und unter „System/Prozessor" die Anzahl der virtuellen Prozessorkerne auf 2 oder auch auf 4 erhöhen. In der Folge können Sie ja ausprobieren, in welcher Kombination von Speicher- und Prozessoreinstellungen Ihre XP-Programme am flüssigsten laufen.

Beschleunigen und reparieren

PC-Probleme aufspüren und beheben

Verhält sich Ihr Windows-10-PC nicht so, wie Sie es sich vorstellen? Möglicherweise liegt ein internes Problem vor. Um dem auf die Spur zu kommen, klicken Sie mit rechts auf den Start-Button und rufen Sie die Systemsteuerung auf. Geben Sie rechts oben in das Suchfeld das Wort „Problem" ein. Windows zeigt Ihnen nun eine Übersicht von Optionen, die Ihnen bei der Behebung von Problemen helfen können. Hilfreich ist auch die Kategorie „Problembehandlung". Klicken Sie darauf und danach links auf „Alles anzeigen". Klicken Sie auf „Systemwartung"

 Problembehandlung
Schritte zum Reproduzieren eines Problems aufzeichnen
Probleme mit der Heimnetzgruppe erkennen und beheben
Probleme mit Windows Search erkennen und beheben
Problembehandlungsverlauf
Probleme mit Geräten erkennen und beheben
Probleme erkennen und beheben

 Sicherheit und Wartung
Probleme mit Ihrem Computer beheben
Computerstatus überprüfen und Probleme lösen
Alle Problemberichte anzeigen
Nach Lösungen für Problemberichte suchen
Lösungen für Probleme anzeigen
Letzte Meldungen zu Ihrem Computer anzeigen
Zuverlässigkeitsverlauf anzeigen
Empfohlene Aktionen zur reibungslosen Ausführung von Windows anzeigen
Meldungsarchiv anzeigen

und folgen Sie den Anweisungen auf dem Bildschirm, um Ihr System auf Fehler hin zu überprüfen.

Datenträgerbereinigung

Im Laufe der Zeit sammelt sich auf jedem PC viel Müll in Form von Daten an, die eigentlich gar nicht mehr gebraucht werden. Geben Sie in das Suchfeld der Taskleiste das Wort „Daten" ein und klicken Sie in der Suchliste auf die Desktop-App „Datenträgerbereinigung" (dies erfordert Administratorrechte). Nun wählen Sie das Laufwerk (die Partition) aus, die Sie von unnötigem Ballast befreien wollen, und folgen Sie den Anweisungen auf dem Bildschirm. Je nach Größe der Partition und Menge der installierten Daten kann das einige Minuten in Anspruch nehmen.

Markieren Sie in der Ergebnisliste jene Dateien, die Sie entfernen möchten mit einem Häkchen. Dazu gehören die Windows-Updates, die temporären Dateien, die temporären Internetdateien, die Systemfehler-Speicherabbilddateien, die Windows-Fehlerberichterstattungsdateien, die Debug-Speicherabbilddateien und die Protokolldateien für Windows-Upgrades. Systemfehler-, Fehlerberichterstattungs- und Protokolldateien sollten Sie lediglich dann aufheben, wenn in jüngster Zeit – etwa nach einer Programminstallation oder einem Update – akute Probleme aufgetreten sind. Dann können diese automatischen Aufzeichnungen Fachleuten nämlich wichtige Informationen über die Fehlerursachen liefern. Bei einem stabil laufenden System können Sie sie ruhig z.B. im Jahresabstand löschen. Klicken Sie nach getätigter Auswahl einfach auf die Schaltfläche „OK". Das Bereinigen kann etliche Minuten dauern.

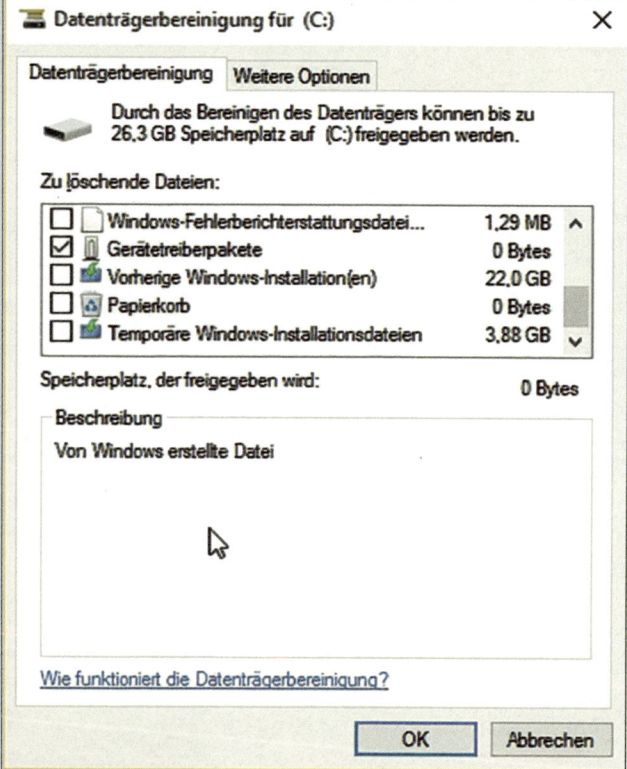

Den Ressourcenmonitor aufrufen

Wie man einen Blick ins Innere von Windows wirft, wurde bereits beim Task-Manager auf ▶ Seite 176ff erörtert. Wenn Sie es noch genauer wissen wollen, bietet Windows Ihnen den Ressourcenmonitor als Werkzeug an. Um ihn aufzurufen, geben Sie das Kürzel „resmon" ins Suchfeld des Taskleiste ein. Dazu müssen Sie über Administratorrechte verfügen (also die App eventuell per Rechtsklick oder Passworteingabe starten). Interessant ist insbesondere die Anzeige unter „Dienste". Denn wie beim Task-Manager erläutert, werden viele davon beim Systemstart automatisch mitgestartet – ob das nun sinnvoll ist oder nicht. Klicken Sie mit rechts auf einen Dienst, von dem Sie glauben, dass Sie ihn nicht brauchen, und wählen Sie „Beenden" im Kontextmenü. Sie sollten das aber keinesfalls während einer Arbeitssitzung tun, denn sonst könnte ein Datenverlust die Folge sein!

Ein Blick ins Innere von Windows

Den Explorer reparieren (Systemdatei-Überprüfungsprogramm)

Der Datei-Explorer (früher Windows-Explorer) ist die zentrale Dateiverwaltung von Windows (▶ Seite 132ff). Wenn er den Dienst versagt, steht man vor einigen Problemen. Ordner lassen sich nicht mehr ohne weiteres verschieben, das Aufrufen des Kontextmenüs führt zu unerwartetem Schließen. Zunächst sollten Sie einen Schädlingsbefall ausschließen. Führen Sie dazu eine Komplettüberprüfung mit dem Virenscanner Ihrer Wahl durch. Machen Sie vorsichtshalber einen zusätzlichen Check mit einem kostenlosen Diagnose-Programm wie dem bereits vorgestellten „Malwarebytes Anti-Malware" (Download unter http://de.malwarebytes. org). Danach sollten Sie testen, ob ein Treiberproblem vorliegt. Gehen Sie über die Systemsteuerung zum Geräte-Manager und doppelklicken Sie auf den Eintrag für Ihre Grafikkarte. Im Register „Treiber" klicken Sie auf „Treiber aktualisieren".

Führt das nicht zum Erfolg, kommt das Systemdatei-Überprüfungsprogramm zum Einsatz, das dazu da ist, Ihren PC auf fehlende oder beschädigte Dateien hin zu untersuchen. Klicken Sie zuerst unten links auf „Start" und geben Sie „cmd" in das Suchfeld ein. In den Ergebnissen klicken Sie mit der rechten Maustaste auf „cmd.exe" und wählen Sie im so genannten Kontextmenü „als Administrator ausführen". Unter Umständen müssen Sie nun noch das Kennwort für das Administratorkonto eingeben. In dem schwarzen Fenster, das nun erscheinen sollte, geben Sie in der Befehlszeile „Sfc/scannow" ein und drücken die „Return"-Taste. Auch ein defekter Arbeitsspeicher (RAM) kommt als Fehlerquelle in Betracht. Verwenden Sie zum Überprüfen das Windows-Speicherdiagnosetool, indem Sie erneut auf „Start" klicken und „Speicherdiagnose" eingeben. Wählen Sie „Jetzt neu starten und überprüfen (empfohlen)". In den meisten Fällen sollte das Problem jetzt behoben sein. Viel Aufwand, aber immer noch besser, als eine Wiederherstellung oder gar Neuinstallation durchzuführen.

Windows 10 reparieren, zurücksetzen oder neu installieren

Wenn Windows ernsthafte Probleme macht, können Sie versuchen, mit den internen Wiederherstellungsoptionen zu retten, was zu retten ist. Unter Umständen erspart Ihnen das eine aufwändige und zeitraubende Neuinstallation – oder den teuren Gang zum Fachhändler. Früher verwendete man dazu den Installationsdatenträger. Da Windows 10 jedoch nur noch in Ausnahmefällen auf einer DVD ausgeliefert wird, stellt sich die Frage, wie man das System ohne Datenträger „auffrischen" oder wiederherstellen kann.

Wenn nichts mehr geht

Gehen Sie dazu über „Einstellungen" zu „Update und Sicherheit" und klicken dann links auf „Wiederherstellung". Unter „Diesen PC zurücksetzen" klicken Sie auf das wohl aufmunternd gemeinte „Los geht's". Sie haben nun zwei Möglichkeiten:

• **Windows 10 auffrischen.** Dadurch wird das Betriebssystem komplett neu installiert, Ihre persönlichen Daten wie Fotos und Dokumente bleiben aber auf dem Computer erhalten. Wenn Sie diese Option wählen wollen, klicken Sie auf die Schaltfläche „Eigene Dateien beibehalten".

- **Windows 10 neu installieren.** In diesem Fall werden alle Ihre persönlichen Daten, Apps und Einstellungen gelöscht. Sie sollten also auf jeden Fall eine Sicherung Ihrer Daten vornehmen, da diese sonst unrettbar verloren sind. Klicken Sie dann auf die Schaltfläche „Alles entfernen". Anschließend haben Sie die Wahl, ob Sie Windows sicher oder normal installieren möchten. Bei der sicheren Methode werden alle Daten gründlich überschrieben und lassen sich selbst von Experten nur schwer reproduzieren. Der Vorgang kann jedoch mehrere Stunden in Anspruch nehmen und lohnt meist nicht.

Hinweis: Beide Optionen werden Ihnen nur angezeigt, wenn Sie als Administrator angemeldet sind.

Wenn Sie, wie im Kapitel „System-Backup und Sicherungen" (▶ Seite 179ff) beschrieben, ein komplettes Systemabbild erstellt haben, können Sie Windows mit dessen Hilfe wiederherstellen. Schließen Sie dazu das USB-Laufwerk (Stick oder externe Festplatte) an und klicken Sie unter „Update und Sicherheit" und „Wiederherstellung" unter „Erweiterter Start" auf „Jetzt neu starten".

Wenn Sie Windows nicht komplett neu installieren, sondern einen früheren Zustand des PCs wiederherstellen wollen, als das System noch reibungslos funktionierte, hilft Ihnen die Systemwiederherstellung weiter.

Mit einem Backup sind Sie auf der sicheren Seite

- Klicken Sie mit rechts auf den Start-Button und wählen Sie die „Systemsteuerung" aus.
- In der Kategorie „System und Sicherheit" und „Sicherheit und Wartung" finden Sie unten rechts die „Wiederherstellung".
- Wählen Sie die Option „Systemwiederherstellung öffnen". Das kann einige Sekunden dauern.
- Entscheiden Sie sich nun für einen der angezeigten Punkte und starten Sie den Vorgang.

Tipp: Windows legt in regelmäßigen (aber oft nicht ganz nachvollziehbaren) Abständen einen Wiederherstellungspunkt an, den Sie bei der Systemwiederherstellung verwenden können. Wenn Sie sich nicht darauf verlassen möchten, können Sie manuell einen Wiederherstellungspunkt setzen. Das bietet sich z.B. an, wenn Sie das Gefühl haben, dass Ihr System vollständig eingerichtet ist und einwandfrei funktioniert. Aber auch bei größeren Eingriffen ins System, bei denen Sie nicht sicher sind, ob danach noch alles rundläuft, ist das Setzen eines Wiederherstellungspunktes eine gute Idee.

Ein Windows-Update durchführen

Wie eingangs bereits erwähnt, hält der Hersteller Windows 10 ständig auf dem neuesten Stand, fügt neue Funktionen hinzu und behebt Fehler (im Fachjargon „Bugs" genannt). Diese Updates werden automatisch durchgeführt und von Windows auf einen Zeitpunkt terminiert, an dem Sie Ihren Rechner normalerweise nicht nutzen.

Sicherheitsupdates sollten zeitnah durchgeführt werden, weil damit gefährliche Lecks gestopft werden, durch die Hacker Schädlinge in Ihr System einschleusen können. Sie sind meist nicht besonders umfangreich. So genannte kumulative Updates umfassen unterschiedliche Bereiche von Windows und können das Betriebssystem unter anderem auch um neue Funktionen erweitern. Sie sind etwas umfangreicher und machen in der Regel einen Neustart erforderlich.

Es ist sicher kein Fehler, Updates ab und zu manuell durchzuführen, wenn Sie gerade Zeit dazu haben – auch wenn Sie die Update-Funktion auf „automatisch" gestellt haben. Damit umgehen Sie das Risiko, dass Sie Windows zur Unzeit unter Zeitdruck oder mitten in einem größeren Projekt überrascht. Dabei gehen Sie wie folgt vor:

Bei Bedarf können Sie manuelle Updates durchführen

- Gehen Sie über „Einstellungen" zu „Updates und Sicherheit".
- Sie finden dort meist die Schaltfläche „Nach Updates suchen". Klicken Sie darauf und folgen Sie den Anweisungen auf dem Bildschirm, wenn ein Update gefunden wird. (Sie müssen dazu natürlich mit dem Internet verbunden sein.)
- Liegt ein größeres Update vor, werden Sie am gleichen Ort darauf hingewiesen. Die Schaltfläche „Nach Updates suchen" wird dann nicht angezeigt.

- Unter „Ein Neustart wurde geplant" erfahren Sie, wann das Update durchgeführt werden soll. Unter „Uhrzeit für den Neustart auswählen" können Sie dafür einen beliebigen anderen Zeitpunkt auswählen. Sie sollten Updates jedoch nicht unnötig auf die lange Bank schieben.
- Um das Update sofort durchzuführen, klicken Sie auf „Jetzt neu starten".

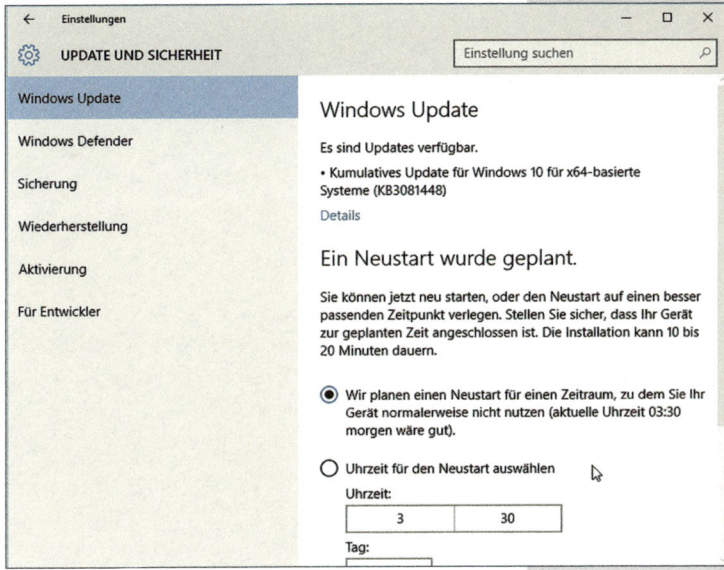

Tipp: Vor einem Update – insbesondere, wenn es sich um ein „kumulatives Update" handelt, sollten Sie kürzlich angelegte Dokumente und Projekte unbedingt sichern, da bei jedem Update etwas schief gehen kann. Auch das Erstellen eines Systemreparaturdatenträgers (siehe „Anlegen und Erstellen eines Systemreparaturdatenträgers", ▶ Seite 185) ist deshalb empfehlenswert.

Falls Sie nicht wissen, ob Ihre Update-Funktion auf „automatisch" gestellt ist, klicken Sie im gleichen Menü auf den Link „Erweiterte Optionen" ganz unten und wählen im Ausklappmenü unter „Installationsart für Updates auswählen" die Einstellung „Automatisch (empfohlen)".

Service

Glossar
Stichwortverzeichnis

Die Kurzform von „Application", zu Deutsch „Anwendung", wurde ursprünglich vor allem im Bereich des Mobilfunks verwendet. Mittlerweile wird App fast synonym zu „Programm" für alle Arten von Gebrauchssoftware verwendet, vom Wetterdienst über Navigationssoftware und einer Datei-Verwaltung bis hin zu News-Angeboten oder Spielen. Es gibt zwar eine Handvoll teure Apps, die meisten kosten aber nicht mehr als ein paar Cent oder sind sogar gratis.

App

Der Begriff bezeichnet Datensicherung im Allgemeinen, also das Kopieren von Informationen auf einen anderen Datenträger. Backups können einzelne Dateien und Ordner oder ganze Festplattenbereiche (Partitionen) umfassen.

Backup

Das Betriebssystem (engl.: operating system, kurz OS) sorgt dafür, dass Anwendungen auf einem bestimmten Gerät überhaupt laufen können. Deswegen setzen Programme wie etwa eine Bildbearbeitungs- oder Bürosoftware immer auch ein bestimmtes Betriebssystem voraus. Windows-Programme laufen beispielsweise nicht auf einem Apple-Rechner. Die meisten Anwender kennen den Begriff aus der PC-Welt. Doch auch moderne Smartphones laufen nicht ohne Betriebssystem.

Betriebssystem

Drahtloser Übertragungsstandard zur Verbindung von Geräten über eine kurze Distanz. Bluetooth-fähige Geräte können miteinander kommunizieren, wenn sie sich zuvor gegenseitig identifiziert haben. Man nennt diesen Vorgang auch „Pairing" (auf Deutsch: „Paarung"). Auf diese Weise kann man z.B. Musik von einem Gerät auf ein kabelloses Lautsprechersystem (Bluetooth-Box) senden.

Bluetooth

Auch als BD-ROM bekannter DVD-Nachfolger mit maximal 27 GB Speichplatz pro Datenschicht. Doppellagige BDs können bis zu 50 GB nutzen. Beschreibbare BDs tragen die Bezeichnung BD-R, wiederbeschreibbare Varianten BD-RE.

Blu-ray-Disc

Mit dem englischen Begriff (auf Deutsch: Wolke) bzw. dem Begriff „Cloud-Computing" wird allgemein das Internet bezeichnet, in das Daten und Rechenprozesse ausgelagert werden. Tatsächlich ist aber nicht das Internet in seiner Gesamtheit gemeint, sondern vielmehr die Server von großen Anbietern wie Amazon, Google oder Microsoft, die Ihre Infrastruktur dafür bereitstellen.

Cloud

In Flugzeugen ist der Gebrauch von Geräten mit Mobilfunkverbindung in der Regel verboten. Will man sein ► Smartphone oder ► Tablet dennoch verwenden, muss der Flugmodus aktiviert werden, der sämtliche Funkverbindungen am Gerät unterbindet.

Flugmodus

Abkürzung für „High Definition Multimedia Interface"; ist, wie es die Übersetzung nahelegt, eine digitale Schnittstelle für hochauflösende Bildinformationen. „Multimedial" ist sie deshalb, weil über einen HDMI-Anschluss parallel auch digitale Audiosignale übertragen werden können. Für die Verbindung zwischen einem HDTV-fähigen Gerät und einem Bildschirm genügt deshalb ein einziges Kabel. Moderne Flachbildschirme bieten meist gleich zwei oder drei HDMI-Anschlüsse. ► Tablets mit HDMI-Anschluss können per Kabel direkt an solche Monitore oder Projektoren angeschlossen werden, beispielsweise, um Fotos oder Spielfilme vom Tablet auf den größeren Bildschirm zu übertragen.

HDMI

Icon Kleine Symbolbilder, die oft als Verknüpfung zu Funktionen und Programmen verwendet werden. Icons finden sich im Start-Menü, auf dem Desktop, in der Taskleiste – also praktisch überall. In der Regel genügt ein Linksklick darauf, um die entsprechende Anwendung zu öffnen.

Kachel Unter Windows 10 werden Icons oft durch Kacheln ersetzt, insbesondere auf dem Startbildschirm. Im Grunde handelt es sich um große, rechteckige Icons, deren Erscheinungsbild der Nutzer allerdings selbst anpassen kann.

Kontextmenü Wenn Sie mit der rechten Maustaste auf ein Element klicken, erscheint in vielen (aber nicht in allen) Fällen ein Auswahlmenü mit Optionen. Letztere richten sich nach der Art des Elementes: Wenn Sie beispielsweise eine App-Kachel anklicken, erscheint eine andere Auswahl als bei einem Klick auf den Start-Button. Anders ausgedrückt: Der Rechtsklick ist „kontextabhängig", weshalb man das so aufgerufene Menü Kontextmenü nennt.

Live-Tiles Von Microsoft seit dem ► Betriebssystem Windows 8 verwendete Bezeichnung für die App-Kacheln, die ihr Erscheinungsbild laufend ändern, um z.B. aktuelle Nachrichten oder das Wetter anzuzeigen.

LTE „Long Term Evolution" (übersetzt etwa „langfristige Entwicklung") heißt der Nachfolger des Übertragungsstandards UMTS. Bis zu 300 Megabit pro Sekunde können dabei theoretisch erreicht werden. Dank solcher Geschwindigkeiten ist es unter anderem möglich, mit dem Handy kostengünstig über das Internet zu telefonieren, ohne lästige Ladezeiten an Online-Spielen teilzunehmen oder blitzschnell Videos herunterzuladen. Man spricht auch vom Mobilfunkstandard der vierten Generation, kurz 4G.

Multitasking Die Fähigkeit eines ► Betriebssystems, mehrere Aufgaben parallel auszuführen. So können z.B. mehrere ► Apps gleichzeitig geöffnet sein – beispielsweise das E-Mail-Programm, während man gleichzeitig im Internet surft, Musik hört oder ein E-Book liest.

NAS Kurz für Network Attached Storage (netzwerkgestützte Speicherung). Speichereinheit, die über ein Netzwerk angesprochen wird. Im Grunde handelt es sich um Mini-PCs, die aus einem Gehäuse und einem oder mehreren Schächten für Festplatten bestehen.

Partition Eine Festplatte kann in einzelne Bereich, so genannte Partitionen, unterteilt werden. Sie werden als separate Laufwerke angesprochen und deshalb auch „logische Laufwerke" genannt. Man unterscheidet zwischen primären Partitionen, von denen aus der PC hochgefahren werden kann, und erweiterten Partitionen, denen Windows keinen Laufwerkbuchstaben zuweist, weil sie selbst wieder unterteilt werden können.

Scrollen Damit ist die Bewegung nach oben oder nach unten auf einer Webseite, in einem Menü oder Text gemeint. Am PC wird diese gewöhnlich mit dem Mausrad ausgeführt, bei berührungsempfindlichen Bildschirmen mit vertikalen Bewegungen des Fingers.

Die „Secure Digital Memory Card" heißt auf Deutsch „sichere digitale Speicherkarte". Sie ist ein Speichermedium für Daten aller Art. Man unterscheidet zwischen SD-, Mini-SD- und Micro-SD-Karten. Letzere sind mit ihren 11 x 15 x 1 mm die kleinste Variante. Sie werden besonders häufig in Mobiltelefone eingebaut.
SD-Karte

Zentraler Rechner oder Datenspeicher, auf den von außen über andere Computer, so genannte Clients, zugegriffen werden kann.
Server

Eine Tastenkombination, mit der Sie unter Windows 10 unterschiedliche Funktionen aufrufen können. Wie der englische Name schon sagt, ist diese meist eine Abkürzung gegenüber dem Weg über Menüs.
Shortcut

Ihren Namen hat diese praktische Erfindung vom englischen „Subscriber Identity Module", auf Deutsch: „Teilnehmeridentitätsmodul". Das heißt nicht mehr und nicht weniger, als dass die SIM-Karte – technisch ein kleiner Prozessor mit Speicher – Ihrem Smartphone mitteilt, wer Sie sind und welche Art von Vertrag Sie mit Ihrem Netzbetreiber abgeschlossen haben. Damit keine Unbefugten Ihr Mobilfunkgerät benutzen können, ist die SIM-Karte mit einer Geheimnummer geschützt (PIN-Code). Die SIM-Karte kann unabhängig vom Gerät verwendet werden. Es gibt allerdings mittlerweile unterschiedliche Größen, die auch zum Gerät passen müssen. Die häufigsten sind Mini-SIM-Karten (oft auch schlicht als SIM-Karte bezeichnet) und die etwas kleineren Micro-SIM-Karten.
SIM-Karte

Ein Mobiltelefon, das über eine besonders leistungsfähige Hardware verfügt und deshalb weit mehr ist als ein Telefon. Aktuelle Smartphones sind in der Regel internetfähig, empfangen E-Mails und können durch ▶ Apps erweitert werden.
Smartphone

Im Gegensatz zu „echten", d.h. hardwareseitig verbauten Tasten bzw. solchen, die plan in das Gerätegehäuse integriert sind, handelt es sich um virtuelle, nur auf dem Display angezeigte Tasten, wie sie bei ▶ Smartphones und ▶ Tablet-PCs häufig zu finden sind. Entsprechend können den Softkeys unterschiedliche Funktionen zugeordnet sein. Viele Softkeys sind kontextabhängig und haben je nach geöffneter ▶ App abweichende Bedeutungen.
Softkey

Der Begriff leitete sich vom englischen Wort für „Schreibtafel", „Notizblock" ab. Es handelt sich typischerweise um kompakte, mobile Computer ohne Tastatur. Die Eingaben erfolgen über einen berührungsempfindlichen Monitor („Touchscreen"). Einer der wesentlichen Vorzüge ist die einfache Bedienung. Auf Laufwerke, wie etwa DVD-Brenner, muss man dafür weitgehend verzichten. Peripherie-Geräte, wie z.B. Drucker, können aber über diverse Schnittstellen mit oder ohne Kabel angeschlossen werden.
Tablet(-PC)

(Sprich „täg"). Ein digitales Etikett, mit dem man einzelne Dateien oder ganze Ordner versehen kann, um sie später leichter wiederzufinden. Dateien und Ordner können mit beliebig vielen Tags versehen werden.
Tag

UMTS „Universal Mobile Telecommunications System" ist der Mobilfunkstandard der dritten Generation, kurz auch als 3G bezeichnet. Durch die Weiterentwicklung HSPA („High Speed Packet Access") sind Datenübertragungsraten bis zu 42 Mbit/s. möglich.

Widgets Im Gegensatz zu ▶ Apps, bei denen man eine Anwendung über ein Bildschirmsymbol, auch ▶ Icon genannt, öffnet, sind Widgets kleine, auf dem Hauptbildschirm abgelegte Infofenster, die den Nutzer beispielsweise über die aktuelle Wetterlage oder kürzlich eingegangene Nachrichten informieren. In der Regel sind sie mit einer App verknüpft, die man aber dank Widget nicht eigens aufrufen muss, um an grundlegende Informationen zu kommen.

A
Acoon (Suchmaschine) 156
Administrator 79ff
–, Programme starten
  als 190
Adware 167f
Android 26, 107, 146
Apps 10, 14
– suchen 71
– kaufen 101ff
–, Leistungsaufnahme
  überprüfen 177
–, abgestürzt 179
Arbeitsspeicher,
  Auslastung 176ff
–, defekt 202

B
Backup 179ff
– Programme 184ff
Benutzerkonto, lokal 42ff,
  50ff, 172
Benutzerkontensteuerung
  80
Bibliotheken 133, 140ff
Bildbearbeitung 118ff
  (siehe auch ► Fotos)
Bing 154ff
BIOS 42, 187, 198
Bluetooth 77, 129
Blu-ray 108ff, 185
Boxcryptor (Programm)
  153

C
CD ► DVD
CDBurner XP Pro (Pro-
  gramm) 185
Cloudfogger (Programm)
  153
CobianBackup (Pro-
  gramm) 185
Continuum 17, 106ff
Cortana 16, 72, 155
–, abschalten 170

D
Datei-Explorer 74, 132ff,
  149
–, reparieren 201f

Dateinamenerweiterung
  141
Dateiversionsverlauf 180f
Dateiwiederherstellung
  182ff
Daten sichern und
  einrichten 20f
Datenschutz 45ff
–, in der Cloud 147
–, im Edge-Browser
  159ff, 169ff
Datensicherung ► Backup
Datenträgerbereinigung
  200
Datum 50
Designs 64
Desktop 12
–, gestalten 63ff, 67ff
Desktops (multiple) 16
Diashows ► Fotos
Dienste 179
Drag & Drop 136, 149
Dropbox 21, 134, 152ff
–, verschlüsseln 153
Drucken/Drucker 54ff,
  125f, 127f
DuckDuckGo (Such-
  maschine) 156
DVD 41, 108ff, 114
–, brennen 138, 186f

E
Edge 16, 47, 154ff
Einstellungen 14ff, 40, 49ff
–, Tablet 76
Eingabeaufforderung 79f,
  137
E-Mail 86ff (siehe auch
  ► Mail 93)
Erste Schritte 65ff
Excel ► Office

F
Farbe anpassen 61ff
Free Commander 139f
Filme 106
Firefox (Programm) 93, 98
Firewall ► Windows-
  Firewall

Floppy-Discs 18
Flugzeugmodus 77
Fotos 107
– App 115ff
–, aufbewahren 120
Funktionen, neu unter
  Windows 10 16f

G
Gadgets 17
Gestensteuerung 66
Geräte und Zubehör 21f,
  29ff
–, installieren 54ff
–, mit dem Netzwerk ver-
  binden 125f
Geräte-Manager 54ff
Gimp (Programm) 119f
Gmail 87
GMX 87
Google 98ff
– Kalender 98ff, 144
GPS 46, 48f, 77
Groove-Musik 111ff
Grundeinstellungen 49ff

H
herdProtect (Webseite)
  167f
Helligkeit 77
Hotmail 87
Hotspot 47

I
iCalendar 98
iCloud ► iOS
IMAP 86ff
Internet Explorer 154
Info-Center 17, 75ff
–, anpassen 76
Installation 20f, 37ff
–, von USB 42
–, Geräte und Treiber 54ff
Installationslaufwerk 40
Internet, verbinden mit
  122ff
iOS 26, 107, 146, 152,
  191
IP-Adresse 124f

ISO-Datei 23, 38, 42

K
Kacheln 10
–, anpassen 58f, 67f, 69ff
Kalender (Kalender-App)
  93ff
Kinder 44
Kompatibilität 20f
–, alte Programme 195
Kompatibilitätsmodus
  195ff
Kontakte 97
–, online verwalten 100ff,
  144
Kurznachrichten
  („Toasts") 75
Laufwerke 132ff

M
Mail-Anhänge 90f
Mail-App 86ff
–, Shortcuts für 93
Mail-Einstellungen 92
Malware 167, 172, 201
Malwarebytes Anti-Mal-
  ware (Programm) 201
Maschine, virtuelle 197ff
Media Center ► Windows
  Media Center
Media Player ► Windows
  Media Player
Menüband 137ff, 150
MetaGer (Suchmaschine)
  156
Microsoft-Konto 40, 42ff,
  87, 104ff, 144f, 151
Musik 106
Musik-App 111ff
MSN 157

N
NAS-Server 112, 114,
  180f
Netzwerke, verbinden 121ff
Netzwerkprobleme,
  beheben 129f
Neustart 185
Neuinstallation 41ff

–, Windows 10 41ff, 202ff
NSA-Affäre 147

O
OEM-Version 23f
Office 97, 107, 144, 148, 150
Office Online/365 152
OneDrive 17f, 21, 34, 36, 97, 107, 115, 134, 144ff
–, verschlüsseln 153
OneNote 76, 107
Outlook 93, 100, 107
Outlook.com 87, 96ff
–, mit Google-Konto verknüpfen 98ff, 144

P
Partition 14, 38ff, 133, 140
Passwort, Eingabe deaktivieren 190
–, vergessen 192ff
Peer-to-Peer-Netzwerke 170
PDF 91, 126f
Personalisierung 50, 59f
POP3 86ff
Positionsdaten ► GPS
PowerDVD (Programm) 110f
PowerPoint ► Office
Prefetching ► Seitenvorhersage
Produkt-Key 25, 42
Programme 14, 85ff, 132

R
Reparaturdatenträger 185ff
Reparieren, Windows 10 202ff
–, Datei-Explorer 201f
Ressourcenmonitor 201
Ribbon ► Menüband
Rotationssperre 76
Router 124ff

S
Scanner 54, 125f

Schnellzugriff 132
Seitenvorhersage 47
Shortcuts 81f
Sicherheit und Tuning 163ff
Skype 108
Smart-Screen 46f
SMTP 88
Snap Assist (Aero Snap) 16, 82ff
Spiele 17, 102ff
Sprache 50
Sprungliste 59f, 71
Standard-Apps festlegen 109
Start-Button 10ff
Start-Menü 10ff
–, konfigurieren 58ff, 67f
Statusanzeige 74
Stromsparmodus 76
Suchfeld 71
–, Anzeige anpassen 78
Suchmaschinen 154ff
Support 25
Surface 30ff
Sway 161
Symbolleisten 78
Synchronisierung 93, 96
–, mit OneDrive 148ff
System 52f
Systemdatei-Überprüfungsprogramm 201f
Systemsteuerung 14ff, 49, 68
Systemwartung 199ff
Systemwiederherstellung 185

T
Tabletmodus 18, 76
Tabs/Tabbed Browsing 156
Taskansicht 16, 72f, 78
Taskleiste 10ff, 70ff
–, anpassen 76, 78
Task-Manager 176ff
Tastenkürzel ► Shortcuts
Termine, online verwalten 96ff
Thunderbird (Programm) 86, 93

Touchscreen-Steuerung 18f, 76
Tracking 160f
Transparenz, ein- und ausschalten 61
TrayBackup (Programm) 184f
Treiber 18, 21, 53ff, 122f, 201
Tuning 199ff
Twitter 100

U
UEFI 42
Uhrzeit 50
Umstieg 19ff
Updates 20
–, erste Hilfe bei Problemen 22
–, automatische 24
–, umgehen 25f
–, Windows 10 204f
Upgrade, auf Windows 10 23ff, 41
USB/USB-Stick 18, 24, 31, 33, 41f, 44, 101, 109, 122f, 125, 134, 138, 144, 168, 184, 193, 203
USBLogon (Programm) 193ff

V
Verbindungsarten 128f
Verbindungs- und Fehlerberichterstattung 47
Verknüpfungen, erstellen 70f
Verbinden, mit anderen Geräten 76
Vernetzen 121ff
Virenschutz 164ff
Virustotal.com (Webseite) 169
VLC-Player (Programm) 109f
Virtuelle Tastatur, bei Systemstart öffnen 190
VMLite (Programm) 197ff

Vollbildmodus 61
VPN 77, 160

W
Wiederherstellung 56
–, erweiterte 184
WiFi Sense 172
Windows 10, auffrischen 202ff
–, zurücksetzen 202ff
Windows 7, zurückkehren 56, 140, 181ff
–, Programme 195ff
Windows 8/8.1 27
–, zurückkehren 56, 67, 75, 109, 137, 180
–, Programme 195ff
Windows 95 27, 184
–, Programme 195ff
Windows 98 24, 27
–, Programme 195ff
Windows Defender 164ff
Windows einrichten 57ff
Windows Explorer ► Datei-Explorer
Windows-Firewall 172ff
Windows Live Mail 100f
Windows ME 27
–, Programme 195ff
Windows Media Center 17, 108f
Windows Mobile 33ff
Windows Media Player 108f, 114
Windows Store 101ff
Windows Vista 24, 27
Windows XP 24, 25, 27
–, Programme 197ff
WLAN 47f, 77, 122ff, 128f, 173
Word ► Office

X
Xbox 35f
Xnview (Programm) 118f

Y
Yacy (Suchmaschine) 156
Yahoo! 87

Android für Einsteiger, 2. Auflage

Dieses Buch – bereits in 2., aktualisierter Auflage – hilft beim Einstieg in die Android-Welt: Erste Inbetriebnahme, das Anlegen eines Google-Kontos, Abgleich von Kalender und Mails, Apps kaufen, konfigurieren und organisieren, Musik und Fotos verwalten, lesen und navigieren. Außerdem: Extrakapitel über Sicherheit, Datenschutz und Zubehör sowie viele Checklisten und bebilderte Workshops.

ISBN 978-3 99013-050-6
148 Seiten, Flexcover, € 16,90
www.konsument.at/android

Smartphones
6 Top-Modelle im Vergleich
Android • Apple iOS • Windows Phone 8

Das österreichische Testmagazin

Ihr Ratgeber für den täglichen Einkauf.
Jeden Monat mit Tests, Reports und Analysen.
Ohne Inserate, deshalb unabhängig von Firmen.
Nur dem Leser verpflichtet.

Beratung & Konsumentenschutz

Wir beraten Sie vor und nach dem Kauf.
Und helfen Ihnen, zu Ihrem Recht zu kommen.
In **Musterprozessen** zeigen wir Missstände auf.
Besserer Konsumentenschutz ist das Ziel.

Test-Urteile

Test ist nicht gleich Test.
Nur Konsumentenschutzorganisationen wie der VKI
prüfen nach international anerkannten Standards.
Deshalb ist auf unsere Testergebnisse Verlass.
Strenge Qualitätsrichtlinien zeichnen unsere Arbeit aus.

Wir sind für Sie da

Aboservice
Für Fragen zu Ihrem KONSUMENT-Abonnement, für Adressänderungen
sowie für Buchbestellungen wählen Sie Tel. 01 588 774
(Mo – Do 8 – 16 Uhr, Fr 8 – 14 Uhr)

Beratung
Die Experten unseres Beratungszentrums sind unter Tel. 01 588 77-0 erreichbar
(Mo – Fr 9 – 15 Uhr)

Persönliche Beratung
Wien: Mariahilfer Straße 81, Tel. 01 588 77-0
        (Terminvereinbarung Mo – Fr 9 – 16 Uhr, Kostenbeitrag 20 €)
Innsbruck: Maximilianstraße 9, Tel. 0512 58 68 78 (Mo – Do 8 – 12 Uhr)

Besuchen Sie uns im Internet www.konsument.at